Kennedy · Management Gurus

Carol Kennedy

Management Gurus

40 Vordenker und ihre Ideen

GABLER

Die Deutsche Bibliothek – CIP-Einheitsaufnahme

Kennedy, Carol:
Management Gurus : 40 Vordenker und ihre Ideen
[Aus dem Engl. von Regina Berger]. – Wiesbaden : Gabler, 1998
  Einheitssacht.: Guide to the management gurus <dt.>
  ISBN 3-409-18983-1

Aus dem Englischen von Regina Berger
Die Originalausgabe erschien unter dem Titel „Guide to the Management Gurus"
(Second Edition) bei Random House UK Limited.
Copyright © Carol Kennedy 1998

Alle Rechte vorbehalten
© Betriebswirtschaftlicher Verlag Dr. Th. Gabler GmbH, Wiesbaden 1998
Lektorat: Jens Schadendorf / Margit Hübner

Der Gabler Verlag ist ein Unternehmen der Bertelsmann Fachinformation GmbH.

http://www.gabler-online.de

Höchste inhaltliche und technische Qualität unserer Produkte ist unser Ziel. Bei der
Produktion und Verbreitung unserer Bücher wollen wir die Umwelt schonen: Dieses Buch
ist auf säurefreiem und chlorfrei gebleichtem Papier gedruckt. Die Einschweißfolie besteht
aus Polyäthylen und damit aus organischen Grundstoffen, die weder bei der Herstellung
noch bei der Verbrennung Schadstoffe freisetzen.

Die Wiedergabe von Gebrauchsnamen, Handelsnamen, Warenbezeichnungen usw. in
diesem Werk berechtigt auch ohne besondere Kennzeichnung nicht zu der Annahme, daß
solche Namen im Sinne der Warenzeichen- und Markenschutz-Gesetzgebung als frei zu
betrachten wären und daher von jedermann benutzt werden dürften.

Umschlaggestaltung: Schrimpf und Partner, Wiesbaden
Satz: FROMM MediaDesign GmbH, Selters/Ts.
Druck und buchbinderische Verarbeitung: Wilhelm & Adam, Heusenstamm
Printed in Germany

ISBN 3-409-18983-1

Inhalt

Das Guru-Zeitalter

In allen Bereichen, in denen Menschen tätig sind, läßt sich nur eine begrenzte Anzahl wirklich neuer Ideen entwickeln. Auch das Management macht da keine Ausnahme. Schließlich gibt es auch in der gesamten Weltliteratur nicht mehr als ein halbes Dutzend Grundmotive in zahlreichen Varianten. Einige der immer wiederkehrenden Managementthemen tauchen bereits Jahrhunderte vor der Entstehung eines professionellen Managements in Industrie und Gewerbe erstmals auf – ganz zu schweigen von der Idee des Management-Gurus, der immer eine Formel für Höchstleistungen parat hat.

Machiavellis *Der Fürst*, geschrieben zur Blütezeit der Renaissance in Florenz, ist bis heute ein Klassiker zum Thema Führungsqualitäten und Machtgebrauch. Der Übersetzer der millionenfach verkauften Penguin-Ausgabe, George Bull, meint, die Rezepte Machiavellis in *Der Fürst* ließen sich „perfekt auf das Verhalten von Industriekapitänen oder aufstrebenden Unternehmern anwenden". Als Beispiel nennt er den Rat Machiavellis, bei Übernahme eines Staates (oder eines Unternehmens durch einen neuen Geschäftsführer) müßten die härtesten und schwierigsten Dinge zuerst erledigt werden. „Der neue Herrscher muß alle schmerzhaften Veränderungen, die er wird vornehmen müssen, sogleich festlegen. Er muß sie ein für allemal vornehmen und nicht täglich wiederholen. So wird es ihm möglich sein, die Leute geistig zu befrieden und sie für sich zu gewinnen, wenn er schließlich auch Wohltaten zu spenden hat." Alle wirklich erfolgreichen Übernahmeexperten haben diesen Rat instinktiv befolgt.

Doch gehen wir noch weiter in die Geschichte zurück. Die grundlegenden menschlichen Reaktionen auf Arbeit und die Übernahme von Verantwortung wurden von Plato und Aristoteles mit ihren unterschiedlichen Ansichten über den Menschen dargelegt: Der eine glaubte an die Notwendigkeit autoritärer Führung, sollte man irgend etwas von Wert erreichen wollen. Der andere sah den Menschen als ein „soziales" oder „politisches" Tier, für das die Gewißheit der Mitwirkung am eigenen Schicksal essentiell ist. In den sechziger Jahren erweiterte Douglas McGregor diese Konzepte um einige soziologische Daten aus der industriellen Praxis und präsentierte sie als seine Theorie X und Theorie Y – als Gegensatz zwischen autoritärem und demokratischem Management. Und so wurden sie zu einer der bedeutendsten Managementtheorien aller Zeiten.

Tasten wir uns noch ein wenig weiter in der Geschichte zurück, so wird deutlich, daß Managementexperten selbst die Weisheiten des Taoismus in die moderne Chefetage übertragen haben. Wir finden ein Werk über Management bei Shakespeare ebenso wie eine Reihe nicht ganz ernst gemeinter Übungsbeispiele zu Dschingis Khan und Hunnenkönig Attila als Wirtschaftsstrategen. Zweifelsohne werden eines Tages die römischen Kaiser ebenfalls für ein Buch über Führungsstrategien herhalten müssen.

Natürlich sind die Variationen zu den diversen Managementthemen unbegrenzt — oder werden zumindest so dargestellt. Daher auch die große Anzahl an Managementbüchern, die alljährlich die Verlage zu beiden Seiten des Atlantiks verlassen. Daher ebenfalls der lukrative Vorlesungszirkus und das ganze „Drum und Dran" kommerziell verpackter Weisheiten, die den Management-Gurus hübsche Einkommen bescheren; einige sind Millionäre. Die explosionsartige Vermehrung wirtschaftlicher Ratgeber ist wahrlich verblüffend, sei es in den USA oder in Europa.

Der Management-Guru, dessen Rezepte als Schlüssel zum Erfolg in der Praxis gekauft werden, ist im wesentlichen ein Phänomen der letzten vierzig bis fünfzig Jahre. Vor dem Zweiten Weltkrieg, als — wie Peter Drucker bemerkt — „alle Managementbücher zusammen gerade mal ein bescheidenes Bücherregal füllten", konnte man jene seltenen Managementtheoretiker, die die Bewunderung ihrer Kollegen genossen, an den Fingern einer Hand abzählen.

Einige von ihnen waren selbst erfolgreiche Unternehmer, deren Erkenntnisse lange Zeit, nachdem sie in ihrem Beruf die entsprechenden Erfahrungen gesammelt hatten, in vereinzelte Bücher einflossen. Als Beispiel wäre etwa Alfred P. Sloan von General Motors zu nennen, der aus einem dahinsiechenden mittelgroßen Betrieb der Autobranche das weltgrößte Unternehmen machte. Oder Chester Barnard von AT&T, der den jahrelang gültigen Standardtext über die Funktionen der Führungskraft verfaßte. Sloanes Memoiren, *My Life With General Motors*, werden selbst heute, dreißig Jahre nach ihrem Erscheinen und fünfundsechzig Jahre nach den darin beschriebenen Ereignissen, noch immer als die klassische Darstellung dessen verehrt, wie man durch die Anwendung der Prinzipien des umfassenden Marketings und der Dezentralisierung ein großes, erfolgreiches Unternehmen schafft.

Andere, die sich in der Zwischenkriegszeit mit diesen Fragen befaßten und auf den mechanistischen Ansatz Taylors reagierten, indem sie das menschliche Element im Rahmen der Organisationen und die Quellen der Motivation erforschten — unter ihnen Elton Mayo mit seinen Experimenten im Hawthorne-Werk der Western Electric in Chicago (eine Kaderschmiede für spätere Gurus) — publizierten ihre Erkenntnisse erst in den fünfziger oder sechziger Jahren. Doch dann wurden sie, nicht zuletzt wegen einiger prestigeträchtiger Lehraufträge an amerikanischen Universitäten, beinahe über Nacht zu Gurus.

Management-Gurus sind vor allem ein amerikanisches Phänomen, das besonders an den großen Business Schools wie Harvard, Stanford und der Sloan School of Management am Massachusetts Institute of Technology (MIT) gedeiht. Die ehemalige Wirtschaftsweltmacht Großbritannien etwa kann gegenwärtig nur mit einem einzigen Weltklasse-Guru, dem philosophischen Charles Handy, aufwarten, der sich derzeit von der Erforschung wirtschaftlicher Einrichtungen zurückzieht, um sich den umfassenderen Fragen des Kapitalismus und der Gesellschaft zu widmen.

In Europa ist der Begriff Management-Guru bis heute weitgehend unbekannt. Eine Gruppe von Vordenkern am INSEAD (Institut Européen d'Administration des Affaires), der internationalen Business School in Fontainebleau in der Nähe von Paris, könnte demnächst die Ausnahme bilden. Hier wurden mehrere wichtige Theorien auf dem Gebiet des strategischen Managements von dem in Korea geborenen W. Chan Kim und von Renée Mauborgne entwickelt. Ihre Konzepte zu den Themen „innovatives Denken" und „faire Prozesse", die das Erreichen von Loyalität und Kreativität der Mitarbeiter über transparente Entscheidungsprozesse des Managements ansprechen, stießen nach ihrer Veröffentlichung in der *Harvard Business Review* auf internationales Interesse.

Das INSEAD verfügt übrigens über einen eigenen, noch in den Startlöchern sitzenden Leadership-Guru, den in Holland geborenen Manfred Kets de Vries, der einen psychologischen Ansatz wählt und ein vielbeachtetes Buch über Leadership und Stress, *Life and Death in the Executive Fast Lane*, herausgebracht hat. Yves Doz ist ein weiterer hochkarätiger INSEAD-Denker und hat sich als Autor mit dem allgegenwärtigen Gary Hamel aus Kalifornien zusammengetan. Die angelsächsische, vor allem amerikanische Dominanz auf dem Gebiet der Managementtheorie ist jedoch so überwältigend, daß die Professoren des INSEAD aller Voraussicht nach eher als geachtete Akademiker denn als international berühmte Gurus in die Geschichte eingehen werden. Und dennoch: Auch die Kontinentaleuropäer fragen immer mehr die Gurus nach.

Hamel war früher Professor in Stanford und hielt zehn Jahre lang seine Strategievorlesungen an der London Business School mehr oder weniger im Verborgenen, bevor er mit der Veröffentlichung von *Competing for the Future* 1994 praktisch über Nacht Guru-Status erlangte. Er legte in seinem Buch das Konzept der Kernkompetenzen und der strategischen Intention vor, die zu seinem Markenzeichen schlechthin wurden. Heute spielt er als bestbezahlter Managementredner beinahe schon in der obersten Liga der Peters und Porters mit und ist weltweit als Trainer und Teilnehmer an

Videokonferenzen gefragt. Mittlerweile erregt sein Co-Autor, der in Indien geborene C. K. Prahalad, der ebenfalls im Konferenzzirkus aktiv und ein anerkannter Theoretiker ist, nicht einmal mehr annähend dieselbe Aufmerksamkeit.

Seltsamerweise tritt das Guru-Phänomen auch in Japan und den anderen erfolgreichen ostasiatischen „Tigerstaaten" kaum auf. Diese Länder scheinen ihre bis vor kurzem rekordverdächtigen wirtschaftlichen Erfolge auch ohne die Unterstützung heimischer Gurus erzielt zu haben – sofern man die Firmenchefs von Honda, Sony und Matsushita, die durch ihre Unternehmensführung einen Sonderstatus erreicht haben, nicht zu den Gurus zählt. (Die einzige große japanische Verbeugung vor Management-Gurus bleibt die Hommage an die Amerikaner W. Edwards Deming und Joseph M. Juran, die die Japaner in den fünfziger Jahren auf die Prinzipien der Qualitätskontrolle einschworen.) Da das Wort „Guru" im Osten beheimatet ist (abgeleitet aus dem Sanskrit, wo es die Bedeutung „gewichtig" hat und im weiteren Sinn einen Hindupriester bezeichnet), könnte man sich fragen, warum die Wirtschaft des Ostens bisher so gut darauf verzichten konnte. Der einzig zulässige Schluß muß wohl lauten, daß im Westen alles vermarktet werden muß, um ernst genommen zu werden. Das trifft auch für den gesamten Bereich der Verbesserungen im Management zu. Wenig überraschend ist daher auch die Abneigung einer ganzen Reihe führender amerikanischer Wissenschaftler mit ausgesprochenem Guru-Status, mit diesem Etikett versehen zu werden – obwohl sie sehr kommerziell ausgerichtete Beratungsdienste anbieten und der Vermarktung ihrer Fähigkeiten keineswegs ablehnend gegenüberstehen.

Wie aber wird man zum Guru? Zahlreiche Autoren bzw. Herausgeber von Managementbüchern und Wirtschaftsprofessoren arbeiten an diesem Status und erreichen ihn doch nie, während andere scheinbar mühelos in den Guru-Olymp aufsteigen. Man kann ein sehr erfolgreicher Autor sein, ein eigenes Genre erfinden wie Kenneth Blanchard mit *The One-Minute Manager*, und trotzdem nicht als Guru gelten, so gefragt man als Redner oder in einschlägigen Zirkeln auch sein mag.

Selbst Industriekapitäne mit ausgezeichneten Referenzen als Sanierer und einer Begabung für das Verfassen von Bestseller-Memoiren wie Lee Iacocca mußten es erfahren: Man kann durch die Weitergabe hochdotierter weiser Sprüche an ein Wirtschafts- oder Fernsehpublikum zwar reich werden – und trotzdem nicht zu den Gurus im engeren Sinn zählen.

Oder man kann eine Karriere als Futurologe wie Alvin Toffler und John Naisbitt aufweisen und jahrelang mit einprägsamen Begriffen wie den „Megatrends" zitiert werden – und doch den letzten Guru-Test nicht bestehen. Gurus werden an den harten Problemen des Hier und Jetzt gemessen: Die Zukunftsforschung eines Charles Handy hat ihre soliden Wurzeln in heutigen Problemen, und außerdem hat sich Handy seine Sporen als Experte für Wirtschaftsunternehmen verdient.

Es gibt Leute, die sich jahrelang an Universitäten oder Business Schools vergraben und dort brillante Thesen und Publikationen herausbringen, die möglicherweise sogar die einzigen ihrer Art sind, beispielsweise langfristige Planungen in der Elektronikindustrie oder die Entwicklung eines asiatischen Managementstils. Früher einmal hätte ihnen das vielleicht den Guru-Status eingebracht. Doch die heutigen harten Anforderungen der Medien und des Marketings machen es für den stillen Denker oder Lehrer überaus schwierig, zu Guru-Ehren zu gelangen.

Als die drei weltweit führenden Gurus gelten heute zumeist Peter Drucker, Tom Peters und Michael Porter. Der erste ist Ende achtzig und dank seines guten Rufs und seiner jahrzehntelangen Produktivität gegen den Druck des Videozeitalters immun, kommt jedoch nach wie vor internationalen Seminarverpflichtungen nach. Die beiden anderen sind honorige Männer in ihren Fünfzigern und groß geworden mit Telekommunikation, Marketing-Hype und mit der Notwendigkeit, dem Verkauf von Produkten den Glamour des Showbusiness zu verpassen.

Peters und Porter wettweifern um die höchsten Vortragsgagen der gesamten Branche. Sehen Sie doch einmal Tom Peters zu, wie er das Podium abschreitet und Megawatt-Mengen an Energie unter dem Publikum verstömt, so daß sein Hemd bereits nach Minuten schweißgetränkt ist. Peters ist eher ein Prediger von Business-Konzepten als ein Lehrer. Er unterhält und inspiriert, obwohl er natürlich auch informiert. Porter steht ihm da im Stil etwas nach, doch er unterhält sein Publikum mit Humor und lockt es mit brillant verpackten Analysemodellen und Flipcharts mühelos in das Dickicht intellektueller Konzepte.

Tatsächlich – die Verpackung ist auf dem Weg zum modernen Guru schon die halbe Kunst, vielleicht sogar mehr. *Business Week* berichtete im Sommer 1990, daß einige amerikanische Universitätsprofessoren und Berater die Konzepte Porters über Wettbewerbsstrategien als billigen Reklametrick abtun und doch beinahe einstimmig anerkennen, daß er ein „Meister der Verpackung und Vermarktung von Ideen" ist. Porter selbst spricht von der Bedeutung der „Marke Michael Porter", und das ist eindeutig der aktuelle Trend, nämlich mit einer Theorie so eindeutig identifiziert zu werden wie Porter mit Wettbewerbsstrategie und Wettbewerbvorteil. Vielleicht sind die zugrundeliegenden Wahrheiten ebenso alt wie der Handel selbst, doch Porter hat daraus eine Marke gemacht, und als solche lassen sie sich ausgezeichnet verkaufen. Bis in die Mitte der neunziger Jahre, berichtet *Business Week*, brachten ihm allein die Lizenzgebühren für vier Bücher, beginnend mit *Competitive Strategy* im Jahr 1980, über zwei Millionen US-Dollar ein.

Die Guru-Karriere kann mit einem verblüffend erfolgreichen Buch beginnen, einem Buch, mit dem sich Firmenchefs gern sehen lassen. Bestes Beispiel dafür ist natürlich *In Search of Excellence* von Peters und Waterman. Auch heute, sechzehn Jahre nach seinem ersten Erscheinen, wird es nach wie vor im Originalformat gedruckt, obwohl zwei Drittel der darin angeführten „exzellenten" Spitzenunternehmen inzwischen sehr an Glanz verloren haben und obwohl Peters selbst sein zweites Buch, *Thriving on Chaos*, mit der frechen Aussage eröffnet: „Es gibt keine Spitzenunternehmen."

Von den beiden Autoren beschloß jedoch nur Peters, bis in die obersten Ränge der internationalen Guru-Szene vorzustoßen. Sein dem Temperament nach völlig gegensätzlicher Co-Autor Bob Waterman, ein stiller, nachdenklicher Kalifornier, bevorzugt ein weniger stressiges Leben ohne Zeitdruck. Watermans erstes Solowerk, *The Renewal Factor*, wird von manchen Managementlehrern als ein viel tiefgründigeres, intellektuell ehrlicheres Werk angesehen als Peters' Bestseller *Thriving on Chaos*, doch es ist Peters, der über den globalen „Marken"-Faktor und die damit einhergehenden stolzen Einkünfte gebietet.

Markenzeichen, Verpackung und das Flair des Show-Business sind jedoch sicherlich nur ein Teil der Antwort. Was den echten Guru auszeichnet – denjenigen, der an den Business Schools und in den Vorstandsetagen auch gelesen wird – und ihn von irgendeinem dahergelaufenen, zu Medienruhm gelangten Wirtschaftshelden oder einem bloß originellen Autor mit kurzfristigem Erfolg unterscheidet, ist die Fähigkeit, originäre und nachhaltige Ideen auf dem schwierigen Gebiet des Managements von Menschen und Ressourcen hervorzubringen.

Alle Gurus, deren Ideen in diesem Buch zusammenfassend dargestellt sind, entsprechen diesen Anforderungen, sogar die alten Theoretiker wie F. W. Taylor und Max Weber. Ihre Ideen waren nicht nur zu ihrer Zeit von Bedeutung. Sie wurden über Generationen hinweg adaptiert und weitergedacht, auch wenn sie dazu teilweise zerstört und ihre Bausteine anderweitig wieder eingesetzt wurden. In manchen Bereichen wurden sie nicht einmal ganz zerstört: Robert Waterman merkt an, daß viel mehr Manager von heute im Herzen Tayloristen geblieben sind, als man glauben würde.

Grob lassen sich die Gurus einteilen in solche mit einer großen Idee – man denke an Edward de Bonos Laterales Denken – und solche wie Peter Drucker und Charles Handy, deren wacher Intellekt Ideen in alle Richtungen versprüht: die Zukunft der Arbeit und der Gesellschaft, neue Organisationsentwürfe, geopolitische Verschiebungen und Management des Wandels. Michael Porters Betonung der Wettbewerbsstrategie ordnet ihn im Grunde der ersten Kategorie zu (eine große Idee mit zahllosen Ablegern), während wir bei Tom Peters Anzeichen dafür finden, daß er sich zu einem Ideenmulti unter den Gurus entwickeln könnte.

Sie alle haben jedoch eines gemeinsam: Sie bauen auf den Ideen anderer ebenso wie auf früheren eigenen Ideen auf. Daran ist übrigens nichts Anrüchiges oder Nachahmerisches: Diese Leute tun nichts anderes als das, was Historiker und Philosophen zu allen Zeiten getan haben. Der kalifornische Managementprofessor William Ouchi hatte enormen Erfolg, als er in seinem 1981 erschienenen Buch *Theory Z* die Teminologie der Theory X und Theory Y von Douglas McGregor übernahm und einen Schritt über Theory Y hinausging, um anhand von Fallstudien jene Art des konsensorientierten Managements zu beschreiben, das in Japan so ungemein erfolgreich war. McGregor selbst hatte bereits begonnen, an einer Theorie Z zu arbeiten, doch es blieb ihm nicht genügend Zeit, sie vor seinem Tod noch entsprechend auszufeilen. Richard Pascale sagt in *Managing on the Edge*, McGregors letzte Theorie sei rasch in Vergessenheit geraten und schließlich ohne sein Zutun als Archetyp der japanischen Geschäftspraxis wiedergeboren worden.

Noch ein typischer Bestandteil der Guru-Sprache: Gurus sind an ihrer Fähigkeit erkennbar, Begriffe zu erfinden, die dann in die Managementterminologie Eingang finden: Theorie X, Reengineering, psychologischer Vertrag oder Laterales Denken. Ein Begriff, der mehrmals rundum erneuert wurde, ist „Adhocratie", was soviel bedeutet wie das Gegenteil von Bürokratie, eine Art flexibler Arbeitsgruppe, die innerhalb der Organisation grenzüberschreitend tätig wird und erstmals 1969 in Warren Bennis' *The Temporary Society* zu lesen war. Größere Bekanntheit erreichte der Terminus mit Alvin Tofflers *Future Shock* des Jahres 1970, tauchte dann unabhängig davon in Henry Mintzbergs *The Structuring of Organizations* 1979 wieder auf und gab in jüngster Zeit den Gegenstand eines ganzen Buches von Robert Waterman ab. Auch Charles Handy dachte über die Bedeutung dieses Begriffs nach. „Wir bauen alle auf den Arbeiten unserer Kollegen auf", erklärte Waterman lächelnd, als man ihn zur Entstehungsgeschichte seines Titels befragte.

Zwei ganze Generationen von Gurus haben Anleihen bei Peter Drucker genommen, dieser monumentalen Fundgrube der Managementweisheiten und originären Ideen. Wie McGregor zugab, sind sogar Theorie X und Y eine Synthese der Ideen anderer, darunter einige Thesen, die Drucker in drei Frühwerken vorgestellt hatte – *Concept of the Corporation*, *The New Society* und *The Practice of Management*. Peters wie auch Waterman gaben an, ein Großteil ihrer Erkenntnisse zum Exzellenzprinzip sei erstmals von Drucker vorgelegt worden – dreißig Jahre zuvor.

Es gibt nur einige wenige große Managementthemen, wie es auch nur einige große Themen in der Literatur gibt. Am ergiebigsten und für die meisten Theoretiker auch am attraktivsten ist die menschliche Seite des Managements, das Verständnis dessen, was Männer und Frauen zu Arbeit motiviert und zu besseren Leistungen anspornt. Frederick Taylor meinte, Effizienz sei alles, und man könne sie messen und mit der Stoppuhr in den Griff bekommen; spätere Gurus wagten sich dann an komplexere und tiefergehende Themen.

Das erste in Managementbüchern behandelte Gebiet war die vom französischen Bergbaumanager Henri Fayol um die Jahrhundertwende erörterte Rolle des Managements selbst. Und dieses Thema gibt nach wie vor einen fruchtbaren Boden ab, wobei das ausgehende zwanzigste Jahrhundert hauptsächlich von der Frage besessen ist, wie sich Wandel und Diskontinuität managen lassen. Ein weiteres frühzeitig aufgetauchtes und langlebiges Thema ist die Organisationstheorie inklusive der Hierarchien und ob man sie braucht oder nicht. Dazu gehören unter anderem die heute modern gewordenen „flacheren Managementstrukturen", von denen man annimmt, sie könnten auch die Mitarbeiter weiter unten in der Hierarchie „empowern", das heißt eigenständiger machen. „Empowerment" ist eine neue Unterabteilung des Genres (vielleicht auch nur ein neues Wort für ein altes Konzept), und die beeindruckende Rosabeth Moss Kanter, früher Herausgeberin der *Harvard Business Review*, Professorin, Beraterin und Verfasserin vielbeachteter Bücher, erforschte, was dieses Konzept für die Freisetzung der Kräfte des Wandels und der Innovation im Rahmen von Organisationen bedeutet.

Ende der neunziger Jahre führt nun die zunehmende Betonung des „intellektuellen Kapitals" – womit die Gesamtheit der Talente und des akkumulierten Wissens der Mitarbeiter eines Unternehmens gemeint ist – zu einer neuen Theorie des „Wissensmanagements". Bisher wird noch kein spezieller Guru mit diesem Gebiet identifiziert, doch die wirtschaftliche Fakultät an der kalifornischen Universität Berkeley hat bereits den ersten Lehrstuhl für Wissensmanagement eingerichtet, den 1997 der japanische Professor Ikujiro Nonaka bekleidete. Dieses neue Fachgebiet, eine Selbstverständlichkeit für das Informationszeitalter und für den „Wissensarbeiter" (der Begriff wurde 1969 erstmals von Peter Drucker geprägt), befand sich bisher fest in Firmenhand, vor allem in der Hand des schwedischen Finanzdienstleisters Skandia. Sein Potential als Managementtheorie wurde erstmals von Thomas A. Stewart in seinem Buch *Intellectual Capital* herausgearbeitet. Im selben Jahr, 1997, erschienen noch einige andere

Werke mit demselben Titel. Wissensmanagement war seither Gegenstand einer ganzen Reihe von Konferenzen, Seminaren und gewichtiger Managementberichte, und eine Reihe von US-Unternehmen ist dem Beispiel Skandias gefolgt und hat einen „Chief Knowledge Officer" oder ähnliche Funktionen eingeführt.

Das Streben nach Leistungssteigerungen der Organisationen ist ein beinahe unerschöpfliches Gebiet, dessen Ableger von der Strategie über das Marketing bis zur Unternehmenskultur und der Kunst des „Mission Statement" reichen. Wenn irgendetwas den Aufstieg zu Guru-Status verhindern kann, dann nur ein zu hoher Bücher-Output und die wechselnde Autorenschaft. Gurus treten nur selten paarweise auf und noch seltener verharren sie in Paarbeziehungen: Anthony Athos, der gemeinsam mit Richard Pascale 1981 *The Art of Japanese Management* schrieb, ist mittlerweile in der Versenkung verschwunden, und Pascale brauchte neun Jahre, bis er wieder – und das überaus erfolgreich – mit *Managing on the Edge* etwas publizierte. Heute ist Pascale als Einzel-Guru mit rasch wachsender Bedeutung fest etabliert.

Leadership ist ein Thema, das überraschenderweise nur wenige Gurus angezogen hat, wahrscheinlich weil das Geheimnis von Führung, wie jenes der Monarchie, nur schwer ans Licht zu bringen ist. Der amerikanische Leadership-Guru, James McGregor Burns, ein Politikwissenschaftler und aktiver Mitarbeiter an der J. F. Kennedy-Präsidentschaftskampagne, beschrieb Leadership als „eines der am eifrigsten beobachteten und am wenigsten verstandenen Phänomene auf Erden".

Warum Burns auf diesem Gebiet nicht ebenso berühmt wurde wie Warren Bennis, der eigentlich als Organisationstheoretiker begann, ist seltsam, aber nur eines der zahlreichen Geheimnisse im Rahmen jenes Phänomens, das als leichteres oder schwereres Guru-Syndrom bezeichnet werden könnte. Manche können ihren Status verbessern, beispielsweise John P. Kotter, Professor für Organisationsverhalten und Human-Ressources-Management an der Harvard Business School. Schon beim ersten Erscheinen in der englischen Ausgabe des vorliegenden Buches im Jahr 1991 gab es eine ganze Reihe anerkannter Werke unter seinem Namen über Management- und Leadershipqualitäten, doch in der Zwischenzeit ist Kotter zu einer der internationalen Kapazitäten auf dem Gebiet der Führungsqualitäten in Organisationen aufgestiegen und gilt zudem als überaus gefragter Redner auf dem internationalen Konferenzparkett.

Bisweilen gelangt ein Autor nicht einmal mit wirklich hervorragenden Arbeiten zu Guru-Status, vor allem, wenn es auf seinem Gebiet bereits anerkannte Stars gibt. Aus der Zusammenarbeit von Harvard-Professor Christopher Bartlett und INSEAD-Professor Sumantra Ghoshal entstand das 1989 erschienene Werk *Managing Across Borders*, ein Buch mit höherem praktischem Wert für die Manager der multinationalen Konzerne als die später erschienene, eher abstrakte Arbeit von Kenichi Ohmae, *The Borderless World.* Trotzdem genießt Ohmae Guru-Status, und sein Buch profitiert trotz der darin geäußerten These, der Nationalismus sei vom Aussterben bedroht, die durch den brutalen Krieg im früheren Jugoslawien wohl hinreichend widerlegt ist, vom guten Ruf seiner früheren Arbeiten, *The Mind of the Strategist* und *Triad Power.*

Bartlett und Ghoshal vertieften sich in Fallstudien, die in ihren Anwendungen auf global vermarktende Unternehmen ebenso faszinierend sind wie jene in *The Art of Japanese Management* für japanische und amerikanische Unternehmen. Wenn der gemeinsame Markt in Europa Realität und damit für die restliche Welt zum Problem wird, wird ihre Stunde schlagen, wie sie für Pascale und Athos schlug, als die US-Industrie vor der japanischen Bedrohung zitterte und unbedingt wissen wollte, wie sie dagegen vorgehen könnte. Timing ist beim Erreichen des Guru-Status also ein ganz wesentlicher Faktor.

Timing, Originalität, Ausdrucksstärke, die Gabe der Eigenwerbung und wohl vor allem die Fähigkeit, auf einprägsame Weise auszudrücken, was andere unmittelbar als wahr empfinden – das sind die Kennzeichen des modernen Management-Gurus. Peters und Waterman brachten den ersten Bestseller unter den Managementbüchern heraus, indem sie einige Grundwahrheiten in griffige Slogans wie „stick to the knitting" (Schuster bleib bei deinen Leisten) verpackten. Hinter der glänzenden Fassade arbeitete jedoch ein solider Motor, der zwar nicht in allen Bestandteilen ein Original, jedoch wahrscheinlich ebenso haltbar war wie die belastbaren Klassiker von Chandler, Barnard und Mayo – ja, der sogar teilweise von diesen Rennern kopiert war.

Eines ist sicher: Im Zeitalter der unaufhörlichen Suche nach dem heiligen Gral der Wirtschaft und des Strebens nach persönlichem Erfolg, läßt sich kein Ende des Auftauchens von Management-Gurus absehen.

Gurus betätigen sich auch in nur entfernt wirtschaftsverwandten Bereichen wie Persönlichkeitsentwicklung, man denke an Stephen Covey, den Mormonen, der seine *Seven Habits of Highly Effective People* zu einem viele Millionen Dollar schweren Wirtschaftszweig ausbauen konnte. Mit dem wirtschaftlichen Boom der Gurus und Beinahe-Gurus wird Management zur Mode und ziehen diverse Strömungen so rasch an uns vorbei, daß es immer schwieriger wird vorherzusagen, welche schon bald verflogen sein werden und welche, wenn überhaupt, überleben. Hugh Macdonald, früher Forscher am MIT und an der Cranfield School of Management, errechnete einmal die Lebensdauer einer Managementmode mit elf bis zwölf Jahren ab ihrer ersten Erwähnung in einer akademischen Publikation über den Abdruck in der *Harvard Business Review (HBR)*, den Buch-Bestseller, die Behandlung des Themas in Vorträgen und Konferenzen und über die Zeit, in der sie die Grundlage für eine lukrative Beratungstätigkeit bildet. (Seltsamerweise wird die durchschnittliche Lebensdauer eines Unternehmens ganz ähnlich, nämlich mit dreizehn Jahren, angegeben.) Die Moden haben jedoch heute eine derartige Geschwindigkeit erreicht, daß Adrian Woolridge und John Micklethwait, die Autoren von *The Witch Doctors* (1995), einer originellen Abhandlung über den Wirtschaftszweig der Managementtheorien, die Lebensdauer einiger neuer Konzepte mit nicht mehr als einem Jahr veranschlagen.

Das Interesse an einer Theorie läßt unvermeidlich nach, und dann muß diese durch ein weiterentwickeltes oder anderes Modell ersetzt werden. Manche Thesen treten nur ein wenig in den Hintergrund, hinterlassen sozusagen einen Schatten ihrer selbst, wie etwa die acht „Rules of Excellence" von Peters und Waterman, oder „stick to the knitting", das ein Jahrzehnt später in Form der Kernkompetenzen wiedergeboren wurde, ohne jemals ganz aufgegeben worden zu sein. Andere, wie Reengineering, können in der realen Managementwelt einer harten Zerstörungsprüfung unterzogen werden und werden wohl in einer völlig überarbeiteten Neuauflage erscheinen müssen.

Dem Macdonald-System zufolge hat das Thema Reengineering bereits den ganzen Zyklus durchlaufen: geboren am MIT und im angrenzenden Beratungsbüro CSC Index zu Beginn der achtziger Jahre; *HBR*-Artikel 1990; Bestseller 1993; Desillusionierung setzte etwa 1995 ein: 70prozentige Fehlerquote und fatale Assoziation bei den Leuten mit Kostenreduktion und Downsizing. Doch das Prinzip an sich funktioniert in bestimmten Organisationen gut, und sein Pate, Mike Hammer, hat eine wahre Saulus-Bekehrung zu der Einsicht durchgemacht, daß auch Menschen und nicht nur Prozesse die Arbeitswelt verändern können.

Letztlich trennen Zeit und Erfahrung die Spreu vom Weizen. Am besten haben diesen Test wohl die Theorien der Verhaltenswissenschaftler wie Elton Mayo, Abraham Maslow, Douglas McGregor und Frederick Herzberg bestanden, deren Arbeit den Weg zu einem besseren Verständnis dessen bereitet haben, was Menschen in Büros, Geschäften oder Fabriken am besten zu guter Arbeit anreizt. Ihre Ideen sind die Quelle, aus der neuere Begriffe wie Empowerment, eigenständige Teams und jene Art der Beziehung zwischen Arbeitgeber und Arbeitnehmer stammen, die auch in einer ganz anderen Arbeitswelt als jener der fünfziger und sechziger Jahre bestehen konnte.

Selbst wenn ihre Werke heute vergriffen sind, haben ihre Theorien doch die Welt des Managements verändert und wurzeln in den zeitlosen Wahrheiten rund um die menschliche Natur. Werden wir in einigen Jahrzehnten dasselbe auch über Reengineering, Leistungsmessung oder das „virtuelle Unternehmen" sagen können?

Die dauerhaftesten Theorien werden wohl ebenfalls von „menschlichen Themen" handeln: von Ideen, die unser Denken über das menschliche Streben bei der Arbeit und über die Entwicklung von Talenten, Vertrauen, Kreativität und Loyalität verändern. Ohne diese Ideen würde ein Unternehmen auf Hardware, Software und die Launenhaftigkeit der Märkte reduziert werden. Müßten wir Wetten über die Haltbarkeit der derzeitigen Managementtheorien abschließen, könnten wir mit einiger Zuversicht auf die lernenden Organisationen setzen. Dies vor allem deshalb, weil es sich dabei um die wechselseitige Abhängigkeit zwischen dem Individuum und dem Ganzen handelt; dieses Prinzip läßt sich unbegrenzt interpretieren und (zynischerweise) als Modell für das Unternehmen der Zukunft praktisch nicht widerlegen.

John Adair
* 1934

Aktionszentrierte Führung: Wie Aufgabe, Team und Individuum zusammenspielen

John Adair ist Brite und erhielt den ersten britischen Lehrstuhl für Führungslehre (an der Universität Surrey, 1979–1983). Seit 1991 ist er Gastprofessor für Führung an der Universität Exeter, der weltweit ersten Universität, an der man seit 1997 ein Diplom und Master's Degree in diesem Fach erwerben kann.

Das ruhige Auftreten des Cambridge-Absolventen steht in krassem Gegensatz zu seiner bunten Karriere: Er diente unter anderem in einem Beduinenregiment unter Glubb Pasha, arbeitete als Matrose auf einem Schlepper in der Arktis, lehrte an der Royal Military Academy in Sandhurst und verfaßte über 25 Bücher zu den Themen Leadership und Management. Heute ist Adair als internationaler Managementberater tätig. Vor seiner Ernennung zum Professor in Surrey war Adair Visiting Fellow am Oxford Centre for Management Studies und stellvertretender Direktor der Industrial Society, in der er das Institut für Führungslehre leitete.

Adair glaubt, einen dreifachen Beitrag zur Managementtheorie geleistet zu haben. Erstens könne er für sich beanspruchen, als erster auf die Möglichkeit hingewiesen zu haben, Menschen zu Führungspersönlichkeiten zu erziehen. Somit habe er erkannt, daß es sich dabei um eine vermittelbare Fähigkeit und nicht um eine angeborene Verhaltensweise handele. Zweitens habe er eine Veränderung der Managementtheorie bewirkt, in die er als wesentliche Komponente die Führungslehre integriert und mit den verwandten Fähigkeiten der Entscheidungsfindung, der Kommunikation und des Zeitmanagements in Verbindung gebracht habe. Drittens habe er Leadership mit Hilfe dreier, einander überlappender Kreise definiert: Aufgabe, Team, Individuum; in seinem Lehrkonzept, dem aktionszentrierten Lernen (Action-Centred Learning = ACL-Modell), spielen sie eine wichtige Rolle.

Das Konzept des aktionszentrierten Lernens wurde von Adair in Sandhurst entwickelt und später in der Industrial Society weiter ausgebaut. Es enthält viele Elemente aus der Bedürfnislehre Abraham Maslows und Frederick Herzbergs.

Ohne unangemessene Bescheidenheit erklärt Adair, das ACL-Modell sei heute für die Managementtheorie ähnlich bedeutend, wie es Einsteins Relativitätstheorie für die Physik war. „Dieses Konzept", sagt er, „enthält die stärksten in Arbeitsgruppen und Organisationen wirkenden Kräfte ... und ihre entscheidenden Wechselwirkungen mit einem gewissen Maß an Vorhersagegenauigkeit."

Die bekanntesten Bücher Adairs zu Führungsfragen sind *Effective Leadership, Not Bosses But Leaders* und *Great Leaders,* eine Studie über die Führungsqualitäten historischer Persönlichkeiten. Er betrachtet es als seine Mission, an „vorderster Front des langfristigen Managementdenkens" zu stehen und Managementkonzepte möglichst effektiv zu gestalten.

John Adair greift auf die etymologischen Wurzeln zurück, um den wesentlichen Unterschied zwischen „führen" und „managen" zu erklären. In einem Interview im *Director Magazine* (November 1988) beschreibt er diesen Unterschied wie folgt:

> „Führung (Leadership), hat mit Fingerspitzengefühl für die einzuschlagende Richtung zu tun. Das Wort „lead" (führen) stammt von einem angelsächsischen Wort, das in nordeuropäischen Sprachen häufig vorkommt und soviel wie Straße, Weg oder Route eines Schiffes auf See heißt. Es bedeutet zu wissen, wie der nächste Schritt auszusehen hat ... Management dagegen ist etwas anderes. Der Begriff stammt vom lateinischen „manus", Hand. Er bedeutet, mit einem Schwert, einem Schiff, einem Pferd umgehen zu können. Er hängt eng mit der Idee des Mechanischen zusammen. Das Managementkonzept stammt aus dem 19. Jahrhundert, als Techniker und Buchhalter begannen, die Geschicke der Unternehmen zu leiten. Sie betrachteten diese im allgemeinen unter einem systemischen Gesichtspunkt.
>
> Doch im Konzept des Managements finden wir einige wertvolle Elemente, die im Führungsansatz fehlen. Im Management liegt die Betonung auf Kontrolle, insbesondere der Kontrolle der Finanzen, und auf Verwaltung. Führungspersönlichkeiten sind dagegen nicht unbedingt gute Administrativkräfte oder Ressourcenverwalter."

Führungspersönlichkeiten können oder sollten, so Adair, andere Menschen inspirieren. „Hier besteht ein Zusammenhang zwischen dem Enthusiasmus und dem Engagement einer Führungspersönlichkeit mit ihrer Fähigkeit, diesen Enthusiasmus auf andere zu übertragen. Das ist nicht dasselbe wie die Fähigkeit zu motivieren, die im Rahmen des Wirtschaftsstudiums gelehrt wird und eine eher mechanische Sache darstellt."

Der Teamgedanke bildet den Kern der Führungstheorien und des ACL-Modells John Adairs. Er glaubt, daß für Teams drei Bedürfnisse entscheidend sind: das Bedürfnis, eine gemeinsame Aufgabe zu bewältigen; das Bedürfnis, als soziale Einheit oder Team mit dem entsprechenden Zusammenhalt bestehen zu bleiben; die Summe der Einzelbedürfnisse der Gruppe. Die drei Bedürfnisse bilden die Grundlage für sein Modell mit den drei überlappenden Kreisen, in dem das Versagen auf einem Gebiet Auswirkungen auf die anderen beiden hat. So beeinträchtigt etwa ein Versagen in einer Aufgabe (oder das Fehlen einer Aufgabe) sowohl den Teamgeist als auch die Zufriedenheit der einzelnen Teammitglieder. Adairs Ansatz wird verständlich, wenn man drei überlappende Kreise, die für Aufgabe, Team und Individuum stehen, aufzeichnet und über jeden von ihnen eine Münze legt.

> „Führung hat mit Teamwork, mit Teambildung zu tun. In Teams findet man häufig Führungspersönlichkeiten, und Führungspersönlichkeiten tendieren ihrerseits zur Teambildung. Zum Manager kann man ernannt werden, doch zur Führungspersönlichkeit wird man erst, wenn diese Ernennung in den Herzen und Köpfen der Mitarbeiter ihren Niederschlag gefunden hat. Die Führungspersönlichkeit benötigt ein hohes Maß an Akzeptanz der Mitarbeiter, das für einen ernannten Manager nicht erforderlich ist."
>
> *John Adair*

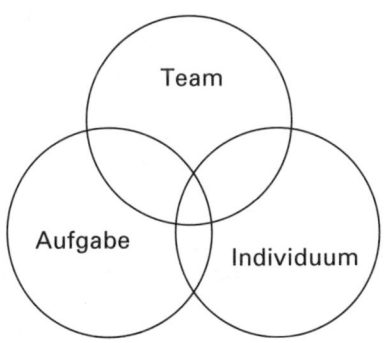

Das Drei-Kreise-Modell

Natürlich verdeckt man dadurch Teile der beiden anderen Kreise. Die überlappenden Kreise, erklärt Adair, illustrieren die „essentielle Untrennbarkeit von Führungsqualitäten; eine Einzelmaßnahme kann viele Auswirkungen haben, weil sie alle Bereiche berührt."

In *Understanding Motivation* (1990) listet Adair die von ihm erstmals ausgearbeiteten Führungsfunktionen auf:

- Planung (Erheben aller verfügbaren Informationen, Definition der Gruppenaufgaben oder -ziele, Ausarbeitung eines zur Umsetzung geeigneten Plans)

- Initiierung (Instruktion der Gruppe, Zuweisen der Aufgaben, Vorgeben der Gruppenstandards)

- Kontrolle (Wahrung der Teamstandards, Überwachung des Fortschritts beim Erreichen der Ziele, Anpeilen von Maßnahmen und Entscheidungen)

- Unterstützung (Bestätigung einzelner Leistungen, Ermunterung und Disziplinierung, Förderung des Teamgeistes, humorvolles Lösen von Spannungen, Zusammenführung unterschiedlicher Meinungen)

- Information (Klärung von Aufgaben und Plänen, Weitergeben von Informationen an das Team, Aufnahme von Informationen aus der Gruppe, Zusammenfassung von Ideen und Vorschlägen)

- Evaluierung (Testen der Durchführbarkeit von Ideen, Überdenken der Folgen, Evaluierung der Teamleistung, Unterstützung des Teams bei der Selbstbewertung)

Diese sechs Führungsfunktionen sind ein wesentliches Element der integrierten ACL-Theorie von Adair, wobei das Drei-Kreise-Modell zwar eine zentrale Rolle spielt, jedoch nicht das gesamte Konzept darstellt. Die Originalität des aktionszentrierten Lernens liegt nicht, wie Adair betont, in seinen einzelnen Komponenten, sondern in ihrem Zusammenwirken und in der Verwendung des Ganzen als Lehrmethode: „Indem sie in eine neue Beziehung zueinander gestellt werden, erfahren die einzelnen Komponenten einen unterschiedlich starken Wandel, der für jede kreative Arbeit unabdingbar ist."

Zu den von früheren Gurus entlehnten und neu bearbeiteten Elementen gehören Maslows „Bedürfnispyramide" und Henri Fayols klassische Definitionen der Managementfunktionen. In *Understanding Motivation* legt Adair zusätzlich seine „Fifty-Fifty-Regel" dar – eine Spielart des Pareto-Prinzips –, wonach 50 Prozent der Motivation des Menschen aus ihm selbst stammen, während die andere Hälfte auf externe Faktoren, darunter die Führungsqualitäten des Vorgesetzten, zurückzuführen ist. Diese Theorie steht im Gegensatz zu den Ansichten der meisten Motivations-Gurus, allen voran Maslow und Hertzberg, die betonen, daß Motivation in erster Linie eine Sache des Individuums sei.

Adair wandte die Fifty-Fifty-Regel auch in einem anderen Zusammenhang an, etwa in *Effective Teambuilding* (1986), wo er ausführt, daß 50 Prozent des Erfolgs vom Team und 50 Prozent von der Führungspersönlichkeit abhängen. Die Fifty-Fifty-Regel hat nach Meinung Adairs den Vorzug, jede Partei dazu zu zwingen, erst auf die eigene Leistung zu sehen, bevor die Qualität der Beiträge der anderen kritisiert wird.

Wichtige Publikationen

Adair, J. (1983), *Effective Leadership*, Aldershot: Gower
Adair, J. (1986), *Effective Teambuilding*, Aldershot: Gower
Adair, J. (1988), *Not Bosses But Leaders*, Guildford: Talbot Adair Press
Adair, J. (1988), *Developing Leaders*, Guildford: Talbot Adair Press
Adair, J. (1989), *Great Leaders*, Guildford: Talbot Adair Press
Adair, J. (1990), *Understanding Motivation*, Guildford: Talbot Adair Press
Adair, J. (1996), *Effective Leadership Masterclass*, London: Pan
Adair, J. (1997), *Effective Communication*, London: Pan
Adair, J. (1997), *Effective Innovation*, London: Pan
Adair, J./Neil, Th. (ed.) (1998), *The John Adair Management and Leadership Handbook*, London: Thorgood

(Die Talbot-Adair-Press-Publikationen werden über Kogan Page, London, vertrieben.)

H. Igor Ansoff

* 1918

Theorie und Praxis der strategischen Planung

H. Igor Ansoff wurde in Rußland geboren und gilt als Pionier des strategischen Managements und der Unternehmensplanung. Sein 1965 erschienenes Buch *Corporate Strategy* wurde von Henry Mintzberg als das am besten durchdachte Modell strategischer Planung der gesamten Managementliteratur bezeichnet. Bernard Taylor, führende britische Autorität auf dem Gebiet der strategischen Planung, beschreibt Ansoff als „Guru der Gurus" auf seinem Gebiet, das er 1963 selbst begründete. Bis dahin, erinnert sich Taylor, „wurde Unternehmenspolitik als eine Art ‚Abschlußkurs' in allgemeiner Managementlehre betrachtet, der ohne theoretische Grundlage auskommen und daher anhand empirischer Fallbeispiele gelehrt werden mußte."

Seit *Corporate Strategy* (das vor kurzem unter dem Titel *The New Corporate Strategy* neu herausgebracht wurde) entpuppten sich übrigens alle größeren Publikationen Ansoffs als Meilensteine in der Entwicklung des strategischen Managements: *Business Strategy* (1969), *From Strategic Planning to Strategic Management* (1976), *Strategic Management* (1979) und *Implanting Strategic Management* (1984, 1990). Die beiden letztgenannten zeigen eine Verschiebung vom Schwerpunkt Strategie hin zum meßbaren Geschäftserfolg strategischen Verhaltens und festigten zusätzlich Ansoffs Führungsposition auf einem Gebiet, das bis in die achtziger Jahre hinein beharrlich unterschätzt wurde.

Ansoff, der in Wladiwostok als Sohn einer russischen Mutter und eines amerikanischen Diplomaten zur Welt kam, verbrachte seine ersten sechzehn Jahre in der jungen Sowjetunion. Dann kehrte seine Familie nach New York zurück, wo Ansoff Maschinenbau und Physik studierte. Nach dem Militärdienst im Zweiten Weltkrieg promovierte er mit Hilfe eines staatlichen Stipendiums für Ex-Kriegsdiener zum Doktor der technischen Mathematik.

Im Jahre 1948 schloß sich Ansoff der Rand Foundation an, einem einflußreichen Think-Tank der Nachkriegsjahre, der sich auf militärische Problemstellungen spezialisierte. Hier arbeitete er an strategischen Aufgabestellungen der NATO mit, und die Methode, die er in seinen strategischen

Problemlösungen anwandte, sollte sich später bei seiner Entwicklung von Theorie und praktischer Methodik für die Wirtschaft als überaus einflußreich erweisen.

Nachdem er zum Verantwortlichen für Produktdiversifizierung bei Lockheed Aerospace ernannt wurde, ermöglichte ihm seine Arbeit dort die praktische Umsetzung seiner Ideen. Ansoff sagt, diese Arbeit hätte ihm Gelegenheit geboten, zu erfahren, wie das Geschäft funktioniert und wie man die wichtigsten Variablen und Beziehungen in komplexen Problemstellungen erkennt. Er wurde zum Vizepräsidenten und Geschäftsführer der Lockheed Electronics befördert und erlebte dort, als er eine Division mit siebzehn High-Tech-Bereichen auf drei Bereiche reduzieren und dazu hundert Techniker entlassen mußte, die damit verbundenen menschlichen Tragödien hautnah mit. Dabei lernte Ansoff die schwierigen Seiten des Managements, nämlich das Management des Lebens von anderen Menschen, aus erster Hand kennen.

Ein großes Unternehmen zu managen entsprach allerdings nicht Ansoffs persönlicher langfristiger Karrierestrategie. Er wurde schließlich an der Carnegie School of Industrial Administration zum Professor ernannt und veröffentlichte schon kurze Zeit danach sein folgenreiches Buch *Corporate Strategy*.

In einem nächsten Schritt tat er sich als Gründer und Dekan der Graduate School of Management an der Vanderbilt University in Nashville, Tennessee, hervor. Aufbauend auf dem Konzept des strategischen Managements verwirklichte er dort eine völlig neuartige Wirtschaftsschule, um „Agenten des Wandels" auszubilden.

Obwohl *Corporate Strategy* weltweit Beachtung fand, führten die in dem Buch dargelegten Rezepte einer strategischen Planung in der Praxis zu sehr unterschiedlichen Resultaten. In einigen Unternehmen kam es zu signifikanten Leistungssteigerungen und einer eigenen Unternehmensphilosophie. In vielen anderen Fällen entwickelte sich jedoch aus der strategischen Planung ein Phänomen, das Ansoff selbst als „Paralyse durch Analyse" bezeichnete.

Ansoff beschloß, eine Erklärung für derartige unerwünschte Entwicklungen zu finden, eine Entscheidung die seine zwanzigjährige Tätigkeit als Theoretiker und Empiriker auf dem Gebiet erfolgreicher strategischer Verhaltensweisen einleitete. Einer der ersten Schritte auf diesem Weg war eine über vier Jahre laufende Studie über den Erfolg und Mißerfolg von Fusionen und Übernahmestrategien, deren Ergebnisse in seinem 1971 erschienenen *Acquisition Behaviour of US Manufacturing Firms 1946–1965* publiziert wurden. Im darauffolgenden Jahr veröffentlichte Ansoff einen Artikel, „The Concept of Strategic Management", in dem er ausführte, daß man die

Erklärung für Planungsfehler durch die Analyse des gesamten strategischen Managementprozesses eines Unternehmens und nicht nur der jeweiligen Planungskomponenten zu suchen habe. Ansoff organisierte die erste internationale interdisziplinäre Konferenz über strategisches Management, die von IBM und General Electric gesponsert und 1973 an der Vanderbilt Universität abgehalten wurde. Als Ergebnis dieser Konferenz publizierte er 1974 *From Strategic Planning to Strategic Management*.

Die nächsten sechs Jahre verbrachte Ansoff am European Institute of Advanced Studies in Management in Brüssel. Dort leitete er eine Reihe paneuropäischer Projekte zu Fragen des strategischen Managements und der Gesellschaftsstrategie und führte seine Forschungsarbeiten zu strategischem Management weiter. Sein Interesse galt insbesondere jenen Arten strategischen Verhaltens, die auch in einer turbulenten Umgebung zum unternehmerischen Erfolg führen, und wie man sie erkennt.

Als Ergebnis dieser Studien publizierte er *Strategic Management* (1979), das eine umfassende Theorie strategischen Verhaltens darlegt, sowie *Implanting Strategic Management* (1984, 1990), in dem sich ein umfassender praktischer Ansatz zur Optimierung strategischen Verhaltens findet.

Ansoff kehrte schließlich 1983 in die USA zurück und wurde von der US International University zum „Distinguished Professor of Strategic Management" ernannt, wo er Doktoratsstudien im Fach strategisches Management einführte. Außerdem gründete Ansoff in San Diego, Kalifornien, seine eigene Beratungsfirma.

Igor Ansoffs Unternehmensstrategie soll, wie der Autor im Vorwort zu *Corporate Strategy* schreibt, „zur Entwicklung einer Reihe praktischer und nützlicher Konzepte und Verfahren führen, die Manager in ihrer Arbeit verwenden können ... eine praktische Methode der strategischen Entscheidungsfindung in Unternehmen."

Dazu legt das Buch eine Methodik mit Verfahren und Checklisten vor, die so detailliert und durchgeplant ist, daß Sir John Harvey-Jones in seiner Einleitung zur „Library of Management Classics" feststellte, „sogar ein unintelligenter Computer kann – zumindest oberflächlich – mit ihrer Hilfe eine Unternehmensstrategie entwickeln ..." Harvey-Jones ging so weit, das Buch als „eines der besten Wirtschaftsfachbücher aller Zeiten" zu bezeichnen.

Seit den siebziger Jahren wendet sich Ansoff in seinen Büchern immer mehr vom bisherigen Rezeptansatz ab, der von einigen seiner Anhänger allzu deterministisch interpretiert wurde. Die jüngsten Arbeiten Ansoffs konzentrieren sich auf die Notwendigkeit, Flexibilität und Anpassung an Veränderungen in den Planungsprozeß einzubauen.

Corporate Strategy beginnt mit der Analyse der drei wichtigsten Arten der Entscheidungsfindung – strategisch, administrativ und betrieblich – und deren Wechselwirkungen untereinander. Dann werden die für jede Kategorie spezifischen Fragen erläutert:

- Welche Ziele hat das Unternehmen?
- Sollte das Unternehmen eine Diversifizierung anstreben – wenn ja, auf welchen Gebieten und wie stark?
- Wie sollte das Unternehmen seine gegenwärtige Marktpositionierung seiner Produkte entwickeln und nutzen?

Ansoff erklärt, die meisten strategischen Entscheidungen müßten in einem praktischen Rahmen beschränkter Gesamtressourcen getroffen werden, wozu die Wahl zwischen alternativen Ressourceneinsätzen zu treffen ist. Die Betonung der jeweiligen Geschäftsaktivität schließt daher eine Diversifizierung aus; eine Überbetonung der Diversifizierung führt zur Vernachlässigung der gegenwärtigen Produkte. „Ziel ist es, ein Ressourcen-Allokationsmuster zu entwickeln, das das bestmögliche Potential zur Erreichung der Unternehmensziele bietet."

Ansoff untersucht dann, wie diese Ziele, und zwar die wirtschaftlichen und sozialen Ziele, vom einzelnen Unternehmen entsprechend der jeweiligen Umstände zu wählen sind. Er entwickelt eine praktische Auswahlmethode bei variierenden Zeithorizonten, wobei ausreichende Flexibilität gegeben sein muß, um auch auf unvorhergesehene Schwierigkeiten oder verhängnisvolle Änderungen reagieren zu können.

Anschließend geht das Buch in ein ziemlich undurchdringliches Analyse-Dickicht über und entwickelt mathematische Formeln zum Nachweis der Bedeutung von Synergien als strategischer Komponente, die sich auf

> „Das Setzen von Zielen ist ein Managementinstrument mit vielen potentiellen Anwendungsmöglichkeiten. Bei betrieblichen Problemen kann man damit Leistungsstandards und -ziele für alle Unternehmensebenen festlegen, ebenso für die Bewertung von Leistungen und für Kontrollentscheidungen. Bei administrativen Problemen dienen sie der Feststellung von unzureichenden organisatorischen Strukturen. Bei strategischen Problemen schließlich dienen Zielsetzungen als Meßlatten für Entscheidungen im Zusammenhang mit Veränderungen, Rücknahmen und Erweiterungen in der *Marktpositionierung* des Unternehmens."
>
> *H. Igor Ansoff*

Kaufentscheidungen, Produktlancierungen und Diversifizierungen anwenden lassen. Ansoff läßt darauf ein „Strategiekonzept" folgen, mit dem ein Unternehmen (1) die Branche erkennen kann, in der es agieren sollte, (2) spezielle Richtlinien auf der Suche nach strategischen Chancen anwenden und (3) Entscheidungsregeln erhalten kann, um den Selektionsprozeß auf die am ehesten erfolgversprechenden Optionen einzuengen.

Ansoff erkannte beinahe zwanzig Jahre vor dem Harvard-Mann Michael Porter den „Wettbewerbsvorteil" als wesentliches Element der strategischen Planung.

Er stellte fest, daß man zur Erkennung eines Wettbewerbsvorteils über „die seltene Fähigkeit, Trends vorauszusehen" verfügen muß, um erfolgreiche Ergebnisse zu gewährleisten, und daß wegen der Notwendigkeit der Branchenkenntnis die konzentrische Form der Diversifizierung (verbundene verwandte Produkte und Märkte) erfolgversprechender ist als eine beliebige Diversifizierung in alle Richtungen.

Corporate Strategy schließt mit einer Analyse des Für und Wider der „Make-or-Buy"-Entscheidung auf neuen Produktmärkten, zum Beispiel ob man eher auf organisches Wachstum oder auf zugekaufte Leistungen setzen sollte.

Insgesamt bietet *Corporate Strategy* sowohl die Konzepte als auch praktische Anweisungen zur strategischen Entscheidungsfindung, beginnend bei philosophischen Themen, die den Unternehmenszielen zugrundeliegen, fortschreitend bis zum jenem Punkt, an dem sich das Unternehmen für eine spezifische Produkt-Markt-Strategie entscheidet. Und schließlich entwickelt es ein Verfahren zur Beobachtung und Bewertung eines strategischen Projektes und erklärt, wie sich die Strategie als Managementwerkzeug in den allgemeinen periodischen Planungsprozeß eines Unternehmens einfügt.

Ansoffs Brüsseler Arbeit über strategische Verhaltensmuster und ihre Auswirkungen auf Organisationen, die in sein theoretisches Buch *Strategic Management* einflossen, wurde von ihm selbst als „die wichtigste Phase meiner intellektuellen Entwicklung" beschrieben. „Ich borgte oder stahl alle möglichen Konzepte und Theorien aus Psychologie, Soziologie und Politikwissenschaft und versuchte, sie zu einer umfassenden Erklärung strategischen Verhaltens zu formen." Der in diesem Buch vorgestellte Kern der Theorie ist die sogenannte *„Strategic Success Hypothesis"*.

In Brüssel schrieb Ansoff außerdem an drei wichtigen Werken (*Strategic Issue Management,* 1980, *Managing Strategic Surprise by Response to Weak Signals,* 1976 und *Dispersal Positioning in Strategic Portfolio Analysis* zusammen mit Kirsch und Roventa, 1980.) Darin entwickelte er ein ganzes

Set praktischer Methoden zur Anpassung eines Unternehmens an die veränderlichen und unvorhersehbaren Bedrohungen und Chancen.

Implanting Strategic Management, erstmals 1984 und als Neuauflage 1990 erschienen, übertrug die theoretischen Konzepte des Buches von 1979 in praktische technische Anleitungen. Es ist das Destillat der fünfunddreißig-jährigen Erfahrung Ansoffs mit Managementfragen (als Manager, Professor und Berater). Es ist ferner der Höhepunkt seiner zwanzigjährigen Suche nach einer umfassenden Erklärung dafür, warum die strategische Planung in ihrer ursprünglichen Form nicht funktionierte.

Ansoff erklärt, sein Denken habe sich seit den sechziger Jahren in drei parallele Richtungen entwickelt: (1) Erweiterung seiner wissenschaftlichen Perspektive von einem einzigen hin zu vielen Fachgebieten; (2) die Suche nach einer theoretischen Erklärung für strategisches Verhalten; (3) die Entwicklung einer praktischen Technik für strategisches Management in turbulenten Situationen.

Implanting Strategic Management baut auf der „strategischen Erfolgsformel" (einer praktischen Umsetzung der strategischen Erfolgshypothese) auf, die besagt, daß die Leistung eines Unternehmens dann optimiert wird, wenn sowohl seine externe Strategie als auch seine internen Möglichkeiten an die Turbulenzen der externen Umgebung des Unternehmens angepaßt sind. Das Buch berichtet, die strategische Erfolgsformel sei in acht Ländern rund um den Globus in unterschiedlichen Branchen und auch in Banken „empirisch ausgewertet" worden. *Implanting Strategic Management* ist die umfassendste Darstellung von Konzepten und modernen Techniken in strategischem Management. Es empfiehlt eine Vorgehensweise zur Schaf-fung eines dualen Systems innerhalb eines Unternehmens, das sowohl den strategischen Wandel als auch die alltäglichen Geschäftsaktivitäten zu managen imstande ist.

Seit seiner Rückkehr in die USA im Jahr 1983 entwickelte Ansoff seine Arbeit über strategisches Verhalten weiter, wobei er besonders erfolgsträch-tige Verhaltensmuster betonte – insbesondere die Fähigkeit, strategische Reaktionen auf turbulente externe Situationen zu generieren – und wie man Unternehmen bei einer strategisch erfolgreichen Aktivität behilflich sein kann. Ansoff erklärt, die strategische Erfolgsformel zeige, daß die Tage der einfachen, allgemeingültigen Managementrezepte vorbei sind und daß jede Organisation die für sie optimale Lösung finden muß, deren Komplexität weder größer noch kleiner sein darf als die Komplexität der Umgebung der Organisation. Ansoff bietet *Implanting Strategic Management* als Werkzeug an, mit dem man dieser Lösung auf die Spur kommt.

Bernard Taylor bringt es auf den Punkt, wenn er sagt, Ansoff habe „eine ganze Generation von Praktikern, Beratern und Wissenschaftlern in den USA und überall auf der Welt weitergebracht und begeistert". In seiner gesamten brillanten akademischen Karriere habe er „den Kontakt zur Praxis bewahrt und mit Spitzen-Managementteams in führenden multinationalen Unternehmen gearbeitet – und dabei neue und originelle Ideen entwickelt, die er mit Energie und Enthusiasmus vorgebracht" habe.

Wichtige Publikationen

Ansoff, H. I. (1965), *Corporate Strategy*, New York: McGraw-Hill; dt.: *Management-Strategie*, München 1966

Ansoff, H. I. (1969), *Business Strategy*, London: Penguin Books

Ansoff, H. I. (1971), *Behavior of US Manufacturing Firms 1946-1965* (zusammen mit R. J. Brandenburg, F. E. Portner, H. R. Radosevich), Nashville: Vanderbilt University Press

Ansoff, H. I. (1976), *From Strategic Planning to Strategic Management* (mit R. Hays, R. Declerck), New York und London: John Wiley and Sons

Ansoff, H. I. (1979), *Strategic Management*, London: Macmillan

Ansoff, H. I. (1984, 1990), *Implanting Strategic Management*, New Jersey: Prentice-Hall

Chris Argyris
* 1923

„Single-" und „Double-loop-Learning" – Wie das Potential des einzelnen in der Organisation entwickelt werden kann

Chris Argyris ist Amerikaner und Organisationspsychologe. Seine Spezialgebiete sind die persönliche Entwicklung des einzelnen innerhalb der Organisation und die Verteidigungsmechanismen der Manager, die diese häufig unbewußt entwickeln, um sich jedem Wandel zu widersetzen.

Als ein Vertreter der langen Reihe bedeutender Managementtheoretiker aus Harvard besetzte Argyris dort ab 1971 den James-Bryant-Conant-Lehrstuhl für „Educational and Organizational Behaviour". Zuvor war er Professor für Betriebswirtschaft bei der Konkurrenz in Yale gewesen. Argyris arbeitete unter anderem als Berater in der Industrie, wo er für bedeutende Unternehmen wie IBM, Shell und Du Pont tätig war, sowie für diverse Ministerien der US-Regierung und für Regierungen in Europa.

Peter Drucker bezeichnet Organisationstheoretiker wie Argyris als „Romantiker", weil sie hoffen, durch Förderung eines partizipativen Führungsstils die anarchistische Behauptung widerlegen zu können, Organisation bedeute Entfremdung.

Drucker selbst teilt diese idealistische Vorstellung nicht. „Autorität ist eine wesentliche Dimension der Arbeit", schrieb er in *Management: Tasks, Responsibilities, Practices* (1973). „Sie hat wenig bis gar nichts mit dem Eigentum an den Produktionsmitteln, mit Demokratie am Arbeitsplatz, Arbeitnehmervertretung oder anderen Versuchen zur Strukturierung des Systems zu tun. Autorität ist ein organisationsinhärentes Phänomen."

Argyris hingegen geht von der Voraussetzung aus, daß jedes Individuum über ein bestimmtes Potential verfügt, das durch die Organisation und die spezielle Gruppensituation, in der die Arbeit des einzelnen stattfindet, entwickelt werden kann – oder verkümmert. Die Entwicklung des persönlichen Potentials dient dem Wohl des Individuums ebenso, wie sie der Organisation zugute kommt, argumentiert er, doch Managern wie Peer-Groups innerhalb der Organisation fehle es häufig am nötigen zwischenmenschlichen Vertrauen, sie zuzulassen. Insbesondere das Management, warnt Argyris, entwickelt defensive Mechanismen, um seine Kontrolle über die Mitarbeiter beibehalten zu können.

In einem Artikel für die *Harvard Business Review*, in dem Argyris sechs Unternehmen und 265 Meetings, in denen Entscheidungen getroffen wurden, analysierte, gelangte er zu dem Schluß, das Verhalten von Managern führe häufig zu einer Atmosphäre des Mißtrauens und mangelnder Flexibilität, obwohl dieselben Manager doch überzeugt sind, daß Vertrauen und Innovation eine wesentliche Grundlage für sinnvolle Entscheidungen darstellen. Argyris beobachtete, daß diese Diskrepanz nicht auf gewinnorientierte Unternehmen beschränkt ist: Ganz ähnliche Verhaltensmuster entwickeln auch Führungspersönlichkeiten im Bildungswesen, in der Forschung, in Kirchen, Gewerkschaften und in den Behörden.

Als Lösung schlägt Argyris vor, die Manager sollten versuchen, in risikolosen, ungefährlichen Situationen ohne Druck wichtige „Feedback"-Fragen zu stellen, Mitschnitte ihrer eigenen Meetings zu analysieren und zu diskutieren und aktiv in einen Lernprozeß einzutreten, in dem sie viel über ihr eigenes Verhalten und das ihrer Gruppe erfahren können.

Er nennt drei Grundeinstellungen, die in seinen Studiengruppen deutlich zutage traten:

● „Menschliche Beziehungen sind insofern von Bedeutung, als sie sich auf das Erreichen des Organisationszieles auswirken." Manager, die so denken, konzentrierten sich darauf, „die Arbeit zu erledigen", was häufig als Ausrede dafür verwendet wurde, daß sie sich der Auseinandersetzung mit den zwischenmenschlichen Faktoren bei ihren Mitarbeitern und damit, wie die Gruppen miteinander zurechtkommen, nicht stellen wollten.

● „Rationale Aspekte müssen im Vordergrund stehen, Gefühle dagegen unterdrückt werden." Menschliche Beziehungen werden mit dieser Einstellung als irrelevant, weil nicht zur Arbeit gehörig, betrachtet.

● „Am effektivsten lassen sich menschliche Beziehungen durch klare Führung, Zwang und Kontrolle sowie durch Belohnung oder Bestrafung als Sanktionierung des Verhaltens im Zusammenhang mit diesen drei Werten beeinflussen." Führung und Kontrolle werden, wie Argyris feststellte, als unverzichtbare, nicht in Frage zu stellende Glieder in der Befehlskette des Managements angesehen.

Das gesamte unterdrückte Bewußtsein darüber, wie die oberste Führungsebene agiert, faßte Argyris folgendermaßen zusammen: „In meiner Analyse der Entscheidungsprozesse des Präsidenten und der neun Vizepräsidenten eines Unternehmens mit beinahe 3 000 Mitarbeitern mußte ich feststellen, daß die beobachteten Personen durch ihr Verhalten keineswegs Risikofreude, Offenheit, den Ausdruck von Gefühlen oder Bindung und Vertrauen förderten."

In späteren Interviews gaben die Manager jedoch an, negative Gefühle würden deshalb nicht geäußert, weil „wir einander vertrauen und uns wechselseitig respektieren". Als Gründe, warum Konfliktthemen in Sitzungen nicht behandelt werden, gab es Erklärungen wie folgende: „Wir werden doch vor Leuten, die gekommen sind, um uns etwas zu präsentieren, nicht unsere Schmutzwäsche waschen." Oder: „sobald die Leute emotional werden, hören sie auf, rational zu denken".

Ein ähnliches Muster falsch interpretierter Signale ergab sich aus Studien über die Beziehungen zwischen der obersten Führung und dem mittleren Management, wobei die Vertreter der mittleren Managementebene häufig nicht wußten, in welchem Verhältnis sie zu ihren Chefs standen, so daß Konflikte kaum bearbeitet wurden.

Gemeinsam mit Donald A. Schon untersuchte Argyris, wie Organisationen mit so widersprüchlichen Zielen wie der Erhaltung eines stabilen Status quo und der Anpassung an den Wandel zurechtkommen (*Organizational Learning: A Theory of Action Perspective*). Wie verbindet man beispielsweise in der Kultur einer Organisation derart gegensätzliche Botschaften wie die folgenden: Seid initiativ, aber haltet euch strikt an die Regeln! Denkt zukunftsorientiert, aber vergeßt nie, daß ihr nach eurer derzeitigen Leistung bezahlt werdet! Arbeitet mit anderen zusammen, aber seid jederzeit bereit, zu ihnen in Konkurrenz zu treten!

Argyris und Schon entwickelten ein Modell, das sie als Modell I bezeichneten und mit dem sie erklärten, wie Manager diese Widersprüche auflösen. Sie bemühen sich, Ziele möglichst allein festzusetzen, so unabhängig wie möglich zu bleiben, negative Gefühle hinunterzuschlucken und anderen den Mut zu nehmen, ihre Meinung offen auszusprechen, wenn sie sich über irgend etwas beschweren wollen. Auf diese Weise hoffen sie, ihre eigene Position absichern und Themen vermeiden zu können, die die Mitarbeiter auf dumme Gedanken kommen lassen.

Vorrangiges Ziel der Manager nach Modell I ist es, sich und ihre Position gegen jeden Wandel abzuschotten und zugleich nötigenfalls andere zu einem Wandel zu zwingen. Was ihnen jedoch nicht gelingt, ist, Vertrauen und Kollegialität zu erzeugen. Dieser Prozeß verselbständigt sich zur immer wiederkehrenden Routine, weil solche Manager nichts lernen außer, wie wichtig es ist, sich konform zu verhalten. Argyris beschreibt dieses Phänomen als Anpassungslernen* (single-loop-learning). Das Rezept, das er mit

Schon für ein Modell-II-Management ausgearbeitet hat, sieht Veränderungslernen* (double-loop-learning) vor, das entgegengesetzt funktioniert: Hier agiert der Manager anhand von Informationen (nachdem er sich vergewissert hat, daß diese zutreffen). Er fördert offene Diskussionen und Entscheidungsfreiheit und ist zu Veränderungen bereit. Zum Veränderungslernen gehört das Lernen von anderen anstelle der längst immer wiederkehrenden eigenen Erfahrungen.

Um Manager von ihrem Modell-I- zu einem Modell-II-Denken zu bewegen, rät Argyris zu einem Manager-Training mit speziellen Human-Relations-Beratern.

Er ist sich der Schwierigkeiten im Zuge eines Managements des Wandels völlig bewußt. In *Strategy, Change and Defensive Routines* schreibt er: „Das Topmanagement glaubt, defensive Routinen zu verändern, sei gleichbedeutend mit dem Ändern der Welt, ein Glaube, den ich mit diesen Leuten teile. Diese Manager schließen aber daraus, die beste Lösung bestehe darin, die Probleme gekonnt zu umschiffen ...“

Argyris erklärt, daß Organisationen trotz all ihrer defensiven Routinen gute Leistungen erbringen können: Defensive Manager sind zumeist loyal, sie arbeiten hart und sind sehr engagiert. Der beste Rat im Umgang mit defensiven Routinen ist daher nach Argyris „ein langsames und schrittweises Vorgehen“.

„Lassen Sie die Organisation aus jedem Experiment lernen, damit die nächste Erfahrung um so positiver wird, und sorgen Sie dafür, daß das Unternehmen im Umgang mit Prozessen des Wandels immer intelligenter wird, bis diese schließlich die gesamte Organisation durchdringen.“

Chris Argyris

Defensive Routinen sind übrigens ein wesentlicher Grund dafür, daß es selten zu nachhaltigen Veränderungen einer bestehenden Unternehmenskultur kommt. Nach Argyris' Ansicht „verstopfen und beeinträchtigen defensive Routinen das System, genau wie die Luftverschmutzung unser Leben beeinträchtigt“.

Wichtige Publikationen

Argyris, C. (1957), *Personality and Organization*, New York: Harper and Row

Argyris, C. (1965), *Organization and Innovation*, Toronto: Irwin

Argyris, C./Schon, D. A. (1978), *Organizational Learning: A Theory of Action Perspective*, Wokingham: Addison-Wesley

Argyris, C. (1985), *Strategy, Change and Defensive Routines*, London: Pitman

Argyris, C. (1993), *Knowledge for Action,* San Francisco: Jossey-Bass; dt.: *Wissen in Aktion*, Stuttgart 1997

---

* Diese Begriffe wurden entsprechend des Vorschlags von Krüger/Bach in: Wieselhuber „Handbuch Lernende Organisation", Wiesbaden 1997, S. 27, übernommen. Anm. d. Übers.

Chester Barnard

1886–1961

Wertemanagement in Organisationen

Der in Neuengland geborene Chester Barnard stellt unter den Management-Gurus insofern eine Rarität dar, als er selbst hauptberuflich Manager war. Er arbeitete vierzig Jahre lang für die Bell Telephone Company und wurde schließlich zum Präsidenten der New Jersey Bell ernannt.

Als einer der ersten untersuchte Barnard die Entscheidungsprozesse in Organisationen, die Beziehungen zwischen formalen und informellen Organisationen und die Rolle und Funktion der Führungskraft. Sein 1938 erschienenes Buch *The Functions of the Executive* war zu Barnards Zeit ein überaus einflußreiches Werk: Barnard beschrieb darin, was wir heute als „Organisationsmitglied" (Organization Man) bezeichnen, und er meinte, „der wichtigste Beitrag, der von einer Führungskraft gefordert werde, und sicherlich ihre universellste Qualifikation", sei „Loyalität und die Unterordnung unter den Geist des Unternehmens".

Barnard betrachtete gewinnorientierte Organisationen als effektivere Instrumente des sozialen Fortschritts als Kirche oder Staat, weil sie eher durch die Zusammenarbeit einzelner Menschen im Hinblick auf einen gemeinsamen Zweck als durch Autorität vorangebracht werden.

Zu Barnards Leistungen zählt unter anderem seine Pioniertätigkeit auf dem Gebiet der Führungstheorien, auf der andere aufbauten, sowie in den Bereichen der Unternehmenskultur und Wertebildung, in denen er mindestens dreißig Jahre vor der restlichen Managementwelt tätig wurde. Die eigentliche Funktion einer Führungskraft sei es, meinte Barnard, das Wertemanagement der Organisation zu übernehmen und darauf zu achten, daß sich die Mitarbeiter entsprechend engagieren. Peters und Waterman zollten in *In Search of Excellence* Barnards Arbeit Tribut und nannten sie „wahrscheinlich die erste ausgewogene Abhandlung über das Management als Tätigkeit".

Ende der dreißiger Jahre stellten die Arbeiten von Chester Barnard und Elton Mayo die seit langem anerkannten Theorien Max Webers in Frage, der die Organisation als Bürokratie beschrieben (und bewundert) hatte, ebenso aber

38

auch F. W. Taylor, der meinte, Management könne zu einer exakten Wissenschaft werden, auf die sich ein Set von Regeln anwenden lasse.

Barnard erkannte, daß Organisationen aus Individuen, aus menschlichen Wesen mit unterschiedlicher Motivation bestehen und daß jede große formale Organisation in sich eine Reihe kleinerer, eher informeller Gruppierungen vereinigt, deren Ziele für die der Muttergesellschaft genutzt werden müssen. Die Herstellung dieser Verbindung betrachtete Barnard als Aufgabe des Managements. Er traf eine grundsätzliche Unterscheidung zwischen Effektivität und Effizienz im Management und argumentierte, die Zwecke oder Ziele einer Organisation müßten von allen Beteiligten akzeptiert werden, soll die Organisation effektiv sein. Die Bereitschaft aller Beteiligten, im Sinne eines gemeinsamen Zwecks zusammenzuarbeiten, sei, so Barnard, für das Überleben einer Organisation essentiell.

Für einen Geschäftsmann seiner Zeit war Barnard bemerkenswert offen für eine Botschaft, die er selbst immer wieder betonte: daß Autorität in einer Organisation nur insofern wirken kann, als die Mitarbeiter dieser Organisation bereit sind, sie zu akzeptieren. Daher auch sein ständiger Hinweis auf den Wert der Kommunikation und auf jene drei Grundprinzipien, die ihre Effektivität gewährleisten:

● Jeder sollte die Kommunikationskanäle in der Organisation kennen.
● Jeder sollte Zugang zu einem formalen Kommunikationskanal haben.
● Die Kommunikationswege sollten möglichst kurz und direkt sein.

Die Aufgaben der Manager, so Barnard, seien, das Kommunikationssystem zu errichten und zu managen, die Mitarbeiter für die Ziele der Organisation zu motivieren und diese Ziele auf eine Art und Weise zu formulieren, daß sie verständlich würden. In *In Search of Excellence* wird auf Barnards Beitrag zur Theorie der Unternehmenskultur (die damals noch in den Kinderschuhen steckte) und zur Rolle der Führungskraft in ihr hingewiesen. „Barnard war der erste, der über die wichtigste Rolle des Managers als Prägenden und Managenden gemeinsamer Werte in einer Organisation sprach", schrieben Peters und Waterman.

Barnards Betonung des Managements als etwas, das mit dem Unternehmensganzen zu tun hat, war sogar zu Beginn der achtziger Jahre, als Peters und Waterman tätig wurden, noch ein neuartiges Konzept. Barnard erkannte als einziger unter all seinen Zeitgenossen „die unkonventionelle und entscheidende Rolle der Führungskräfte beim Funktionieren des ganzen Unternehmens", bemerkten die Autoren von *In Search of Excellence*. Im Vorwort zu *The Functions of the Executive* erklärte Barnard, sein vorrangiges Ziel sei es, eine umfassende Theorie kooperativen Verhaltens in formalen Organisationen zu entwickeln.

Barnards Beitrag zur Führungslehre hängt eng mit seinem Konzept zusammen, wonach ein guter Manager die Werte seiner Organisation prägt. Er stellte dieses Konzept jenem des autoritären, manipulativen Managers gegenüber, der streng nach einem System von Belohnungen und kurzfristiger Effizienz vorgeht. Doch seine Theorien lagen, wie Peters und Waterman feststellten, rund dreißig Jahre lang im Dornröschenschlaf, während sich der Großteil der Managementtheoretiker auf Strukturen und ihr Verhältnis zum Wirtschaftswachstum der Nachkriegszeit konzentrierte.

Die Tatsache, daß seine Vision der Organisation das Bild eines wünschenswerten Gleichgewichts zeichnet – eines Zustandes, den alle führenden Managementtheoretiker bis vor kurzem anstrebten, brachte ihm Kritik von seiten verschiedener Gurus wie Richard Pascale ein, der meinte, die vitale Organisation müsse jeden Wandel, alle Veränderungen und sogar organisationsinhärente Konflikte begrüßen und sie kreativ managen. Pascale weist darauf hin: Barnard spricht sich für eine Kohärenz etwa der Werte, der informellen sozialen Netzwerke, der formalen Systeme und der Organisationszwecke aus. Je besser diese aufeinander abgestimmt sind, desto besser schneidet die Organisation ab.

Einige der Schüler Barnards, vor allem aber Jay Lorsch in Harvard, beschäftigten sich mit dieser Diskrepanz und entwickelten die sogenannte „Contingency Theory". Insgesamt jedoch gelten Barnards Ideen heute noch als ebenso relevant wie zum Zeitpunkt ihrer Entstehung Ende der dreißiger Jahre. Daß seine Arbeit trotz allem weitgehend ignoriert wird, hängt wahrscheinlich damit zusammen, daß einige seiner Bücher, vor allem *The Functions of the Executive*, stilistisch schwer verständlich sind. Peters und Waterman nennen diesen Stil „praktisch unlesbar", doch sie sind sich sicher, daß Barnards Arbeit ein Denkmal in der Managementtheorie ist und bleiben wird.

Wichtige Publikationen

Barnard, C. (1938), *The Functions of the Executive*, Cambridge, Massachusetts: Harvard University Press
Barnard, C. (1948), *Organization and Management*, Cambridge, Massachusetts: Harvard University Press

Meredith Belbin
* 1926

Komplementäre Rollen in der Teambildung

Meredith Belbin ist ehemaliger Psychologe und Bildungsexperte. Sein System zur Teamauswahl und Teambildung aus sich einander ideal ergänzenden Mitgliedern beziehungsweise zum Ausgleich der Stärken und „zulässigen Schwächen" der Teammitglieder wurde zum allgemein anerkannten Standard in der Wirtschaft

Der schlaksige, energische Belbin, der auch mit siebzig noch vor Ideen sprüht, absolvierte zuerst ein Studium der klassischen Philologie am Clare College in Cambridge und wechselte in seinem letzten Studienjahr zur Experimentalpsychologie über. Sein erstes – und bleibendes – Interesse in pädagogischen Fragen galt der Fortbildung und Beschäftigung älterer Arbeitnehmer; er promovierte 1952 in Gerontologie und arbeitete danach als Berater der OECD in Paris. Dort entwickelte er die sogenannte „Guided-Discovery-Methode", die es auch noch älteren Arbeitnehmern ermöglicht, neue Fertigkeiten zu erlernen. Seine Methode wurde in mehreren von der OECD finanzierten Projekten in Großbritannien, den USA, Österreich und Schweden angewandt. In einem Buch mit dem Titel *Problems in Adult Retraining* (1972), das er zusammen mit seiner Frau Eunice verfaßte, ist sie beschrieben.

Belbins Team-Auswahlsystem entwickelte sich 1967 aus einem Forschungsprogramm am Henley Management College bis zur praktischen Anwendbarkeit in Managementteams. Anhand seiner Erkenntnis, daß Teams um so besser abschneiden, je besser sich Beiträge und Rollen der einzelnen Mitglieder ergänzen, entwickelte Belbin psychometrische Tests zur Bewertung der Beiträge, die jedes einzelne Teammitglied leistet. Diese Tests werden bis heute bei der Auswahl von Führungspersönlichkeiten häufig benutzt.

Die beiden wichtigsten Bücher Belbins auf diesem Gebiet sind *Management Teams: Why They Succeed or Fail* (1981), das in der *Financial Times* als eines der fünfzig wichtigsten Managementbücher aller Zeiten bezeichnet wurde, und *Team Roles at Work* (1993). Ersteres erklärt die Entwicklung der „Team-Rollentheorie" von Belbin anhand der Erkenntnis, daß „unvollkommene Menschen sehr wohl perfekte Teams abgeben können", wenn bei der Zusammensetzung des Teams Schwächen durch Stärken ausgeglichen werden. Das zweite Werk zeigt eine Methode zur Verbindung von Bewertungen unabhängiger Beobachter mit eigenen Bewertungen auf. Richtig angewandt zeigt das System, daß effektive Leute es gelernt haben, sich anderen präzise mitzuteilen, und daß sich ihre Sichtweise der eigenen Person mit derjenigen anderer Leute deckt. Je größer die Kluft zwischen Eigen- und Fremdwahrnehmung ist, desto weniger effektiv sind diese Leute als Teammitglieder.

Belbins Energie und waches Interesse sind nach wie vor beeindruckend. Neben seinem als Familienbetrieb geführten Consulting-Unternehmen in Cambridge unterrichtet er auf Einladung diverser britischer und nordamerikanischer Universitäten und beteiligt sich am Brathay Hall Trust im Lake District an diversen Trainingsprogrammen, darunter an einem Kurs für den „zukünftigen Elite-Unternehmer". Wie Henry Mintzberg glaubt auch Belbin, die realen Anforderungen des Managements könnten an den Wirtschaftsfakultäten der Unis nicht gelehrt werden.

Der Absolvent eines humanistischen Studiums der Griechen und Römer ist nach wie vor fasziniert von all dem, was frühere Zivilisationen hervorgebracht haben, und hat sein Augenmerk vor kurzem auf das Studium kollektiver Organisationen in der Insektenwelt ausgedehnt. In *The Coming Shape of Organisations* (1996) untersucht er, was wir von Ameisen, Termiten und Bienen alles lernen können, und kommt zu dem Schluß, daß der Intellekt des *homo sapiens* beim einzelnen am brillantesten zur Geltung kommt, während Insektengesellschaften im Kollektiv besser abschneiden.

Belbin selbst sieht quer durch seine zahlreichen Forschungsprojekte den durchgehenden roten Faden einer „experimentellen Herangehensweise an diverse Probleme im Wirtschafts- und Gesellschaftsleben, bei der Entwicklung neuer Konzepte und Erarbeitung von Methoden zu deren Umsetzung". Sein Arbeitsstil ist „empirisch und operational", und er beschreibt das Wesen seiner Tätigkeit folgendermaßen: „Verschiedenartigkeit ist in unseren Genen angelegt. Nun geht es darum, dieselbe Verschiedenartigkeit in Gruppen zu verstehen und möglichst vorteilhaft zu nutzen."

Meredith Belbins System psychometrischer Tests zur Auswahl von Führungspersönlichkeiten und Bildung effektiver Managementteams ist heute bereits ein so selbstverständlich gebrauchtes Instrumentarium der Personalabteilungen, daß es oft nur noch mit dem Namen seines Erfinders bezeichnet wird: „Bei der Mitarbeiterauswahl gehen wir nach Belbin vor."

Trotzdem hat die jüngste Neuentdeckung der Vorzüge eigenständig arbeitender Teams (erstmals Ende der fünfziger Jahre von Douglas McGregor befürwortet) seltsamerweise nicht dazu geführt, daß die Welt nun häufiger an des Meisters Tür klopft. Belbin meint, das könnte am falschen Umgang mit eigenständigen Teams liegen: Hier komme es weniger zu einer echten Übertragung von Befugnissen im Sinne der Eigenständigkeit, sondern Teams wären schon eher eine bequeme Methode für Manager, sich selbst jeder Verantwortung zu entledigen.

Als Belbin 1967 für die Industrial Training Unit am University College in London arbeitete, wurde er ans Henley Management College eingeladen, um dort konkurrierende „Unternehmens"-Teams in einem EDV-gestützten betriebswirtschaftlichen Spiel namens „Executive Management Effectiveness" zu studieren, das Teil eines Managementkurses war. Er stellte sehr verschiedene Effektivitätsmuster fest, die mit den Verhaltensweisen der einzelnen Teammitglieder und ihrem jeweiligen Beitrag zum Ganzen zusammenhingen.

Komplementäre, einander ergänzende Beiträge führten zu besseren Ergebnissen als konkurrierende Verhaltensweisen.

„Eine wichtige Erkenntnis besagt, daß bestimmte Stärken des einzelnen häufig mit dem einhergingen, was Belbin als ‚zulässige Schwächen' bezeichnete. Diese Schwächen wirkten sich deshalb auf die effektive Teamarbeit nicht nachteilig aus, weil sie durch die Stärken anderer Mitglieder ausgeglichen wurden. Das Wissen um diesen Umstand erhöhte die Effektivität und führte zu der Erkenntnis, daß ‚unvollkommene Menschen' doch perfekte Teams abgeben können."

Meredith Belbin

Management Teams: Why They Succeed or Fail erklärt die acht wichtigsten Rollen, die in einem idealen Team vertreten sein sollten: Implementierer, Koordinator, Macher, Visionär, Weichensteller, Beobachter, Team-Arbeiter und Perfektionist. Sie sollten folgende Eigenschaften aufweisen:

- **Der Implementierer:** konservativ, pflichtbewußt, berechenbar, mit Organisationstalent, praktischem Verstand, arbeitsam. Zulässige Schwächen: geringe Flexibilität, mangelnde Reaktion auf nicht erprobte Ideen.

- **Der Koordinator:** ruhig, selbstbewußt, kontrolliert, mit der Fähigkeit, die potentiellen Stärken aller Teilnehmer zu nutzen und mit einem starken Sinn für die anzustrebenden Ziele. Zulässige Schwächen: nur durchschnittliche intellektuelle Fähigkeiten und Kreativität.

- **Der Macher:** sehr manipulativ, extrovertiert, dynamisch, mit Drive und der Bereitschaft, gegen Untätigkeit, mangelnde Effektivität, Selbstgefälligkeit oder Selbsttäuschung etwas zu unternehmen. Zulässige Schwächen: leicht zu provozieren und zu irritieren, ungeduldig.

- **Der Visionär:** individualistisch, seriös, unorthodox, voller Esprit, Phantasie, Intellekt, Wissen. Zulässige Schwächen: abgehoben, ignoriert bisweilen praktische Details oder formale Vorgaben.

- **Der Weichensteller:** extrovertiert, enthusiastisch, neugierig, kommunikativ, kommt leicht mit Menschen in Kontakt und will alles Neue entdecken. Fähigkeit, auf Herausforderungen zu reagieren. Zulässige Schwächen: verliert leicht das Interesse, sobald die erste Faszination abgeklungen ist.

- **Der Beobachter:** nüchtern, nicht emotional, klug, gute Urteilsfähigkeit, diskret, Zähigkeit. Zulässige Schwächen: mangelnde Inspiration oder Fähigkeit, andere zu motivieren.

- **Der Team-Arbeiter:** sozial orientiert, eher sanft, sensibel, mit der Fähigkeit, auf Leute und Situationen zu reagieren und den Teamgeist zu heben. Zulässige Schwächen: Unentschlossenheit in Krisensituationen.

- **Der Perfektionist:** sorgfältig, ordentlich, bewußt, ängstlich, mit der Fähigkeit, durchzuhalten, ein Ziel zu verfolgen. Zulässige Schwächen: Tendenz, sich über Kleinigkeiten Sorgen zu machen, mangelnde Fähigkeit, loszulassen.

Die acht Rollen
eines idealen Teams

Die Eigenschaften der einzelnen Teammitglieder wurden auf zweierlei Weise überprüft: durch Fragebögen, die von den Teilnehmern selbst auszufüllen waren, und durch die Einstufung von Kursteilnehmern, die lieber andere beobachteten als selbst teilzunehmen. Es wurden sieben Verhaltenskategorien im Team beobachtet: Fragen stellen, informieren, Vorschläge machen, widersprechen, delegieren, aufbauen und kommentieren.

Danach enthält das Buch eine Analyse der Planung und Führung von Teams, Ausführungen über die ideale Teamgröße und über die Förderung von Kreativität im Team. Interessanterweise schnitt eines der in Henley arbeitenden „Unternehmensteams", das aus außerordentlichen intelligenten Einzelteilnehmern bestand, am schlechtesten ab, wobei dieses Ergebnis in laufend wiederholten Experimenten immer wieder bestätigt wurde. Man gab ihm den Spitznamen „Apollo-Team" als Hinweis auf ein schwer zu managendes Team, das zu destruktiven Debatten und Problemen beim Treffen von Entscheidungen neigt. Belbin schloß aus dieser Erfahrung, daß „speziell Kritikfähigkeit destruktive Züge annehmen kann".

In seinem Folgewerk, *Team Roles at Work* befaßt sich Belbin ferner mit den ursprünglichen Rollenkonzepten und legt eine „Teambildungstheorie" vor, nach der seine Teamauswahl und -bildung funktioniert.

Das Wesentliche an dieser Theorie ist das Ausmaß der Übereinstimmung von Selbstwahrnehmung und Beurteilung durch außenstehende Beobachter. Stimmen beide Sichtweisen überein, läßt dies auf ein leistungsstarkes Teammitglied schließen; je größer die Kluft zwischen Eigen- und Fremdwahrnehmung, desto höher die Wahrscheinlichkeit eines Versagens im Team. Für das EDV-gestützte Managementprogramm, das die gewonnenen Feedbackdaten ausarbeitet, haben Belbin und sein Sohn und Partner Nigel eine

> „Ein Team ist nicht einfach eine Gruppe von Menschen mit irgendwelchen Aufgabenbeschreibungen, sondern eine Gemeinschaft von Einzelpersönlichkeiten, die jeweils eine bestimmte Rolle annehmen, die von den anderen Teammitgliedern verstanden wird ... Teammitglieder wählen für sich bestimmte Rollen und leisten am meisten in der Rolle, die ihnen am besten entspricht."
>
> *Meredith Belbin*

Software entwickelt, mit der die eingegebenen Informationen gefiltert und gewichtet werden, so daß eine Verfälschung durch unrichtige oder irreführende Daten verhindert wird. *Team Roles at Work* wird von Belbin als „der Rohbau zum Verständnis der Belbin-Methode" beschrieben, obwohl er meint, es werde dabei häufig zu sehr vereinfacht.

Belbins Glaube an den Wert von Teams wirkt sich auch auf seine Ansichten über Führungsqualitäten aus und harmoniert ausgezeichnet mit den „Great Groups" von Warren Bennis. „Strategische Führung", erklärt Belbin, „trifft man in kleinen strategischen Teams viel eher an als bei Einzelpersonen."

Sein 1996 erschienenes Buch *The Coming Shape of Organisations* untersucht, inwieweit Insektenvölker Modelle für große menschliche Organisationsstrukturen abgeben könnten, die als eine Reihe kleiner Teams neu zu entwickeln wären. Er beschreibt das Konzept folgendermaßen: „Kleine, interagierende Teams kommen ohne Interferenzen aus und können sich auf ihre ausgeprägte Fähigkeit zur Generierung komplexer Informationen oder zur Reaktion auf diese stützen. Sie verfügen über keine ,Berufungsinstanzen', können also auch nicht ihrer eigenständigen Entscheidungsbefugnis beraubt werden." ...

> „Mehrere nebeneinander existierende Teams, bestehend aus kleinen, konkurrierenden Teams, erzielen bessere Ergebnisse bei der Lösung komplexer Probleme als eine große zusammenhängende Gruppe, die von einem einzelnen geleitet wird."
>
> *Meredith Belbin*

Dabei sind Belbins Erkentnisse auch für die Arbeitswelt von morgen nützlich! „Als Modell für zukünftige Organisationen und Karrieren bietet sich die sogenannte Entwicklungsspirale (progression helix) an. Die Leute haben zwar eigenständige Jobs, arbeiten auf Einladung aber auch in Teams mit. Ein interner Arbeitsmarkt konkurriert um die besten Teammitglieder, und bestimmte Mitarbeiter könnten da in Positionen gehoben werden, die normalerweise in der Hierarchie anderswo angesiedelt sind."

Wichtige Publikationen

Belbin, M. (1981), *Management Teams: Why They Succeed or Fail*, Oxford: Butterworth Heinemann; dt.: *Managementteams. Erfolg und Mißerfolg*, Wörrstadt 1996
Belbin, M. (1993), *Team Roles at Work*, Oxford: Butterworth Heinemann
Belbin, M. (1996), *The Coming Shape of Organisations*, Oxford: Butterworth Heinemann
Belbin, M. (1997), *Changing the Way We Work*, Oxford: Butterworth Heinemann

Warren Bennis

* 1925

„Managers do things right.
Leaders do the right thing"

Warren Bennis ist New Yorker, Industriepsychologe und war Berater von vier US-Präsidenten. Bekannt wurde er insbesondere als Guru der Führungslehre, wobei er sich seit den frühesten Arbeiten auch mit Organisationsentwicklung beschäftigte. Bennis ist berühmt für seinen Aphorismus „Managers do things right. Leaders do the right thing."

Wie Abraham Maslow und Charles Handy wurde auch Bennis durch seine Erfahrungen an der Sloan School of Management des MIT (Massachusetts Institute of Technology) und die Begegnung mit Douglas McGregor und seiner „Theorie X und Theorie Y" geprägt. Ebenso wie Maslow versuchte er, die Theorie Y in praktischen Managementsituationen anzuwenden – und damit den Ruf der heruntergekommenen Universität von Buffalo Ende der sechziger Jahre zu heben. Dabei stellte er fest, daß dies ohne entsprechenden Rahmen, also ohne Struktur, vorgegebene Richtung und Kontrolle nicht möglich war.

Bennis' Vision der Organisation der Zukunft, dargelegt in *The Temporary Society* (1968), sieht die Notwendigkeit einer sogenannten „Adhocratie" vor (flexibler Projektteams – der Begriff ist als bewußter Gegensatz zu Bürokratie gewählt); ein Prinzip, das übrigens auch Alvin Toffler, Henry Mintzberg und zuletzt Robert H. Waterman Jr. vertraten.

Zwischen 1971 und 1977 fungierte Bennis als Präsident der Universität Cincinnati, war jedoch auch in Frankreich, der Schweiz und Indien tätig. Heute lehrt er als „Distinguished Professor for Business Administration" und ist Begründer und Leiter des Instituts für Führungslehre an der University of Southern California in San Diego.

Für seinen Bestseller *Leaders: The Strategies for Taking Charge*, den er 1985 zusammen mit Burt Nanus verfaßte und der seinen Ruf als internationale Autorität in Führungsfragen begründete, beobachtete Bennis 90 Persönlichkeiten in verschiedenen Positionen der amerikanischen Gesellschaft, darunter den Astronauten Neil Armstrong ebenso wie Hochleistungssport-Trainer, Dirigenten oder Unternehmer. Er erkannte vier Schlüsselstrategien, die ihnen allen gemeinsam sind: die Fähigkeit, Aufmerksamkeit zu erzielen, Sinn zu vermitteln, Vertrauen zu erwerben und ihre Persönlichkeit zu entfalten.

Seit Mitte der achtziger Jahre wendet sich Bennis zunehmend vom Studium von Führungspersönlichkeiten als Einzelkämpfer ab und beschäftigte sich statt dessen mit den Führungseigenschaften von Gruppen. Seiner Ansicht nach funktioniert das alte Führungsmodell mit Ausnahme jener Fälle, in denen tiefgreifende kulturelle Umwälzungen nötig sind, in den heutigen, stark veränderten Organisationen nicht mehr. In seiner Arbeit *Organizing Genius* von 1997 analysiert Bennis, was er als „Great Groups" bezeichnet: dynamische und engagierte Teams, denen ihre Projekte über alles gehen, von den Disney-Studios bis zu den Forschern des Manhattan-Project, den Erbauern der ersten Atombombe. Er formuliert darin seine vier alten Schlüsselstrategien als Gruppen-Führungsstrategien neu. Bennis meint, Führungspersönlichkeiten solcher Gruppen würden ohne Ausnahme:

- Richtung, Sinn und einen gemeinsamen Zweck vorgeben,
- Vertrauen herstellen und erhalten und so authentische Beziehungen schaffen,
- eine Neigung zu aktivem Handeln, zur Risikobereitschaft und zur Neugierde zeigen,
- als Vermittler von Hoffnung, Optimismus und mit einer erfolgverheißenden psychologischen Spannkraft auftreten.

Bennis sammelte 1944 seine ersten persönlichen Erfahrungen mit diesen Führungseigenschaften, als er, ein 19jähriger Leutnant der US-Armee, in Europa stationiert war. Sein Kompaniechef, Captain Bessinger, war „eine Führungspersönlichkeit, wie sie einem normalerweise nur in der Bibel begegnet." Er konnte seinen Soldaten zuhören, lehrte sie, wie man überlebt, und vermittelte denselben inspirierenden Glauben an Untergebenen, den Bennis' späterer Mentor, Douglas McGregor, zur „Theorie Y" entwickelte.

Im Laufe der Jahre modifizierte Bennis seine Theorien zu der Frage, ob Führungspotential gelehrt werden kann oder nur durch Erfahrung zu erwerben ist, mehrmals. „Ich weiß noch nicht genug über die menschliche Denkweise, um sicher sagen zu können, ob Führungsqualitäten gelehrt werden können oder nicht", erklärte er 1997. Doch schließlich konnte er sich zu der Ansicht durchringen, daß man die geistige Ausrichtung und das Verhalten von Menschen durch Ideen sehr wohl verändern kann.

Für Bennis ist der bedeutendste Faktor in der Entwicklung einer Führungspersönlichkeit die Entwicklung ihres Ichs. In seinem Lehrbuch *Learning to Lead* (1997) betont er die Notwendigkeit eines „integrierten Ichs" für die Entwicklung von Führungsqualitäten.

Trotz seines berühmt gewordenen Aphorismus über Manager und Führungspersönlichkeiten (siehe oben) vertritt Bennis nicht die vollständige Trennung der beiden Funktionen. „Bisweilen wurde behauptet, man könne nicht beides zugleich sein. Dem möchte ich nicht zustimmen; wir kennen sehr wohl Beispiele, bei denen sich beide Rollen in einem Menschen wiederfinden. Ich glaube an das ‚Ich-Potential‘, also an die Fähigkeit, sich anzupassen und sich zu verändern."

Bennis sieht sich selbst eher als Journalist und nicht so sehr als Guru (jetzt, im Alter von über siebzig, erfüllt er sich einen Jugendtraum und schreibt Drehbücher), und er hat einen Sinn für griffige Zitate. Gern bemüht er etwa einen kaum bekannten Aphorismus von Winston Churchill: „Der Herrscher der Zukunft wird ein Herrscher der Ideen sein."

Warren Bennis betrachtet Führungspersönlichkeiten, die eine Organisation verwandeln können, als „soziale Architekten" – ein Konzept, das Chester Barnard bereits vor dem Zweiten Weltkrieg entwickelt hatte. Tom Peters wies darauf hin, daß 25 Jahre vor *In Search of Excellence* Bennis seinerseits viel von dem vorweggenommen hat, was Peters und Waterman als die wesentlichen Eigenschaften des Spitzenunternehmens bezeichnet hatten.

In *The Unconscious Conspiracy – Why Leaders Can't Lead* wies Bennis auf die spezielle Fähigkeit von Führungspersönlichkeiten hin, Veränderungen ausschließlich durch positive Motivation herbeizuführen: „In einer Studie über Lehrer stellte sich heraus, daß allein die Tatsache, daß manche von ihnen hohe Erwartungen an ihre Schüler stellten, genügte, um den meßbaren IQ der Schüler um 25 Punkte anzuheben."

Nach Bennis ist die „Führungslehre wahrscheinlich das am intensivsten studierte und am wenigsten verstandene Gebiet der Managementtheorie".

Doch er beschreibt die Führungslehre als „ein endloses, nachhaltig interessantes Thema, weil man Leadership begrifflich nie ganz erfassen wird. Dieses Fach weckt in mir immer irgendwie Assoziationen an einen Lepidopterologen (Schmetterlingskundler), der einem Schmetterling hinterherjagt."

> Führungsqualität ist „die Fähigkeit, eine überzeugende Vision zu entwerfen, sie in Handlungen umzusetzen und an ihr festzuhalten". Führungspersönlichkeiten sind „Ideenmenschen, Leute, die Konzepte entwickeln".
>
> *Warren Bennis*

Die vier Schlüsselstrategien, die Bennis in seiner Studie über 90 erfolgreiche Persönlichkeiten des öffentlichen Lebens der USA ausführt, sind: (1) das Erzielen von Aufmerksamkeit durch eine Vision; (2) das Vermitteln von

Sinn durch Kommunikation; (3) das Erwerben von Vertrauen durch Einnehmen einer Position; (4) die Entfaltung der eigenen Persönlichkeit.

Mit der ersten Strategie meint Bennis eine Vision, an die andere glauben können und die sie als ihre eigene übernehmen können. Vision versteht sich hier als langfristig, im Gegensatz zu den kurzfristigen Markterfordernissen:

> „Mit einer Vision schlägt die Führungspersönlichkeit die überaus wichtige Brücke von der Gegenwart in die Zukunft der Organisation."
>
> *Warren Bennis*

Als Beispiele nennt Bennis Lee Iacocca von Chrysler, Präsident John F. Kennedy und Bürgerrechtler Martin Luther King. (Von den drei genannten Personen wurden zwei ermordet, ein Hinweis auf das hohe Risiko, das starke politische Führungspersönlichkeiten eingehen.)

Die Weitergabe der Vision und ihre Umsetzung in Erfolge für die Organisation ist die zweite der von Bennis geforderten Führungsqualitäten, die Vermittlung von Sinn. Aus diesem Grund galt, meint Bennis, Ronald Reagan auch als erfolgreicherer Präsident gegenüber dem besser informierten und überlegter handelnden Jimmy Carter.

Vertrauen, die dritte wesentliche Komponente der Führungspersönlichkeit, wird von Bennis als „emotionaler Kitt" beschrieben, „der Führungspersönlichkeiten und ihre Adepten aneinanderbindet". Nach Bennis' Meinung müssen Führungspersönlichkeiten dabei vor allem konsequent sein, wobei er als Beispiel Margaret Thatcher als Regierungschefin in Großbritannien der ausgehenden achtziger Jahre nennt – „unbeirrt, berechenbar, aus einem Guß".

Die Entfaltung der eigenen Persönlichkeit, die vierte wesentliche Führungsstrategie, bedeutet bei Bennis Ausdauer, Selbsterkenntnis, Risikobereitschaft, Engagement und Herausforderung. Vor allem aber bedeutet sie die Bereitschaft zu ständigem Lernen, und dies insbesondere aus Widrigkeiten und Fehlschlägen. „Der Lernende akzeptiert dankbar Versagen und Fehler. Das größte Problem für Führungspersönlichkeiten ist ein zu früher Erfolg."

In *Leaders* kamen Bennis und Nanus zu dem Schluß, die eindrucksvollste und erwähnenswerteste Fähigkeit der von ihnen untersuchten Persönlichkeiten sei ihre „Reaktion auf Fehlschläge. Diese Leute grübeln nicht lange darüber nach, sie verwenden nicht einmal den Begriff Fehlschlag oder Versagen, sondern bevorzugen Synonyme wie Fehler, Schnitzer, Problem oder dergleichen."

Die Bücher *On Becoming a Leader* (1989) und *Learning to Lead* (1997) befassen sich mit der Entwicklung von Leadership in der Praxis. Das erstgenannte Werk behandelt drei konkrete Fragen: Wie lernen Menschen, Führungsrollen zu übernehmen? Wie können Organisationen Führungsqualitäten fördern oder unbewußt im Keim ersticken? und Wie läßt sich Leadership lehren? Seine Fallstudien beziehen sich in diesem Werk auf weniger illustre Zeitgenossen als in *Leaders: Strategies for Taking Charge*. Bennis befaßt sich mit 29 US-Bürgern – von Feministinnen bis zu Filmemachern. *Learning to Lead* ist ein praktisches Lehrbuch, das zuerst nur in amerikanischen Collegekreisen kursierte und sich primär mit Charakterbildung und der Entfaltung der Persönlichkeit, der Grundlage für echte Leadership-Qualitäten, beschäftigt.

Organizing Genius, eine Studie über die Zusammenstellung und Führung dynamischer Projektgruppen, die Bennis 1997 zusammen mit Patricia Ward Biederman durchführte, ist in vielerlei Hinsicht sein interessantestes Buch. Es ist das Ergebnis einer vierzig Jahre anhaltenden Faszination angesichts der durch „kreative Zusammenarbeit" selbst unter dem Druck von gnadenlosen Fristen und intensivem Wettbewerb erzielbaren Ergebnisse. Die beobachteten Projekte reichen vom Rüstungswettlauf gegen Nazi-Deutschland bei der Fertigstellung der ersten Atomwaffen und der Entwicklung modernster Militärflugzeuge wie des U2-Aufklärungsflugzeuges oder des Stealth-Bombers durch Lockheed über Walt Disneys brillante Zeichentrickfilme bis hin zu den Xerox- und Apple-Teams, die uns die ersten PCs bescherten.

Obwohl das Buch um die zentrale Frage kreist, wie Organisationen Engagement und Kreativität erfolgreicher Gruppen nach Abschluß ihrer Projekte erhalten können, ist es besonders relevant für wissensintensive Branchen und für eine Zeit, in der, wie Bennis glaubt, Team-Leadership anstelle charismatischer Führungspersönlichkeiten zum Modell für die globale Wirtschaft wird. In den achtziger Jahren brachte *On Becoming a Leader* einzelnen Führungspersönlichkeiten beinahe Kultstatus. Doch 1997 hatte Bennis seine Meinung dahingehend geändert, daß das Modell des „heroischen Einzelkämpfers" in den völlig veränderten Organisationen der neunziger Jahre und des 21. Jahrhunderts nicht mehr funktionieren könne, es sei denn unter Umständen, in denen eine inspirierende Person nötig ist, um eine Organisationskultur von Grund auf zu verändern.

Bennis selbst äußerte 1991, echte Führungspersönlichkeiten zeichneten sich durch die Demut aus, von ihren Untergebenen zu lernen.

„Für mich persönlich sind diejenigen die echten Führungspersönlichkeiten, die nie aufhören zu lernen und immer noch neugierig die Augenbrauen heben können, die es schaffen, sich einzugestehen: ‚Je verletzlicher ich meinen Leuten gegenüber bin, desto besser kann ich sie beeinflussen.'"

Warren Bennis

Obwohl Bennis weltweit anerkannter Führungs-Guru ist und bleibt, stecken diverse Konkurrenten eigene Areale ab. Zu nennen sind etwa John P. Kotter aus Harvard, der sich auf die Leitung von Organisationen und die Unterschiede zwischen Führungspersönlichkeiten und Managern konzentriert, und der Holländer Manfred Kets de Vries vom INSEAD, der das Thema aus psychologischer Sicht behandelt.

Wichtige Publikationen

Bennis, W. (1968), *The Temporary Society*, New York: Harper and Row

Bennis, W. (1976), *The Unconscious Conspiracy*, New York: Amacon Press

Bennis, W./Nanus, B. (1965), *Leaders: The Strategies for Taking Charge*, New York: Harper and Row; dt.: *Führungskräfte. Die vier Schlüsselstrategien erfolgreichen Führens*, Frankfurt, 5. Auflage 1992

Bennis, W. (1989), *On Becoming a Leader*, London: Business Books; dt.: *Führen lernen. Führungskräfte werden gemacht, nicht geboren*, München 1996

Bennis, W. (1993), *An Invented Life: Reflections on Leadership and Change*, New York: Addison-Wesley; dt.: *Schlüsselstrategien erfolgreichen Führens: Das Beste von Mr. Leadership*, Düsseldorf 1994

Bennis, W./Townsend, R. (1995), *Reinventing Leadership: Strategies to Empower the Organization*, London: Piatkus

Bennis, W./Biederman, P. (1997), *Organizing Genius*, New York: Addison-Wesley, Longman Inc.; dt.: *Geniale Teams. Das Geheimnis kreativer Zusammenarbeit*, Frankfurt 1998

Bennis, W./Goldsmith, I. (1997), *Learning to Lead*, New York: Addison Wesley, Longman, Inc.

Edward de Bono
* 1933

Laterales Denken: „Neue Ideen entwickeln, eingefahrenes Denken ablegen"

Auf Malta geboren, studierte Edward de Bono in Oxford Psychologie und Medizin. Er erfand das Konzept des *„Lateralen Denkens"*, das man erklären kann als Versuch, Probleme durch unorthodoxe oder scheinbar unlogische Methoden zu lösen.

De Bono ist das klassische Beispiel für einen Guru, der seinen Ruf einer einzigen „großen Idee" verdankt. Er beschreibt sich selbst als einen „Denker des Denkens", hat beinahe fünfzig Bücher geschrieben und kann auf eine überaus lukrative Karriere als Lehrer, Redner und Berater zurückblicken.

Sein zentrales Statement stammt aus seiner Erfahrung als Mediziner und lautet: Der Mensch schneidet zwar beim Verarbeiten von mathematischen, statistischen und EDV-Daten ziemlich gut ab, hat jedoch in den Bereichen der sinnlichen Wahrnehmung und Kreativität (bei Funktionen, die Computer nicht übernehmen können) eklatante Defizite. Ebenfalls aus der Medizin leitet De Bono seine Idee des strukturbildenden Verhaltens selbstorganisierender Systeme ab. Sein 1969 erschienenes Werk *The Mechanism of Mind* war seiner Zeit sicherlich zwanzig Jahre voraus.

Zu den großen Unternehmen, denen De Bono beratend zur Seite stand, gehören Shell, IBM, Exxon, 3M, Apple, Id, Citibank, General Foods, Procter & Gamble und Unilever. Sein „International Creative Forum" verbindet Spitzenunternehmen mit unterschiedlichen Tätigkeitsschwerpunkten und lehrt sie, „serious creativity" in ihren Organisationen einzuführen. De Bono erhält seine Aufträge bisweilen auch von Regierungen und öffentlichen wie gemeinnützigen Organisationen, beispielsweise von Polizeibehörden, und er betreibt das weltgrößte Programm zur direkten Vermittlung des Denkens an Schulen.

De Bono hat bereits in Oxford, Cambridge, London und Harvard unterrichtet, und er ist Begründer und (seit 1971) Leiter des „Cognitive Research Trust" in Cambridge sowie des „Centre for the Study of Thinking". Heute arbeitet De Bono größtenteils für die Supranational Independent Thinking Organisation in Den Haag.

Seine Bücher wurden in 25 Sprachen übersetzt, und De Bonos Arbeit genießt in so unterschiedlichen Ländern wie Venezuela und der Sowjetunion akademische Wertschätzung.

„Der Zweck lateralen Denkens", schreibt Edward De Bono in *Lateral Thinking for Management* (1971), „ist das Entwickeln neuer Ideen und das Loslassen alter eingefahrener Denkweisen." Er vergleicht diesen Prozeß mit der Entwicklung einer Querverweis-Technik zum Eingeben von Daten auf eine bestimmte Art und Weise.

> **„Kreativität, bedeutet das Ausbrechen aus etablierten Denkmustern, um die Dinge neu zu sehen."**
> *Edward de Bono*

Kreativität spielt in der Betriebsführung in all ihren Aspekten eine Rolle – nicht nur im Bereich der Innovationen, sondern auch für Informationssysteme, Kommunikation, Finanzen, Marketing, Werbung und Promotion, Arbeitsbeziehungen, Problemlösung, Planung, Design, F&E und PR.

De Bono unterscheidet zwischen dem von ihm so bezeichneten „lateralen" Denken und dem „vertikalen" oder traditionell logischen Denken, das Schritt um Schritt „direkt von einem Informationszustand zu einem anderen fortschreitet ... Eine der charakteristischen Eigenschaften des vertikalen Denkens ist die Kontinuität, eine der charakteristischen Eigenschaften des lateralen Denkens hingegen die Diskontinuität."

Die beiden Systeme schließen einander nicht aus, sie ergänzen einander. Während das vertikale Denken in Ja/Nein-Entscheidungen zwischen alternativen Möglichkeiten voranschreitet, wobei immer die richtige Lösung gesucht wird, dringt das laterale Denken mit provokativen Sprüngen in eher unwahrscheinliche Richtungen vor, immer auf der Suche nach einzelnen brauchbaren Elementen einer Idee, ohne die gesamte Idee direkt zu akzeptieren oder zu verwerfen. Häufig gelangt man mit beiden Systemen zur selben Lösung, sagt De Bono, doch die Erfolgschancen steigen, wenn die Fähigkeit des lateralen Denkens entwickelt wird.

In der Praxis, meint er, ließe sich laterales Denken in rund fünf Prozent aller Fälle, vertikales Denken jedoch in den restlichen 95 Prozent anwenden, wobei beide Systeme alternierend angewandt werden: „Laterales Denken bringt einen auf eine neue Idee, mit vertikalem Denken kann man diese weiter entwickeln."

Vertikales Denken bezieht seine Berechtigung aus der Möglichkeit, kreative Ideen, die durch laterales Denken aufgeworfen wurden, zu prüfen und in konkrete Pläne zu übertragen. Laterales Denken, erklärt sein Erfinder, ist keine geeignete Methode zum Treffen von Entscheidungen.

De Bonos Bücher über laterales Denken bieten auch eine Methode an, wie man diese Fähigkeit selbst entwickeln kann. An oberster Stelle seiner Ausbildungs-„Werkzeuge" rangiert das „operationale" Nonsense-Wort PO, das wie ein Eisenbahnsignal dazu dient, Denkmuster umzuschalten und auf neue Geleise zu legen. In einem der Beispiele De Bonos – es geht um die Verkehrsberuhigung in Städten – führt die Verwendung von PO zur „unmöglichen Zwischenlösung" eckiger Räder für Autos. Die dahinterstehende Wahrheit lautet jedoch: Autofahren muß schwierig oder unangenehm werden, will man die Autofahrer vom Fahren abhalten. Praktischere Lösungen des Problems könnten dann in einer Maut für die Straßenbenutzung oder im Straßenrückbau bestehen.

Andere „Diskontinuitätstechniken" wären etwa die Verwendung von Analogien oder „Zufallsbegriff"-Assoziationen, um vertikale Denkketten aufzubrechen. *Lateral Thinking for Management* bietet unter anderem Richtlinien für formale Brainstorming-Prozesse und Gruppenpraktiken für Führungskräfte. De Bono faßt den lateralen Denkprozeß in fünf Schritten zusammen:

- Ablegen von Klischees und fixen Denkmustern
- Infragestellen von Annahmen
- Ausdenken von Alternativen
- Übergehen auf neue Ideen und sich überraschen lassen, was dabei herauskommt
- Neue Ausgangspunkte finden, von denen aus man besser vorankommt

Bei der Anwendung des lateralen Denkens im Management sieht De Bono eine Zeit auf uns zukommen, in der ein sogenannter „Konzeptmanager" mit dem Managen des „Konzeptkapitals" der Organisation – Kreativität, neue Ideen, Anpassung an Veränderungen, Zielfestlegung – seinen festen Platz im Unternehmen haben wird. Bis dahin, schlägt er vor, sollte sich der Bildungsbeauftragte, die OR- (Operational Research-) oder die F&E-Abteilung einer Organisation des lateralen Denkens als Managementwerkzeug annehmen. Keinesfalls, betont er, darf es jedoch zum Spezialgebiet einer einzigen Abteilung werden.

De Bono selbst betrachtet *I Am Right, You Are Wrong* (1990) als sein wichtigstes Werk, von dem er meint, es stelle die gesamten Grundlagen der westlichen Denkkultur in Frage. In diesem Buch erklärt er den Unterschied zwischen der „Stein"- und der „Wasser"-Logik, warum die Stein-Logik die volle Entfaltung des Denkpotentials verhindert und wie die Wasser-Logik sich aus einem umfassenderen Verständnis der Funktionsweise unseres Gehirns ergibt.

Das Buch mit dem seltsamen Titel *Six Thinking Hats* (1985) entwickelt ein System vom Ablegen traditionellen Argumentations- und Konfrontationsdenken hin zur besseren Sondierung eines Themas und zu einem kreativeren Ergebnis. Diese Ideen wurden von großen Unternehmen wie IBM, Prudential und Du Pont übernommen. In seinem System gibt es sechs verschiedene Möglichkeiten imaginärer verschiedenfarbiger Hüte, um spezifische Gehirnfunktionen zu fördern: weiß für Information, rot für Gefühle und Intuition, schwarz für Vorsicht, gelb für Nutzen, grün für kreatives Denken, blau für die Organisation des Denkens. De Bono erweitert dieses System übrigens gegenwärtig durch eine Fortsetzung, *Six Action Shoes*, in dem zwischen Routine- und dringlichen Handlungen unterschieden wird.

De Bono glaubt, der übliche Ansatz zur Förderung von Kreativität – die Betonung der Inspiration und das Freispielen von Hemmnissen – sei viel zu schwach, und das Gehirn, das nicht von Natur aus kreativ ist, erfordere die bewußte Anwendung bestimmter Techniken zu seiner Stimulierung. Obwohl De Bonos Bücher und Kurse über das Denken natürlich teilweise Überschneidungen enthalten, stellen sie insgesamt doch ein ganz eigenständiges Genre dar.

Wichtige Publikationen

De Bono, E. (1967), *The Use of Lateral Thinking*, London: Penguin
De Bono, E. (1968), *The Five-Day Course in Thinking*, London: Penguin
De Bono, E. (1969), *The Mechanism of Mind*, London: Penguin
De Bono, E. (1971), *Lateral Thinking for Management*, London: Penguin
De Bono, E. (1982), *De Bono's Course in Thinking*, London: Penguin
De Bono, E. (1985), *Conflicts: A Better Way to Resolve Them*, London: Penguin
De Bono, E. (1985), *Tactics: The Art and Science of Success*, London: Penguin
De Bono, E. (1985), *Six Thinking Hats*, London: Penguin
De Bono, E. (1990), *I Am Right, You Are Wrong*, London, Viking; dt.: *Der Klügere gibt nicht nach*, Düsseldorf 1993
De Bono, E. (1991), *Handbook for a Positive Revolution*, London: Penguin; dt: *Die positive Revolution. Konstruktiv denken und effektiv handeln*, Düsseldorf 1994
De Bono, E. (1991), *Practical Thinking*, London: Penguin
De Bono, E. (1991), *Water Logic*, London: Penguin
De Bono, E. (1994), *Parallel Thinking*, London: Penguin
De Bono, E. (1995), *Teach Yourself to Think*, London: Penguin
De Bono, E. (1996), *The Edward De Bono Book of Wisdom*, London: Penguin

Alfred D. Chandler
* 1918

Struktur folgt der Strategie

Alfred D. Chandler ist Amerikaner und Wirtschaftshistoriker. Seit 1971 ist er Inhaber des Straus-Lehrstuhls für Wirtschaftsgeschichte an der Harvard-Universität. Seine Arbeiten über Organisationen beruhen hauptsächlich auf dem Studium großer US-Unternehmen der Zeit zwischen 1850 und 1920. Bei diesem Zeitraum handelt es sich Chandlers Meinung nach um die für den modernen Kapitalismus prägende Zeit, weil damals eine neue Form des Unternehmens entstand: der Konzern oder das Unternehmen mit einer Reihe unterschiedlicher operationaler Einheiten, die jeweils autonom geführt werden, im Gegensatz zum Vorgängermodell, dem traditionellen, vertikal durchstrukturierten einheitlichen Unternehmen im Besitz und unter der Führung einer Person.

Nach Chandlers Ansicht führte seine Arbeit zu einem landesweiten Strukturwandel der Unternehmen, so daß heute eine Organisationsform mit mehreren Abteilungen oder Geschäftsbereichen für große Industriebetriebe, die viele verschiedene Produkte auf verschiedenen Märkten erzeugen, Standard ist. Chandler war einer der ersten Managementtheoretiker, die erkannten, wie wichtig es ist, noch vor Festlegung der Organisationsstruktur einen Strategieplan zu entwickeln.

Sein meistbeachtetes Buch, *Strategy and Structure*, wurde von der Führungsspitze bei AT&T für die Umstrukturierungsmaßnahmen nach der Zerschlagung des Telekommunikationsriesen 1984 herangezogen, und man sagt den Chandler-Theorien nach, sie hätten geholfen, den Schwerpunkt bei AT&T von der Tätigkeit als Versorgungsunternehmen hin zu einer Verkaufsorganisation mit aktivem Marketing zu beschleunigen.

Chandlers Hauptbeitrag zur Managementtheorie besteht in der Klärung der Beziehung zwischen Strategie und Struktur in Organisationen – daher auch der Titel seines bekanntesten, 1962 erschienenen Buches. In *Strategy and Structure* zeigt Chandler, wie die beiden genannten Faktoren in einer Organisation unauflöslich miteinander verbunden sind. Er definiert „Strategie" als die Festlegung langfristiger Ziele, Abläufe und Ressourcenallokationen, „Struktur" hingegen als die Art und Weise, wie Unternehmen organisiert werden, um die beschlossene Strategie umzusetzen, und zwar mit allen Hierarchien und Autoritätsverhältnissen, die damit einhergehen. Für Chandler steht fest: Struktur folgt auf Strategie.

Wie Max Weber meint auch Chandler, das hierarchische Managementsystem biete die besten Möglichkeiten für ein langfristiges Gedeihen von Unternehmen, und er betont dabei das Prinzip der Wichtigkeit bezahlter Manager. „Die sichtbare Hand" des Managements, sagt er in *Managerial Hierarchies*, stellt mit der Koordinierung des Güterflusses von Produzenten zu Kunden einen effizienteren und gewinnträchtigeren Ersatz für Adam Smiths „unsichtbare Hand" der Marktkräfte dar. Je mehr Machtbefugnisse Manager im Zuge ihrer Funktionen und Rollen erhalten, desto technischer und professioneller werden ihre Karrieren. Chandler war der erste Autor zu Managementfragen, der die Wichtigkeit des Dezentralisierungsprinzips für große Organisationen erkannte, das schließlich zum zentralen Dogma in weiten Bereichen der betriebswirtschaftlichen Praxis der sechziger und siebziger Jahre wurde. Es hatte bereits wesentlich zur Umstrukturierung von General Motors durch Alfred P. Sloan während der Zwischenkriegsjahre beigetragen, doch Sloan brachte sein Buch erst 1963 heraus.

> „Structure follows strategy."
> *Alfred D. Chandler*

Chandler war unter anderem auch ein früher Befürworter der Notwendigkeit, die strategische Planung von einer zentralen Stelle aus zu koordinieren, um ein nachhaltiges Wachstum des Unternehmens sicherzustellen, während die einzelnen Einheiten und ihre jeweiligen Manager weiterhin ihren Tagesgeschäften nachgehen können.

Sein Leitsatz lautet seit jeher, der Druck von außen bestimme, wie sich Betriebe von traditionellen Familienbetrieben Weberscher Art zu großen, hierarchisch gegliederten Organisationen entwickeln — ein Druck, der durch die enorme Expansion der Märkte und die technologischen Änderungen des ausgehenden neunzehnten und frühen zwanzigsten Jahrhunderts entstanden sei. Er ging den ersten Managementhierarchien bis zur raschen Expansion der amerikanischen Eisenbahnen in den fünfziger und sechziger Jahren des vorigen Jahrhunderts nach, als es notwendig wurde, eine zentrale Planung bei lokalem Management einzelner Divisionen einzuführen. Diese waren dann jeweils für eine Reihe von Funktionen und maximal hundert Meilen Schienenanlagen verantwortlich.

In seinen Studien über vier große US-Unternehmen — General Motors, Sears Roebuck, Du Pont und Standard Oil — untersucht Chandler, wie diese Unternehmen auf den Druck von außen reagierten — entweder durch Positivstrategien wie die Suche nach neuen Märkten oder Produktdiversifizierung oder durch defensive Negativstrategien wie die vertikale Einbindung von Lieferanten zum Schutz der eigenen Marktposition.

Manche erwiesen sich denn auch als erfolgreicher als andere: Standard Oil reagierte nach Ansicht Chandlers in den zwanziger Jahren nur langsam mit einer dezentralisierten Struktur, weil man im Konzern nicht erkannt hatte, daß Struktur auf Strategie folgt.

Chandlers Analyse der Unternehmensentwicklung auf den verschiedenen Märkten und in den verschiedenen Wirtschaftssystemen Europas und der USA führte ihn zur Schlußfolgerung, daß man „nur durch den Vergleich der Entwicklung großer, vielgliedriger Unternehmen in den verschiedenen Wirtschaftssystemen die Organisationsimperative erkennen und die Auswirkungen der kulturellen Einstellungen und Werte, Ideologien, politischen Systeme und Sozialstrukturen, die diese Imperative bedingen, verstehen könne".[*]

In jedem der von ihm untersuchten Fälle folgte jedoch auf die Schaffung eines Konzerns mit vielen Geschäftsbereichen eine entsprechende Strukturierung der Managementhierarchie und ermöglichte das Funktionieren des Konzerns durch das Delegieren von Verantwortung.

Wichtige Publikationen

Chandler, A. D. (1962): *Strategy and Structure*, Massachusetts: MIT Press
Chandler, A. D. (1977): *The Visible Hand: The Managerial Revolution in American Business*, Cambridge, Massachusetts: Harvard University Press
Chandler, A. D./Deams, H. (Hrsg.) (1980): *Managerial Hierarchies: Comparative Perspectives on the Rise of Modern Industrial Enterprises*, Cambridge, Massachusetts: Harvard University Press
Chandler, A. D./Tedlow, R.S. (1985): *The Coming of Managerial Capitalism*, Toronto: Irwin

---

[*]   Vgl. Managerial Hierarchies: Comperative Perspectives on the Rise of Modern Industrial Enterprises, Hrsg. A. D. Chandler und H. Deams (Harvard University Press, 1980), zitiert in Organizational Theory, Hrsg. D. S. Pugh (Penguin, 1990)

W. Edwards Deming

1900–1993

Qualitätsabweichungen verringern

Der Amerikaner W. Edwards Deming gilt als Begründer der Qualitätsbewegung. Gemeinsam mit seinem Landsmann Joseph Juran war er für die Einführung der Qualitätsphilosophie in der japanischen Nachkriegsindustrie verantwortlich. Seine Botschaft war von den US-Unternehmen abgelehnt oder ignoriert worden und wurde erst ins Land zurückgeholt, als die japanischen Produktionsbetriebe ihren Konkurrenz-Siegeszug auf den amerikanischen Märkten begannen.

Deming und Juran sind bis heute zwei Ikonen der japanischen Wirtschaft, deren Unternehmen sich seit 1951 alljährlich um den Deming-Preis für wichtige Qualitätsverbesserungen bewerben. Beide Männer wurden vom japanischen Kaiser mit dem Orden des Heiligen Schatzes zweiter Klasse ausgezeichnet, der höchsten japanischen Auszeichnung, die je an Ausländer vergeben wurde.

Deming gilt in Japan als wichtigster Architekt des dortigen phänomenalen wirtschaftlichen Erfolges, doch in seinem Heimatland fand er erst in den achtziger Jahren Beachtung, nachdem eine NBC-TV-Dokumentation über die japanische Wirtschaft unter dem Titel: „Wenn Japan kann – warum wir nicht?" die US-Manager wachgerüttelt hatte. Damals erkannte auch die amerikanische Wirtschaft plötzlich Demings Bedeutung. Heute wird er für sein einfaches und trotzdem revolutionäres Prinzip, das besagt, daß alle Prozesse durch diverse Abweichungen einem Qualitätsverlust unterliegen, weltweit respektiert und anerkannt. Seiner Ansicht nach sollte man die verschiedenen Abweichungen in den Griff bekommen und verringern, um Qualitätsverbesserungen herbeizuführen. Deming hielt bis ins hohe Alter überall in den USA Seminare ab. Dieser bescheidene Mann verfügte über keine formale Organisation und kein mondänes Beratungsbüro, sondern arbeitete in einem Büro im Keller seines Hauses in Washington.

Als schließlich auch amerikanische Produktionsbetriebe die Bedeutung der Theorien Demings erkannt hatten, bezeichneten mehrere große Unternehmen, die unter hartnäckigen Problemen litten, Deming sogar als den Schlüssel zu ihrem Überleben – vor allem Ford zu Beginn der siebziger

Jahre. Die Nashua Corporation, die Computer-Disketten, Kopiergeräte und anderen Büroprodukte produziert, übernahm als eines der ersten westlichen Unternehmen Demings Prinzipien. In der Folge konnte Nashua seine Auftrags-Bearbeitungszeit von acht Tagen auf eine Stunde verkürzen und erreichte so einen Rückgang der Kundenreklamationen um 70 Prozent.

William E. Conway, Präsident von Nashua und später ihr Vorstandsvorsitzender, „entdeckte" Deming erst, als der Guru bereits 78 war, und bezeichnete ihn wegen seiner Entwicklung der statistischen Qualitätskontrolle zu einer neuen Art des Betriebsmanagements als „Vater der dritten Welle der Industriellen Revolution". „Die japanischen Betriebe, die die statistische Qualitätskontrolle anwenden, überschwemmen jetzt, in der zweiten Hälfte des zwanzigsten Jahrhunderts, mit ihren Produkten die ganze Welt, genauso wie früher die US-Produzenten, die das in der ersten Hälfte des Jahrhunderts mit Hilfe der Massenproduktion geschafft hatten", erklärte Conway.

In Großbritannien nutzte Sir John Egan Demings Prinzipien Anfang der achtziger Jahre zu einer Trendwende für die dahinsiechenden Jaguar-Autowerke. Egan schrieb über Demings Buch *Out of the Crisis* (1986): „Jeder Manager der britischen Industrie, der dafür sorgen will, daß sein Unternehmen international wettbewerbsfähig wird oder bleibt, muß es gelesen haben" (*Director*, September 1988).

Deming, ein ausgebildeter Elektrotechniker mit einem Doktortitel in mathematischer Physik (Yale), arbeitete in den zwanziger Jahren für einige Zeit im Hawthorne-Werk der Western Electric in Chicago, wo Elton Mayo seine berühmten Experimente zur Kommunikation und Motivation durchführte. Hier entdeckte Deming die Arbeiten Walter Shewharts, des Pioniers der abhängigen und unabhängigen Variablen sowie der statistischen Verfahrenskontrolle. Später wurde er Statistiker im Dienste der US-Regierung und arbeitete 1939/40 an Daten für das statistische Zentralamt. Im Jahr 1942 begann Deming Kurse abzuhalten, in denen er Wirtschaftsfachleute und Techniker in Shewharts Methoden unterrichtete. Nach dem Krieg wurde er von General MacArthur nach Japan eingeladen, um das japanische Amt für Statistik zu beraten. Die damaligen Kontakte führten zu der entscheidenden Einladung im Jahr 1950, die die genannten nachhaltigen Folgen hatte.

Demings Ansatz in der Qualitätskontrolle stammt im Grunde aus der Statistik (wofür er von seinem Landsmann, dem ebenfalls als Qualitäts-Guru zu Berühmtheit gelangten J. M. Juran, kritisiert wurde). Doch er glaubte auch fest daran, daß Qualität mit Menschen und nicht mit Produkten zu tun hat – eine Ansicht, die besonders die Japaner beeindruckte. Deming war der Ansicht, 85 Prozent aller Produktionsfehler seien dem Management, nicht den Arbeitern anzulasten. Die berühmten „Vierzehn Punkte" Demings zum Thema Management bilden das Zentrum seines Gedankengebäudes.

Als W. Edwards Deming im Jahr 1950 erstmals Japan bereiste, war das Land noch dabei, sich von den Atombombenangriffen des August 1945 zu erholen. Die Wirtschaft stand auf wackeligen Beinen, eine positive Entwicklung zeichnete sich nicht ab, und japanische Waren litten seit jeher unter dem schlechten Ruf, billiger Ramsch zu sein.

Deming begann damals mit seiner unermüdlichen Vortragstätigkeit vor Technikern, denen er in glühender Hitze Tag für Tag von acht Uhr morgens bis fünf Uhr nachmittags seine Ideen unterbreitete. „Schon eine halbe Stunde nach Vortragsbeginn war ich völlig durchnäßt", erinnerte er sich in der Serie *Nippon* in BBC2. „Das schätzten die Japaner. Sie hatten diese schrecklich Angst, daß sie ihren schlechten Ruf der miesen Qualität nie wieder loswerden würden. Ich versicherte ihnen, es würde überhaupt nicht lange dauern, davon wegzukommen und sich einen ganz neuen Ruf zu erarbeiten."

„Ich glaube, ich selbst war der einzige, der im Japan des Jahres 1950 an meine Prognose glaubte, daß innerhalb von fünf Jahren die Industriebetriebe der ganzen Welt nach protektionistischen Maßnahmen gegen Japan schreien würden. Nun, es dauerte schließlich nur vier Jahre."

Im Zentrum dieses Wunders stand der „Managementkreislauf", bestehend aus Planung, Umsetzung, Kontrolle und Aktion – in Japan auch heute noch als „Deming-Kreislauf" bekannt. Er beruhte insbesondere auf dem Glauben an ein „Qualitätsmanagement" (Deming verwendet den Begriff „Management for Quality", während Juran von „Company-Wide-Quality" spricht.)

„Wirtschaftliche Gewinne erzielen wir mit Kunden, die wiederkommen, Kunden, die unsere Produkte und Dienstleistungen loben und beim nächsten Mal ihre Freunde mitbringen."

W. Edwards Deming

Demings Managementphilosophie, die er seinem eifrigen japanischen Publikum vortrug, bestand im wesentlichen darin, den Konsumenten als „wichtigstes Glied in der Produktionskette" zu betrachten. Als er dieses Konzept in *Out of the Crisis* (1984) entwickelte, bestand er darauf, ein zufriedener Kunde sei keinesfalls genug.

Deming lehrte stets, wie notwendig es sei, den Kunden immer einen Schritt voraus zu sein und ein Gefühl dafür zu entwickeln, welche Kundenbedürfnisse in zukünftigen Jahren zu erwarten sein würden.

Seine vierzehn Managementpunkte erarbeitete Deming im Verlauf von zwanzig Jahren, und der Meister selbst verfeinerte und formulierte sie in den neunziger Jahren neu. Henry Neave, Autor von *The Deming Dimension* (1990) erklärt, es handle sich dabei weder um Anweisungen noch um eine bestimmte Technik, sondern um „Methoden zur Öffnung des Geistes für eine neue Denkweise, für die Möglichkeit, daß es auch radikal andere und bessere Möglichkeiten in der Organisation eines Betriebes und der Arbeit mit Menschen geben könnte."

Und das sind die vierzehn Deming-Punkte, wie sie in Neaves Werk angeführt sind:

1. Achten Sie auf Kontinuität in Ihren Zielen, um Produkte und Dienstleistungen laufend verbessern zu können.

2. Übernehmen Sie die neue, in Japan entstandene Philosophie.

3. Machen Sie sich weniger abhängig von Masseninspektionen, sondern sorgen Sie von Beginn an für qualitativ hochwertige Produkte.

4. Beenden Sie Billigstbieter-Verträge; fordern Sie statt dessen sinnvolle Qualitätsmaßnahmen als zweites Kriterium neben dem Preis.

5. Verbessern Sie laufend alle Ihre Planungs-, Produktions- und Serviceabläufe.

6. Führen Sie moderne Training-on-the-Job-Methoden für alle ein, auch für das Management.

7. Achten Sie auf Leadership/Führung mit dem Zweck, Mitarbeitern eine qualitativ bessere Arbeit zu ermöglichen.

8. Bauen Sie Ängste ab und fördern Sie die effektive wechselseitige Kommunikation.

9. Bauen Sie Barrieren zwischen Abteilungen und Geschäftsbereichen ab.

10. Hören Sie auf, Ihre Mitarbeiter zu ermahnen – das führt nur zu Spannungen in der Beziehung.

11. Schaffen Sie Quoten und in Zahlen ausgedrückte Zielvorgaben ab. Sorgen Sie stattdessen für Hilfestellungen und befleißigen Sie sich eines hilfsbereiten Führungsstils.

12. Fördern Sie Stolz auf gute Arbeit, schaffen Sie Jahresbewertungen und Management by Objectives ab.

13. Achten Sie auf Aus- und Weiterbildung und bestärken Sie jeden einzelnen in seinen Verbesserungsbestrebungen.

14. Sorgen Sie für eine eindeutige Definition der Rolle des Top-Managements bei den laufenden Qualitäts- und Produktivitätssteigerungen und seiner Verpflichtung, alle zuvor genannten Prinzipien umzusetzen.

Die vierzehn Punkte werden in *The Deming Dimension*, einer faszinierenden Arbeit über das Werk des Gurus und seine Entwicklung seit dem Erscheinen von *Out of the Crisis*, umfassend dargelegt.

Deming selbst sagte: „Müßte ich das, was ich den Managern zu sagen habe, auf einige wenige Worte beschränken, würde ich sagen, alles dreht sich darum, Qualitätsabweichungen zu verringern."

Wichtige Publikationen

Deming, W. E. (1982), *Quality, Productivity and Competitive Position,* Massachusetts: MIT, Center for Advanced Engineering Study
Deming, W. E. (1986, 1988), *Out of the Crisis*, Massachusetts: MIT, Center for Advanced Engineering Study; Cambridge: Cambridge University Press

Peter Drucker
* 1909

Guru der Gurus:
Die vorrangigen Aufgaben effektiver Manager

Peter Drucker gilt als Management-Guru der Management-Gurus. Er wurde in Wien geboren zu einer Zeit, in der die Stadt den Höhepunkt ihrer Vorkriegskultur erreicht hatte und erfand oder prognostizierte die meisten der führenden Managementtheorien der letzten fünfzig Jahre: vom „Management by Objectives" (MbO) bis zur Privatisierung, von der Betonung der entscheidenden Rolle des Kunden bis zur Entwicklung der Rolle des Geschäftsführers im Rahmen der Unternehmensstrategie, von der Regel „Struktur folgt auf Strategie" bis zu „stick to the knitting" (Schuster bleib bei deinen Leisten), von der Dezentralisierung bis zu den Implikationen des Informationszeitalters und zum Aufstieg des „Knowledge Workers", des Wissensarbeiters – ein Begriff, den Drucker bereits im Jahr 1969 prägte.

Seine fünf Grundprinzipien des Managements sind heute gültig wie eh und je: Ziele setzen, organisieren, motivieren und kommunizieren, Leistung messen, Menschen fördern und entwickeln.

Tom Peters, der in seinem mit Waterman verfaßten Werk *In Search of Excellence* viele Ideen Druckers weiterentwickelte, meint, dem Wiener Weisen sei „das Umschwenken von 75 bis 80 Prozent aller Fortune-500-Unternehmen hin zu einer radikalen Dezentralisierung" zu danken, und er fügt hinzu, vor Drucker hätte es die „Managementtheorie als Fach" eigentlich gar nicht gegeben.

Drucker, jahrelang ein Eckpfeiler der New York University Business School, besetzte seit 1971 den Clarke-Lehrstuhl für Sozialwissenschaften an der Claremont Graduate School in Claremont, Kalifornien. Er publiziert auch heute, mit über achtzig Jahren, noch fleißig, wobei er seit 1939 (*The End of Economic Man*) weit über zwanzig Bücher veröffentlicht hat. Es handelt sich bei diesen Werken zu beinahe gleichen Teilen um Managementtheorie und -technik sowie um analytische Arbeiten auf den Gebieten der Wirtschaft, Politik und Sozialwissenschaften. Viele seiner zur letzten Kategorie zählenden Werke wurden zu Schlüsselpublikationen, die umfassende Zukunftsszenarien entwerfen und einen über die Managementtheorie weit hinausreichenden Horizont erkennen lassen.

In Druckers Buch *The Age of Discontinuity* (1969), heute noch eine durchaus lohnende Lektüre, findet man schon viele Gedanken der Wirtschafts-Bestseller der späten achtziger und frühen neunziger Jahre über Chaos- und Changemanagement. Druckers Bücher nehmen die Arbeiten von Charles Handy, Tom Peters und Richard Pascale teilweise vorweg — um nur einige wenige zu nennen. Mit manchen Ideen war *The Age of Discontinuity* auch John Naisbitts *Megatrends* und Charles Handys *The Age of Unreason* um zwanzig Jahre voraus.

Unter anderem führte Drucker in *The Age of Discontinuity* das Privatisierungskonzept ein, das er als „Reprivatisierung" bezeichnete. Er prognostizierte klar und deutlich die Desillusionierung, die sich angesichts der staatlichen Funktionen durch die Entdeckung einstellen würde, daß auch der Staat keine Wunder vollbringen kann.

Drucker sprach sich deshalb für eine Privatisierung aus, weil seiner Ansicht nach der Zweck des Staates das Regieren und nicht das Umsetzen ist, und weil diese beiden Funktionen inkompatibel sind. Seine Vision der Privatisierung unterschied sich von jener etwa der britischen Konservativen dadurch, daß er meinte, sie müsse sich auf alle Institutionen erstrecken, nicht nur auf Unternehmen, also beispielsweise auch auf Universitäten.

Der Sohn eines österreichischen Beamten, der an der Gründung der Salzburger Festspiele mitgewirkt hatte, kam Ende der zwanziger Jahre nach Großbritannien. Und sein erster Job war der eines Bürolehrlings in einer Woll-Exportfirma in Bradford, wo er mit einem Federkiel in achtzig Pfund schwere, kupfergebundene Hauptbücher, die an den Schreibtisch gekettet waren, Zahlen eintrug. Zwischen 1933 und 1936 arbeitete Drucker als Volkswirt in einer Londoner Handelsbank und beschloß dann, sein Glück in den USA zu versuchen. Er emigrierte 1937 in die Vereinigten Staaten, schrieb zwei Jahre später sein erstes Buch und übernahm 1942 den Job eines Beraters bei General Motors, dem damals weltgrößten Konzern.

Aus dieser Erfahrung heraus schrieb er 1946 sein vielbeachtetes Buch *Concept of the Corporation*, bis heute eine der besten und anschaulichsten Analysen des großen, erfolgreichen Unternehmens. Neben General Motors wurden in diesem Werk auch Unternehmen wie General Electric, IBM sowie Sears Roebuck analysiert. Drucker brachte ihren Erfolg mit speziellen Managementelementen in Zusammenhang, nämlich mit ausgiebigem Delegieren, mit dem Setzen konkreter Ziele (Management by Objectives) sowie mit bestimmten Strukturen wie der Dezentralisierung.

Drucker glaubte, der eigentliche Schlüssel zum Erfolg liege bei all diesen Unternehmen in dem Wissen, in welcher Branche sie tätig sind, worin ihre Kompetenzen liegen und wie sie ihre Arbeit zielgerichtet organisieren. Beinahe dreißig Jahre danach gelangten Peters und Waterman in ihrem Bestseller *In Search of Excellence* beinahe zu derselben Schlußfolgerung, allerdings in einem schon eher populärwissenschaftlich gehaltenen Stil.

Concept of the Corporation analysierte unter anderem die Bedeutung des Marketings – einer damals weithin ignorierten Unternehmensfunktion – und das heikle Gleichgewicht, das ein Unternehmen zwischen langfristiger Strategie und kurzfristiger Leistung anstreben muß, um allen Anforderungen gerecht zu werden.

Kein Name findet sich im Index von Managementbüchern häufiger als jener Peter Druckers. Sein Ruf als Management-Guru stellte sich 1954 mit *The Practice of Management* ein, einem Werk, das von Managementtheoretikern auch heute noch als eines der besten und anschaulichsten auf diesem Gebiet beurteilt wird. Darin bezeichnete Drucker Management by Objectives (MbO) als die erste von sieben vorrangigen Managementaufgaben. MbO, entwickelte sich zu einer mächtigen eigenständigen Bewegung, auf die sich in der Folge der Brite John Humble in Theorie und Praxis spezialisierte.

Das Konzept des Management by Objectives hatte sich für Drucker aus seiner Arbeit bei General Electric (GE) im Rahmen der Recherchen für *Concept of the Corporation* ergeben. Jeder Manager bei GE war für ein eigenes Profitcenter verantwortlich und hatte bestimmte Zielvorgaben zu erfüllen – sieben Prozent Umsatzrendite und zwanzig Prozent Gesamtkapitalrendite. Diese Zielvorgaben waren strikt einzuhalten, erreichte man sie nicht, war man seinen Job los.

Drucker erkannte, daß die übergeordneten Unternehmensziele, weil Unternehmen nun einmal mit ihrem wirtschaftlichen Erfolg stehen oder fallen, in einzelne Zielvorgaben aufgeteilt und ausdrücklich bestimmten Unternehmenseinheiten und Mitarbeitern anvertraut werden sollten. „Management by Objectives", bemerkt Richard Pascale in *Managing on the Edge*, „stellt sicher, daß jedes Glied in der Kommandokette seinen Teil übernimmt ..."

Ein in der Folge erschienenes Handbuch, *Managing for Results* (1964), soll nach Druckers eigener Aussage eine „Anleitung zum Handeln" sein. Es stellt seiner Ansicht nach „den ersten Versuch zu einer organisierten Darstellung der wirtschaftlichen Aufgaben der Unternehmensleitung und den ersten Schritt zu einer Systematisierung der wirtschaftlichen Leistung im Unternehmen" dar. Dieses Buch entwickelt in klarer, nüchterner Sprache Richtlinien zum besseren Verständnis wirtschaftlicher Realitäten und zur

Analyse eines Unternehmens nach dessen Umsatzerlösen, Ressourcen, Kundenpotential, Kosten-Centers, Kundenbedürfnissen, Stärkenentwicklung, Potentialsondierung, Entscheidungsfreudigkeit und Zukunftsstrategien. *Managing for Results* ist auch heute noch einer der besten praktischen Ratgeber für jeden, der ein Unternehmen zu führen hat. Drucker glaubt, daß jedes Unternehmen etwa alle drei Jahre genau untersucht werden sollte, wobei jedes Produkt, jedes Verfahren, jede Technologie, Dienstleistung oder jeder Markt einer minutiösen Überprüfung zu unterziehen ist.

In all seinen Arbeiten betont Drucker immer die Effektivität der Manager – vor allem im klugen Einsatz der Humanressourcen – als Schlüssel zu einem produktiven und gewinnträchtigen Unternehmen. Management, das ist laut Drucker die Aufgabe, Ressourcen so zu organisieren, damit eine zufriedenstellende Unternehmensleistung erzielt werden kann. Die Manager sind letztlich an ihrer wirtschaftlichen Leistung zu messen, obwohl diese nicht unbedingt gleichbedeutend mit Gewinnmaximierung ist, eher schon mit Gewinnen, die ausreichen, um die eingegangenen Risiken zu decken und um zu vermeiden, daß das Unternehmen in die Verlustzone schlittert. Das erreichen sie durch Management by Objectives.

Bisweilen wurde Drucker kritisiert, weil er angeblich die Motivationstheorien ignoriert. Das war nicht gerechtfertigt, denn als einer der ersten – nämlich bereits 1954 – lobte er Douglas MacGregors Theorie Y.

Druckers Betonung der Bedeutung von Zielsetzungen im Management kommt am deutlichsten in seinem Mammutkompendium *Management: Tasks, Responsibilities, Practices* (1973) zum Ausdruck. Dieses Werk stellt eigentlich eine Enzyklopädie seiner früheren Schriften dar und sollte auf dem Nachttisch jedes angehenden Managers stehen. Dieses mit illustrativen Fallstudien gespickte und schwere (es wiegt in der gebundenen Ausgabe rund fünfzehn Kilogramm) Werk behandelt alle Aspekte der Fähigkeiten und Aufgaben des Managers und nennt acht Gebiete, auf denen klare Zielvorgaben entscheidend sind: Marketing, Innovation, Personalorganisation, Finanzen, physische Ressourcen, Produktivität, soziale Verantwortung und Gewinnerfordernisse. Ein gründliches Durcharbeiten dieses umfangreichen Werkes läßt sich mit einem Betriebswirtschafts-Selbststudium vergleichen.

Kurz vor Veröffentlichung dieses Werkes legte Drucker seine allgemeinen Managementansichten in *People and Performance* (1973) dar:

> „Gute Manager haben spezifischen Zwecke und die Mission der Organisation zu erfüllen; die Arbeit produktiv zu gestalten und den Mitarbeitern das Erbringen der geforderten Leistung zu ermöglichen, soziale Auswirkungen zu erkennen und soziale Verantwortung zu übernehmen."
>
> *Peter Drucker*

In *Management: Tasks, Responsibilities, Practices* nannte Drucker fünf grundlegende Aufgaben in der Arbeit des Managers, die zusammen „zur Integration der Ressourcen zu einem funktionierenden und wachsenden organischen Ganzen führen". Sie fassen die wesentlichen Punkte im Management klarer zusammen als jedes andere Buch davor oder danach:

- „Ein Manager hat erstens Ziele zu setzen. Er muß festlegen, wie diese Ziele auszusehen haben. Er bestimmt, welche Einzelziele dabei jeweils anzupeilen sind. Er entscheidet, was getan werden muß, damit die Ziele erreicht werden. Er bewirkt die Umsetzung der Zielvorgaben in die Praxis, indem er sie jenen Menschen bekanntgibt, deren Leistung zu ihrer Erreichung nötig ist.

- Zweitens hat der Manager zu organisieren. Er analysiert die erforderlichen Aktivitäten, Entscheidungen und Beziehungen. Er teilt die Arbeit ein. Er unterteilt sie in einzelne, bewältigbare Aufgaben und diese weiter in einzelne, ebenfalls bewältigbare Jobs. Er gruppiert diese Aufgaben und Jobs zu einer Organisationsstruktur. Er wählt die Leute für das Management der einzelnen Funktionen und für die Erledigung der Jobs aus.

- Drittens motiviert und kommuniziert ein Manager. Er formt aus mehreren Leuten, die für bestimmte Jobs verantwortlich sind, ein Team. Er tut dies durch seine Arbeitsmethoden und durch seine Beziehung zu den Menschen, mit denen er arbeitet. Er tut es durch seine ‚Personalentscheidungen' über Bezahlung, Plazierung und Beförderung. Und er tut es durch laufende Kommunikation mit seinen Mitarbeitern und Vorgesetzten sowie mit seinen Kollegen.

- Das vierte Grundelement in der Arbeit des Managers ist Messen und Bewerten. Der Manager hat Maßstäbe vorzugeben – und kaum ein anderer Faktor ist für das Abschneiden der Organisation und für jeden Mitarbeiter in ihr von solch eminenter Bedeutung. Er achtet darauf, daß jedem Mitarbeiter ein Maßstab zur Verfügung steht, der sich auf die Leistung der gesamten Organisation und zugleich auf die Arbeit des einzelnen bezieht und ihm bei seinem Beitrag hilft. Der Manager analysiert, bewertet und interpretiert die Leistung. Wie in allen anderen Arbeitsbereichen vermittelt er die Bedeutung der Messungen und ihrer Ergebnisse seinen Mitarbeitern, Vorgesetzten und Kollegen.

● Und fünftens schließlich muß der Manager Menschen fördern und entwickeln, darunter auch sich selbst."

Historisch gesehen hat Drucker sieben wesentliche Elemente in der Managemententwicklung der Nachkriegszeit festgestellt:

1. Wissenschaftliches Arbeitsmanagement als Schlüssel zur Produktivität

2. Dezentralisierung als Grundprinzip der Organisation

3. Mitarbeitermanagement als systematische Methode zur Integration der Menschen in die Organisationsstrukturen

4. Managerentwicklung, um für zukünftige Erfordernisse gerüstet zu sein

5. Entscheidungsorientiertes Rechnungswesen (managerial accounting) – Einsatz von Analysen und Informationen als Grundlage für die Entscheidungsfindung im Unternehmen

6. Marketing

7. Langfristige Planung

Die bisher letzten Arbeiten Druckers waren *Innovation and Entrepreneurship* (1985), eine typische, breit angelegte Studie über die Wachstumssektoren der amerikanischen Wirtschaft während der frühen achtziger Jahre, wobei auch Unternehmen angeführt werden, die normalerweise unter dieser Kategorie nicht erscheinen würden: etwa der private Gesundheitssektor, gemeinnützige Privatschulen und Gesellschaften, die von den staatlichen Behörden ausgelagerte Funktionen übernehmen. Ferner *The New Realities* (1989), wo in einer globalen Sichtweise die Entwicklung moderner Phänomene wie der transnationalen Wirtschaft oder der Demokratisierung der früheren Sowjetrepubliken, aber auch das sich wandelnde Ethos der USA und die Anforderungen einer postindustriellen, post-unternehmerischen Gesellschaft dargelegt werden. Es folgte *Post-Capitalist Society* (1992), das unter anderem die Teilung der Gesellschaft in Wissens- und Dienstleistungsarbeiter und die damit einhergehenden wirtschaftlichen und sozialen Probleme untersucht.

Der weite Horizont und die Visionen Druckers sowie die eklektische Bandbreite seiner Publikationen ist auf den unerschütterlichen Glauben dieses Gurus zurückzuführen, daß Management nicht nur im Geschäftsleben, sondern in unser aller täglichem Leben eine wichtige Rolle spielt. Eines von Druckers immer wiederkehrenden Themen ist der Unternehmensleiter als Dirigent. Wie Drucker sagt: „Wir erkennen nach und nach, daß das Management die eigentliche zentrale Institution unserer heutigen Gesellschaft ist, und daß es nur wenige Unterschiede zwischen dem Management eines Unternehmens, einer Diözese, eines Krankenhauses, einer Universität, eines Forschungslabors, einer Gewerkschaft und einer Behörde gibt. Das ist übrigens seit jeher die Hauptstoßrichtung meiner gesamten Arbeit, die mich von praktisch allen Kollegen auf diesem Gebiet unterscheidet."

Rosabeth Moss Kanter sieht die Ziele Druckers sogar noch umfassender. In einem in *New Management* (Winter 1985) erschienenen Artikel schrieb sie: „Gutes Management ist auch unsere größte Hoffnung für den Weltfrieden. Nach Druckers Sichtweise zwingen die herrschenden Wachstumsimperative die Organisationen auf der Suche nach neuen Märkten über ihre nationalen Grenzen hinaus. Die Welt erfährt durch eine Reihe von länderübergreifenden Handelsbeziehungen eine immer engere Verflechtung, in der die Interessen der Manager am Überleben ihrer multinationalen Unternehmen stärker sind als die Interessen der Politiker. Lebensqualität, technologischer Fortschritt und Weltfrieden sind daher als Ergebnis guten Managements zu betrachten ... Im Grunde ist Drucker ein Managementutopist, der ebensosehr von Robert Owen beeinflußt ist wie von Max Weber."

Für Drucker ist ein Unternehmen wie jede Organisation ein „menschliches, ein soziales, ja ein moralisches Phänomen". Kundendienst und nicht Gewinn sollte das Denken der Manager beherrschen, wobei Gewinne nur die Methode sind, durch die laufende Investitionen in Innovation und Verbesserungen möglich werden.

„Im Gegensatz zu der im Westen seit Macchiavelli vorherrschenden Herangehensweise an das Studium der politischen und sozialen Organisation habe ich immer betont, daß Organisationen nicht mit Macht, sondern mit Verantwortung zu tun haben. Das ist der Grundtenor meiner Arbeit, dem ich über 40 Jahren konstant treu geblieben bin."

Peter Drucker

Drucker faßt seinen hervorragenden Beitrag zur Managementtheorie mit diesen Worten zusammen, die in *Makers of Management* (Clutterbuck und Cramer) zitiert werden: „Ich habe als erster erkannt, daß der Zweck eines Unternehmens außerhalb des Unternehmens selbst liegt – nämlich im Heranziehen und in der Befriedigung von Kunden. Ich habe als erster den

Entscheidungsprozeß als zentral betrachtet, als erster erkannt, daß Struktur auf Strategie folgen muß, und als erster verstanden oder zumindest ausgesprochen, daß Management stets zielgerichtetes und von Selbstkontrolle geprägtes Management sein muß."

Wichtige Publikationen

Drucker, P. F. (1946), *Concept of the Corporation*, New York: John Day; dt.: *Das Großunternehmen: Sinn, Arbeitsweise und Zielsetzung in unserer Zeit*, Düsseldorf 1966

Drucker, P. F. (1951), *The New Society*, London: Heinemann; dt.: *Gesellschaft am Fließband: Eine Anatomie der industriellen Ordnung*, Frankfurt 1952

Drucker, P. F. (1954), *The Practice of Management*, New York: Harper and Row; dt.: *Die Praxis des Management: Ein Leitfaden für die Führungsaufgaben in der modernen Wirtschaft*, München 1970

Drucker, P. F. (1964, 1989), *Managing for Results*, London: Heinemann; dt.: *Sinnvoll wirtschaften: Notwendigkeit und Kunst, die Zukunft zu meistern*, Düsseldorf 1965

Drucker, P. F. (1969), *The Age of Discontinuity*, London: Heinemann; dt.: *Die Zukunft bewältigen: Aufgaben und Chancen im Zeitalter der Ungewißheit*, Düsseldorf 1969

Drucker, P. F. (1974), *Management: Tasks, Responsibilities, Practices*, London: Heinemann; New York: Harper and Row; dt.: *Neue Management-Praxis* (Band 1: Aufgaben, Band 2: Methoden), Düsseldorf 1974

Drucker, P. F. (1985), *Innovation and Entrepreneurship*, London: Heinemann; dt.: *Innovations-Management für Wirtschaft und Politik*, Düsseldorf 1985

Drucker, P. F. (1989, 1990) *The New Realities*, London: Heinemann Professional Publishing; Mandarin Paperback; dt.: *Neue Realitäten, Wertewandel in Politik, Wirtschaft und Gesellschaft*, Düsseldorf 1990

Drucker, P. F. (1992), *Post-Capitalist Society*, Oxford: Butterworth Heinemann

Drucker, P. F. (1994), *Frontiers of Management*, Oxford: Butterworth Heinemann

Drucker, P. F. (1997), *Drucker on Asia*, Oxford: Butterworth Heinemann

Drucker, P. F. (1998), *On the Profession of Management*, Boston: Harvard Business School Press

Henri Fayol

1841–1925

Fünf Grundbausteine modernen Managements

Henri Fayol war französischer Bergbauingenieur und Manager. Er gilt als jener Mann, der als erster die Frage stellte „Was ist Management?" und der analysierte, worin die Tätigkeit des Managers besteht. Ausgehend von seiner eigenen Erfahrung mit der Leitung des Bergbau- und Stahlkonzerns Commentry-Fourchamboult-Decazeville formulierte er eine umfassende Managementtheorie.

Fayol war bereits über siebzig, als seine Ideen gedruckt erschienen, und sein Klassiker *Administration Industrielle et Générale* wurde erst 1949 in englischer Sprache unter dem Titel *General and Industrial Management* publiziert. Seine Hauptdefinitionen der Manager-Tätigkeiten – Planung, Organisation, Weisung, Koordinierung und Steuerung – blieben bis zu Henry Mintzbergs aufschlußreiche Studien in den sechziger Jahren allgemein anerkannter Standard.

Henri Fayol war seiner Zeit um Jahre voraus: Er verband Strategie und Organisationstheorie und betonte die Notwendigkeit, Management und Führungsqualitäten zu entwickeln. Igor Ansoff führte in *Corporate Strategy* (1965) aus, Fayol habe „intuitiv und rational den Großteil der neueren Analysen der modernen Betriebsführung vorhergesehen", während Peter Drucker in seinem großartigen Kompendium *Management: Tasks, Responsibilities and Practice* (1973) kritisiert, Fayols funktionaler Ansatz ließe sich auf größere und komplexere Organisationen als jene, die er selbst gekannt und geleitet hatte, nicht anwenden.

Fayol glaubte, daß man dieselben Managementprinzipien auf alle Organisationen anwenden könne, unabhängig von ihrer Größe und gleichgültig, ob es sich um Produktionsbetriebe, Handelsbetriebe, staatliche Einrichtungen, politische oder religiöse Institutionen handelt. Seine fünf Schlüsselelemente industriellen Managements sind bleibende Grundsteine, auf denen alle späteren Gurus mehr oder weniger aufbauten.

Diese fünf Elemente sind: Vorschau und Planung; Organisation; Weisung; Koordinierung und Steuerung. Fayol definierte das erste Element als

73

„Erforschung der Zukunft und Entwurf des entsprechenden Handlungsplans"; das zweite als „Aufbau der materiellen und humanen Struktur der Unternehmung"; das dritte als „Aufrechterhaltung der Aktivitäten unter den Mitarbeitern"; das vierte als „Verbindung, Vereinheitlichung und Harmonisierung aller Aktivitäten und Bemühungen"; das fünfte als das „Trachten, daß alles gemäß den festgelegten Regeln und Weisungen abläuft".

Eine Organisation beginnt demnach mit einem strategischen Plan oder der Festlegung von Zielen, bemüht sich dann um eine Struktur zur Umsetzung dieser Ziele, wird von den kontrollierten Aktivitäten zwischen Manager und Mitarbeitern vorangetrieben, muß die Arbeit ihrer einzelnen Abteilungen durch koordiniertes Management abstimmen und unterliegt schließlich einer Überprüfung der Effizienz ihrer Arbeit, vorzugsweise durch unabhängige „Stabsabteilungen", die von den Funktionsabteilungen getrennt sind.

Fayol war der Ansicht, ein Manager könnte nur dann von seinen Mitarbeitern beste Leistungen erwarten, wenn er selbst über Führungsqualitäten verfügt, das Geschäft und seine Mitarbeiter kennt und das Gefühl einer Mission vermitteln kann. Ausgehend von seiner langjährigen Erfahrung in der Industrie formulierte er die folgenden vierzehn allgemeinen Managementprinzipien:

1. Arbeitsteilung, wobei es die Spezialisierung dem einzelnen erlaubt, seine Fähigkeiten zu entwickeln und produktiver zu werden. „Zweck der Arbeitsteilung ist es, mehr und bessere Arbeit bei gleicher Anstrengung erbringen zu können."

2. Autorität, und zwar formale und persönliche Autorität mit der zugehörigen Verantwortung. „Allgemein ausgedrückt wird Verantwortung ebenso gefürchtet wie Autorität angestrebt, und die Angst vor der Übernahme von Verantwortung lähmt viel Initiative und zerstört eine Reihe positiver Eigenschaften. Eine gute Führungskraft sollte selbst mutig genug sein und auch den Mitarbeitern Mut einflößen, Verantwortung zu übernehmen."

3. Disziplin, „im wesentlichen Gehorsam, Befolgung von Anweisungen, Energieeinsatz, respektvolles Verhalten und Respektsbezeigungen entsprechend den bestehenden Arbeitsverträgen zwischen Unternehmen und Mitarbeitern ... Wenn es an Disziplin mangelt oder wenn die Beziehungen zwischen Vorgesetzten und Untergebenen zu wünschen lassen ... ist das Übel zumeist auf die mangelnde Eignung der Führungskräfte zurückzuführen."

4. Einheit der Auftragserteilung: jeder Mitarbeiter sollte nur einen Vorgesetzten haben, es sollte zu keinen Auftragsüberschneidungen kommen. „In allen menschlichen Gemeinschaften, in Industrie, Handel, Armee,

in Familie und Staat ist die Überschneidung der Befehlsgewalt eine ständige Konfliktquelle."

5. Einheitliche Ausrichtung: „Ein Kopf und ein Plan für ein Bündel von Aktivitäten mit derselben Zielsetzung. Das ist die wesentliche Bedingung für ein einheitliches Vorgehen, für die Koordinierung der Stärke und die Bündelung der Bemühungen."

6. Unterordnung des individuellen Interesses zugunsten des Allgemeininteresses wobei nötigenfalls widersprüchliche Interessen zusammenzuführen sind: „Das ist eine der großen Schwierigkeiten des Managements." Methoden zur Bewältigung dieser Schwierigkeit sind laut Fayol (1) Standfestigkeit und gutes Beispiel von seiten der Vorgesetzten, (2) möglichst faire Vereinbarungen und (3) konstante Kontrolle.

7. Gerechte Entlohnung: „Die Manager sollten ihr Augenmerk stets auf alle Möglichkeiten einer Entlohnung richten, die aller Voraussicht nach für die Mitarbeiter als Wertschätzung empfunden wird, ihr Los im Leben erleichtert und zusätzlich die freundliche Gewogenheit von seiten der Mitarbeiter auf allen Ebenen stärkt."

8. Zentralisierung oder Dezentralisierung je nach Situation und Kultur des Unternehmens: „Ermittlung jener Maßnahmen, die den besten allgemeinen Ertrag ergeben, darum geht es bei der Frage nach Zentralisierung oder Dezentralisierung. Alles, was die Bedeutung der Funktion des Untergebenen stärkt, bedeutet Dezentralisierung, was sie schwächt, Zentralisierung."

9. Das skalare Prinzip oder die hierarchische Autoritätsbeziehung: ein Weg, „der sowohl durch die Notwendigkeit einer gewissen Informationsübermittlung als auch durch das Prinzip der Einheit der Auftragserteilung vorgegeben wird, doch er ist nicht immer der schnellste ... Es ist ein Fehler, ohne Zwang von der bestehenden Autoritätshierarchie abzuweichen, aber ein noch größerer Fehler, sich an sie zu klammern, wenn sie sich für die Zwecke des Geschäftes schädlich erweist ... Wenn ein Mitarbeiter gezwungen ist, zwischen diesen beiden Möglichkeiten zu wählen, und es ihm unmöglich ist, einen Rat von seinen Vorgesetzten einzuholen, sollte er mutig genug sein und sich frei genug fühlen, um die durch das allgemeine Interesse vorgegebene Linie zu verfolgen."

10. Materielle und soziale Ordnung: „Soziale Ordnung erfordert präzises Wissen über die jeweiligen menschlichen Erfordernisse und verfügbaren Unternehmensressourcen sowie ein konstantes Gleichgewicht zwischen ihnen."

11. Gerechtigkeit in der Behandlung der Mitarbeiter: „Der Unternehmensleiter sollte danach trachten, ein Gefühl der Gerechtigkeit auf allen Ebenen der skalaren Hierarchie herzustellen."

12. Geringe Fluktuation beim Personal: „Im allgemeinen ist das Managementpersonal erfolgreicher Unternehmen stabil, jenes erfolgloser Unternehmen hingegen instabil. Erhöhte Fluktuation ist zugleich Ursache und Wirkung einer schlechten Führung. Trotzdem sind Schwankungen des Personals unvermeidlich ... Stabilität im Personalstand ist auch eine Frage des Augenmaßes."

13. Initiative:

„Das Ersinnen eines Plans und seine erfolgreiche Umsetzung ist eine der schönsten Befriedigungen, die ein intelligenter Mensch erfahren kann. Es ist auch einer der stärksten Anreize zur menschlichen Anstrengung ... Die Initiative aller, zusätzlich zu jener des Managers und nötigenfalls als Ersatz für diese, ist eine bedeutende Kraftquelle eines Unternehmens ... der Manager muß in der Lage sein, einen Teil seiner persönlichen Eitelkeit zu opfern, um seinen Mitarbeitern diese Art der Befriedigung zu verschaffen."

Henri Fayol

---

14. Ein Esprit de Corps, Korpsgeist, ist für das Management nötig, um die Moral der Mitarbeiter zu heben. „Man braucht wirkliches Talent", sagte Fayol, „um die Bemühungen zu koordinieren, die Arbeitsbegeisterung zu fördern, die Fähigkeiten jedes einzelnen einzusetzen und jeden nach seinen Verdiensten zu entlohnen, ohne Eifersucht auszulösen oder harmonische Beziehungen zu stören."

Wichtige Publikation

Fayol, H., trans. Constance Storrs (1949), *General and Industrial Management*. London: Pitman

Gary Hamel

* 1955

Kernkompetenzen und strategische Intention

Gary Hamel ist der Shootingstar der internationalen Guru-Szene seit 1994. Damals veröffentlichte er (zusammen mit C. K. Prahalad) sein allseits gelobtes *Competing for the Future*, in dem er den Einsatz von Strategien neu definierte und das Interesse an diesem Thema neuerlich weckte. Im wesentlichen brachte das Buch eine Verschiebung des strategischen Denkens weg von der Positionierung eines Unternehmens in seiner Branche hin zur Veränderung der Branchenregeln und zur Schaffung neuer Märkte. Als Folge seines Buches und angesichts des Ruhms, den Hamel im Vortragszirkus erwarb, sind die Kernkompetenzen (core competencies), die strategische Intention (strategic intent) und die Branchenvorschau (industry foresight) nur einige der Konzepte Hamelscher Prägung, die bereits in die allgemeine Managementsprache übergegangen sind.

Gary Hamel begann seine Karriere als Krankenhaus-Manager und wechselte 1978 an die Universität Michigan, wo er das Fach Internationale Geschäftsbeziehungen mit einem Doktorat abschloß. In Michigan traf er übrigens auch den in Indien geborenen Prahalad, damals seit kurzem außerordentlicher Professor für Strategie und heute Professor für Business Administration beziehungsweise für Unternehmensstrategie und internationale Geschäftsbeziehungen an der Michigan Graduate School of Business Administration.

Dieses Zweierteam sprühte förmlich vor Ideen und entdeckte bald eine gemeinsame Überzeugung, wie Hamel im Vorwort zu ihrem Buch ausführt, daß nämlich „die Feuerprobe für die akademische Forschung ihre Anwendbarkeit und Bedeutung im Management ist". Hamel und Prahalad publizierten sieben vielbeachtete Artikel in der *Harvard Business Review* und schließlich gemeinsam ihr bahnbrechendes Werk, mit dem sie Unternehmen anleiten, ihre „Scheinwerfer" auf potentielle Märkte oder Kunden zu richten, die vielleicht erst in zehn Jahren wichtig werden, und ihre Kernkompetenzen zu erkennen, mit deren Hilfe sie ihre Geschäftstätigkeit für die Zukunft neu ausrichten und sogar neu erfinden können.

Nach zehn Jahren Vorlesungen in Strategie an der London Business School kehrte Hamel 1993 in die USA zurück, um sich im Silicon Valley in

Kalifornien niederzulassen, das er als „ausgezeichneten Aussichtspunkt auf die Zukunft" bezeichnet. Hier leitet er eine Beratungsfirma mit dem Namen Strategos Inc. in Menlo Park nahe San Francisco, die mit der Beratung von Unternehmen in der revolutionären Hamelschen Strategie einen Jahresumsatz von rund 20 Millionen US-Dollar erzielt.

> **„Die Fähigkeit zur strategischen Innovation wird das nächste Wettbewerbskriterium für Unternehmen überall auf der Welt sein."**
>
> *Gary Hamel*

Hamel macht dank seines lokeren, unterhaltsamen Präsentationsstils sogar Tom Peters als vielbeschäftigtem Vortragenden in Konferenzen und Seminaren Konkurrenz. In der *Financial Times* konnte man 1997 nachlesen, daß Hamel für eine zweitägige Arbeit 150 000 US-Dollar einnimmt. Der Guru verbringt einen Großteil seiner Zeit unterwegs und hält wöchentlich etwa einen größeren Vortrag. Für die Arbeit an seinem letzten Buch, *Alliance Advantage: The Art of Creating Value Through Partnering* (1998), tat er sich mit dem bedeutenden französischen Managementtheoretiker Yves Doz zusammen, einem Professor am INSEAD, der berühmten französischen internationalen Business School.

Betriebliche Strategien und strategische Planung sind heute, nach Jahren, in denen diese Anliegen zugunsten kürzerfristiger Maßnahmen im Sinne betrieblicher Effizienz und als Reaktion auf den Druck des globalen Wettbewerbs und der Rezession – man denke an Reengineering und Downsizing – vernachlässigt wurden, wieder ganz en vogue. Der heutige Strategieansatz unterscheidet sich jedoch stark von der systemischen Matrixplanung, die in den achtziger Jahren von der Boston Consulting Group propagiert wurde und in der die Zukunft der Unternehmen in die Kategorien „cash cows", „dogs", „stars" und „Fragezeichen" eingeteilt wird.

An vorderster Front unter den neuen Strategen steht Gary Hamel, dessen von ihm mitverfaßter Bestseller *Competing for the Future* Mitte der neunziger Jahre die nötige Warnung vor reflexartigen Kostenreduktionen aussprach, die das längerfristige Wachstumspotential der Unternehmen zugunsten der Betriebsergebnisse des nächsten Quartals beeinträchtigen.

Dieses Buch, das sich in wirklich klassischer Weise aus einem wegweisenden Artikel in der *Harvard Business Review* (Juli/August 1994) heraus entwickelte, vermittelt zwei durchschlagende Botschaften. Erstens: Ein nachhaltig gesunder Betrieb läßt sich nicht einfach durch Anwendung buchhalterischer Maßstäbe auf die Kosten erreichen. Zweitens: Die Manager müssen viel weiter blicken, als sie es bisher gewohnt waren. Niemand kann sich darauf verlassen, daß Kunden und Märkte Jahr für Jahr unverändert bleiben und immer höhere Gewinne abwerfen: Manager müssen sich daher fragen, wie ihr Unternehmen mittel- bis langfristig aussehen könnte, mit welchen Kunden sie in Zukunft zu rechnen haben.

Hamel und Prahalad fordern die Manager auf, sich mit zwei Fragenkatalogen zur Unternehmenssituation auseinanderzusetzen, die sich auf das Unternehmen „heute" und „in Zukunft" beziehen:

- Welche Kunden bedienen Sie heute / werden Sie in Zukunft bedienen?

- Über welche Kanäle erreichen Sie Ihre Kunden / werden Sie Ihre Kunden in Zukunft erreichen?

- Wer sind heute Ihre Mitkonkurrenten / werden Ihre Mitkonkurrenten in Zukunft sein?

- Was ist die Grundlage für Ihren Wettbewerbsvorteil heute / in Zukunft?

- Woher stammen Ihre Gewinne heute / woher werden sie in Zukunft stammen?

- Welche Qualitäten oder Fähigkeiten machen Sie heute einzigartig / werden Sie in Zukunft einzigartig machen?

„Wenn die Führungskräfte eines Unternehmens keine vernünftigen und detaillierten Antworten auf die genannten ‚Zukunftsfragen' geben können, und wenn sich diese Antworten von denen auf die ‚Heute-Fragen' nicht deutlich unterscheiden, ist die Chance eher gering, daß dieses Unternehmen Marktführer bleiben wird", warnen Hamel und Prahalad.

Die Stichhaltigkeit ihrer Argumente gegen kurzfristige Lösungen wie Downsizing und für neue Wachstumsstrategien wurde in den Jahren unmittelbar nach Veröffentlichung ihres Buches deutlich. Führende Wirtschaftsleute wie Howard Davies, stellvertretender Gouverneur der Bank of England und früherer Geschäftsführer der britischen Industriellenvereinigung CBI, scheuten sich nicht, den vernichtenden Ausdruck der beiden Gurus von der „Unternehmens-Magersucht " zu zitieren, wenn sie sich auf Unternehmen bezogen, die so weit abgespeckt hatten, daß ihnen keine Ressourcen mehr verblieben, um auf allfällige Wachstumschancen zu reagieren.

Vor kurzem etwa wurde das mächtige Unternehmen Boeing durch ein erhöhtes Auftragsvolumen aus dem Gleichgewicht gebracht, weil es dank seines kräftigen Downsizings nicht mehr über die Ressourcen verfügte, diese Aufträge auszuführen – ein Tiefflug der Boeing-Aktienkurse war die Folge.

Hamel beschäftigt sich seit seinem Erfolgsbuch noch intensiver mit Strategie-Entwicklungsverfahren, wobei er betont, daß diese sich von Planungsverfahren deutlich unterscheiden. „Strategie ist Revolution, alles andere nur

Taktik", meint er. Den drei wichtigsten Konzepten Hamels zufolge sollten Unternehmen ihre Kernkompetenzen ausbauen, um strategische Intentionen für ihre zukünftige Geschäftstätigkeit zu entwickeln, indem sie umsichtig und vorausschauend ihre gesamte Branche betrachten.

Hamel teilt Unternehmen in drei Kategorien ein:

● **die Regel-Vorgeber**, also jene, die die jeweilige Branche aufbauen, wie IBM, Coca Cola oder Merrill Lynch;

● **die Regel-Übernehmer**, die den Vorgebern folgen, diese aber nie ganz erreichen, wie McDonnel Douglas auf den Spuren von Boeing und Avis im Gefolge von Hertz;

● **die Regel-Brecher**, die die Branchenregeln angepaßt an ihre eigenen Bedürfnisse neu schreiben. Beispiele wären hier Dell Computer, The Body Shop oder Swatch.

Die wesentliche Voraussetzung, um ein erfolgreicher Regel-Brecher werden zu können, ist die Bereitschaft, unter Befolgung bestimmter Richtlinien Produkte und Dienstleistungen neu zu definieren. „Es gibt vier Aufgaben im Zusammenhang mit der Intention von Unternehmen, eine Branchenrevolution herbeizuführen", schrieb Hamel in der *Harvard Business Review* („Strategy as Revolution", Juli/August 1996). „Erstens muß das Unternehmen die unverrückbaren Einstellungen erkennen, die quer durch die gesamte Branche bestehen – die Branchenkonventionen. Zweitens muß das Unternehmen nach Veränderungen in technischer Hinsicht, im Lebensstil, in den Arbeitsgewohnheiten oder in der geopolitischen Lage suchen, die Chancen für neue Branchenregeln eröffnen könnten. Drittens muß das Unternehmen seine Kernkompetenzen genau kennen. Viertens muß das Unternehmen all sein Wissen dazu einsetzen, die revolutionären Ideen und unkonventionellen strategischen Optionen zu erkennen, die in seinem Marktbereich eine Rolle spielen könnten."

An anderer Stelle in seinem Artikel beschreibt Hamel neun „Wege zur Branchenrevolution", darunter:

● die „radikale Verbesserung der Wertegleichung" (Beispiele wären das schwedische Möbelhaus IKEA oder das US-Unternehmen Fidelity Investments, das die Eintrittsschwelle für ausländische Aktienfonds senkte, um auch Kunden mit bescheidenen Mitteln die Teilnahme zu ermöglichen)

● das „Streben nach Individualität" (Levi Strauss bietet nun mit Computerunterstützung maßgeschneiderte Jeans an)

● den „erleichterten Zugang" (beispielsweise Abwicklung von Bankgeschäften über Telefonbanking)

Andere Managementtheoretiker wie vor allem W. Chan Kim und Renée Mauborgne, zwei Professoren für Strategisches Management am INSEAD, arbeiten an ähnlichen Theorien des „lateralen" oder kreativen Denkens, um etablierte Regeln in einer Branche aufzubrechen und damit den Kundenstamm zu festigen oder zu erweitern. Kim und Mauborgne nennen ihre Theorie „Werteinnovation", weil sie eine völlig neue Wertedimension für den Kunden schafft und somit den Wettbewerb umgeht.

Hamel betont insbesondere die Kreativität, die auf allen Ebenen der Organisation und nicht nur in den Chefetagen zur Strategie gehört. „Eines ist sicher", sagt er. „Wenn wir uns nicht von den Revolutionären innerhalb des Marktes herausfordern lassen, werden sie uns irgendwann von außerhalb des Marktes stellen ... Wann hat übrigens ein jugendlicher Mitarbeiter Ihres Unternehmens seine Ideen zum letzten Mal dem Vorstand unterbreiten dürfen?"

Hamel faßte seine Kernthese im April 1997 in der *Financial Times* zusammen:

> **„Der Prüfstein für jedes Unternehmen heute ist die Frage, ob man mir dort die fünf wichtigsten Methoden aufzählen kann, mit denen das Unternehmen seine Branche in den nächsten zehn Jahren verändern wird. Kann es das nicht, wird es jemand anderes tun."**
>
> *Gary Hamel*

Wichtige Publikationen

Hamel, G./Prahalad, C. K. (1994), *Competing for the Future*, in: Harvard Business Review, Juli/August. Neuabdruck in Nr. 94403

Hamel, G./Prahalad, C. K. (1994), *Competing for the Future*, Boston: Harvard Business School Press; dt.: *Wettlauf um die Zukunft. Wie Sie mit bahnbrechenden Strategien die Kontrolle über Ihre Branche gewinnen und die Märkte von morgen schaffen*, Wien 1995

Hamel, G. (1996): *„Strategy as Revolution"*, in: Harvard Business Review, Juli/August. Neuabdruck in Nr. 96405

Michael Hammer

* 1948

Der radikale Neuentwurf betrieblicher Abläufe

Michael Hammer ist Computerexperte und Mathematiker. Zu Beginn der neunziger Jahre löste er mit der „großen Idee" des Reengineerings eine Managementrevolution aus, indem er die wichtigsten Arbeitsprozesse in allen betrieblichen Bereichen ermittelte, diese quer durch die Abteilungen verfolgte, in ihre Komponenten zerlegte und ihre Effizienz maximierte. Hammer erklärte gern, er „strebe eine Umkehrung der Industriellen Revolution an", die – man denke an Adam Smiths Beschreibung der Funktionsweise einer Stecknadelfabrik – zu einer Aufteilung aller Abläufe in Dutzende einzelner Aufgaben geführt hatte.

Die Reengineering-Idee – von Unternehmen auf beiden Seiten des Atlantiks, die gerade verzweifelt gegen die Rezession ankämpften, begeistert aufgenommen – erwies sich als nur teilweise erfolgreich; Studien ergaben Mitte der neunziger Jahre, daß rund 70 Prozent der Reengineering-Aktionen aus irgendeinem Grund fehlschlugen. Die Reengeneering-Idee wurde häufig zur Verschleierung brutaler „Downsizing-" und kostenreduzierender Maßnahmen verwendet. Trotzdem investierten 1995 amerikanische Unternehmen mehr in Reengineering-Beratungsdienste, als beispielsweise das ganze Land für Kaffeeimporte ausgab.

Hammer wurde nach seinem 1990 in der *Harvard Business Review* erschienenen Artikel „Re-engineering Work: Don't Automate, Obliterate!" dem er 1993 mit *Reengineering the Corporation* einen absoluten Bestseller folgen ließ, zum allerorts gefeierten Referenten. Bei *Reengineering the Corporation* war übrigens James Champy, ein Mitbegründer des CSC-Beratungsindex, sein Mitautor.

Von diesem Buch wurden weltweit über zwei Millionen Exemplare verkauft, und schon ein Jahr nach seinem Erscheinen hatten 69 Prozent der vom CSC-Index beobachteten US-Unternehmen und 75 Prozent der europäischen Unternehmen Reengineering-Projekte laufen. Eine Price-Waterhouse-Studie stellte fest, daß 78 Prozent der Fortune 500 und 68 Prozent der britischen Unternehmen diese Technik anwandten. Innerhalb kürzester Zeit hatte sich das Reengineering aus den Produktionsbetrieben auch in die

Dienstleistungsbranche hinein ausgebreitet, etwa bei Banken und im öffentlichen Sektor.

Hammers und Champys Buch definierte Reengineering wie folgt:

„Reengineering ist das fundamentale Überdenken und den radikalen Neuentwurf von Unternehmensabläufen zur Erzielung drastischer Verbesserungen bei entscheidenden Leistungskennzahlen wie Kosten, Qualität, Service und Geschwindigkeit."

Michael Hammer, James Champy

Das Konzept dieses Überdenkens sah so aus, daß man ein weißes Blatt Papier zur Hand nahm und das Unternehmen aus dem Nichts neu entwarf, anstatt es ausgehend von bestehenden Strukturen zu erneuern oder in Hammers blumiger Sprache „den alten Kuhsteig zu überpflastern". Reengineering erschien als Antwort auf alle Effizienzmängel in Organisationen.

In der Praxis ergaben sich daraus jedoch zahlreiche Probleme. Obwohl einige erstaunliche Produktivitätszuwächse zu verzeichnen waren, und obwohl die einzelnen Arbeitsgänge häufig drastisch verkürzt wurden, erfolgte die Implementierung der Reengineering-Maßnahmen oft zu mechanistisch, wurde die menschliche Dimension sträflich vernachlässigt. Hammers erste Seminare, die sich durch aggressive Inhalte und einen groben Stil auszeichneten, waren berühmt für die Ausklammerung aller menschlichen Aspekte. Seine Diagramme sahen beeindruckend aus, doch was sollte mit den Menschen geschehen, deren Jobs durch Reengineering abgeschafft wurden, und welche traumatischen Auswirkungen würde die Sache auf die im Betrieb Verbleibenden haben?

Champy erkannte dieses Problem und brachte 1995 im Alleingang sein Buch *Reengineering Management* heraus, in dem er sich mit den Problemen bei der Durchführung derartig radikaler Änderungen befaßte, nämlich mit der Notwendigkeit, die Mitarbeiter zu inspirieren, zu motivieren und zu belohnen, damit diese die erforderlichen Maßnahmen aktiv mittragen würden. Champy gab in der Folge den CSC-Index auf und entschied sich stattdessen für Perot Systems, einen Abkömmling des Computerriesen EDS von Ross Perot.

Hammer gründete seine eigene Beratungsagentur in Boston und wurde vom *Time Magazine* als einer der einflußreichsten Amerikaner überhaupt gepriesen. Er verfaßte noch zwei weitere Bücher, in denen die Reengineering-Idee erweitert und verfeinert wurde (wobei er und Champy darauf bestehen, den Begriff Reengineering in der Schreibweise ohne Bindestrich als Markenzeichen erfunden zu haben). In *Beyond Reengineering* (1997) vertritt der Autor eine breitere, humanistischere Sichtweise der „prozeßzentrierten Organisation". Er betont hier den unternehmerischen Charakter des kundenzentrierten Unternehmens, die individuelle Beteiligung und Urheberschaft an den einzelnen Prozessen sowie die Notwendigkeit von Teamwork und einer Entlohnung und Befriedigung der Mitarbeiter über das Gehalt hinaus.

Obwohl Hammer vorsichtig genug ist zu sagen, er habe das Reengineering entdeckt und nicht erfunden, stellt er den typischen Fall eines Gurus dar, der auf einer einzigen Idee aufbaut und seine Bekanntheit auf klassischem Wege erreicht: vom akademischen Forscher aus der Provinz über den Artikelverfasser in der *Harvard Business Review* bis zum Bestsellerautor und zur lukrativen Vortrags-und Publikationstätigkeit. Wie man das Reengineering als Managementtheorie im Rückblick auch sehen mag, Hammers Arbeit wird ihren Einfluß auf die Organisation von Unternehmen zweifelsohne auch im 21. Jahrhundert behalten.

Die Reengineering-Idee wartete eigentlich nur darauf, wiedergeboren zu werden, und sie geht vielfach auf die Theorien von F. W. Taylors „wissenschaftlicher Betriebsführung" zurück, die dieser um die Jahrhundertwende entwickelt hatte. Sie keimte Anfang der achtziger Jahre in Studiengruppen des MIT, als Technikfreunde unter dem akademischen Uni-Personal darüber nachdachten, wie Computer das „Unternehmen der neunziger Jahre" prägen würden. Und sie läßt sich auf ähnliche Aktivitäten des ebenfalls in Cambridge, Massachusetts, beheimateten, technisch ausgerichteten CSC-Index zurückführen. Hammer war damals Mathematiker an einem Informatik-Lehrstuhl am MIT. James Champy, sein Kollege und Mitarbeiter, ist Mitbegründer des CSC-Index, mit dem der Begriff Reengineering geprägt wurde.

Wie der Terminus wissenschaftliche Betriebsführung war auch Reengineering ein beruhigend klarer Begriff, anders als „Wandel", „Umstrukturierung" oder andere Schlagwörter. Sein Kernkonzept kreiste um die Prozeßabläufe, die quer durch die Abteilungsfunktionen eines Unternehmens verlaufen, von der Montagehalle bis zur Verrechnung, doch die Rationalisierung dieser Prozesse durch Eliminierung einer Reihe überflüssiger Aufgaben oder „Verrichtungen" unterschied sich eigentlich kaum von Taylors Ansicht, wonach es „eine beste Methode" der Durchführung jeder Unternehmensfunktion gebe.

Reengineering wird häufig auch als Business Process Reengineering oder BPR bezeichnet, obwohl Hammer und Champy selbst dieses Etikett vermieden, weil sie meinten, es sei in der Anwendung zu eng gefaßt, und echtes Reengineering umfasse ein völliges Überdenken der Management-strategie wie auch der betrieblichen Prozesse. Diese Theorie kam genau zur richtigen Zeit, da die Unternehmen in den USA und in Europa mit der tiefen Rezession der frühen neunziger Jahre zu kämpfen hatten und gezwungen waren, nach neuen Wegen zu suchen, um ihre Betriebe effizienter und kosteneffektiver zu gestalten.

Leider schlugen viele Versuche in der Praxis fehl oder konzentrierten sich vorrangig auf das Abbauen von Arbeitsplätzen, was dazu führte, daß das Konzept zunehmend und zu seinem Schaden mit Downsizing und einer veritablen „Unternehmens-Anorexie" gleichgesetzt wurde. Dieser letzte Begriff der Magersucht der Unternehmen war von Gary Hamel und C. K. Prahalad in *Competing for the Future* geprägt und für Unternehmen verwendet worden, die mehr als nur den Speck, nämlich auch die Muskeln des Unternehmens weggehungert hatten und deshalb zu sehr geschwächt waren, um ihre Wachstumschancen noch entsprechend wahrnehmen zu können. Charles Handy wurde im Oktober 1994 in *Fortune* mit folgendem Ausspruch zitiert: „Problematisch wird Reengineering, wenn es schlecht gemacht ist – also in den meisten Fällen –, weil es die Leute, und zwar sogar diejenigen, die übrigbleiben, zerstört zurückläßt."

Champy behauptete später, nur ein Zehntel aller Unternehmen werde richtig reengineert. Nur einer von zehn Finanzchefs in US-Unternehmen nannte – sicherlich kein Zufall – in einem Managementbericht vom Mai 1995 (zitiert in *The Witch Doctors* von John Micklethwait und Adrian Woolridge) Qualität und Serviceverbesserungen anstelle von Kosteneinsparungen als Reengineering-Grund.

Natürlich kann Reengineering auf einige spektakuläre Erfolge verweisen – die Buchhaltung bei Ford, Hallmark Cards und Federal Express sind drei bekannte Beispiele, und auch in Großbritannien sind einige Beispiele zu nennen: Rolls Royce Motor Cars wurden vor dem drohenden Konkurs gerettet, als 1991 Reengineering-Prinzipien als Teil einer „Unternehmens-Umstrukturierung" mit Unterstützung der Gemini Consulting angewandt wurden. In all diesen Fällen ging die Iniative von dynamischen Führungspersönlichkeiten aus, und bei vielen, vor allem bei Rolls-Royce und British Telecom, war sie Teil eines grundlegenden Wandels in der Unternehmenskultur.

> „Reengineering kann nur gelingen, wenn es von der Chefetage des Unternehmens aus betrieben wird."
> *Michael Hammer*

Hammer bestand stets darauf, daß Führungsqualitäten für den Erfolg der Methode entscheidend seien.

Was bis vor kurzem weniger beachtet wurde: wichtig sind Führungsqualitäten auf allen organisatori-

schen Ebenen, ebenso die Eigenverantwortung für die Umstrukturierungs-
prozesse und das Fitmachen der gesamten Unternehmenskultur durch
Kommunikation und Einbindung der Mitarbeiter.

Während Reengineering bisher als eigenständiger Motor des Wandels
betrachtet wurde, sieht man das Konzept heute klüger als Teil eines
gesamtheitlichen Ansatzes und hat anerkannt, daß die Technik in einigen
Bereichen besser greift als in anderen. Dabei wird mehr Gewicht auf die
Motivation der Mitarbeiter und auf das intellektuelle Kapital in ihren Köpfen
gelegt. Die im Wandel erfolgreichsten Manager fordern heute ihre Mitarbeiter auf, sich mit den Zielen dieses Wandels zu identifizieren, ein echtes
Engagement dafür zu entwickeln und sich als Mini-Unternehmer mit einer
wichtigen Rolle auf dem Weg zum obersten Ziel zu fühlen, das darin
besteht, den Kunden zufriedenzustellen und ihn, wenn möglich, zu begei-
stern.

In vielen Unternehmen, etwa bei Siemens (Siemens Nixdorf Informationssysteme – SNI) in München sind einige ausgewählte Mitarbeiter effektiv
für das Reengineering der ihnen anvertrauten Prozesse verantwortlich; ihre
Ideen werden über das Intranet des Unternehmens ausgetauscht und
mitgeteilt. Will man Hammers ursprünglichem Buch gerecht werden, sollte
man bedenken, daß in den in *Reengineering the Corporation* angeführten
Fallstudien der Wertzuwachs für das Unternehmen und den einzelnen
Mitarbeiter betont wurde, der durch mehr eigenständige Entscheidungsbe-
fugnisse der Mitarbeiter über ihre Arbeitsabläufe erzielt werden konnte;
etwa im Fall der Buchhaltung bei Ford oder der Kreditbearbeitung bei IBM.
Der Stil der Vorträge und Schriften Hammers hat sich übrigens seit einem
Seminar in Boston 1993, als er genüßlich erklärte, Reengineering bedeute
nicht nur „ein Abspecken der Organisation, sondern auch, den Speck zu
zerkleinern und auszulassen", drastisch geändert. Im letzten Kapitel von
Beyond Reengineering räumt Hammer sogar ein, die prozeßzentrierte
Organisation könne sich zum Alptraum entwickeln.

„Sie fördert bisweilen eine brutale Form des Sozialdarwinismus und eines
perversen modernen Calvinismus zutage ... Und es kann verwirrend und
desorientierend sein, in einer prozeßzentrierten Welt zu arbeiten und zu
leben ... Werden wir trotz größten materiellen Überflusses unter einer
geistigen Verarmung zu leiden haben? Werden die endlosen organisatorischen Verbesserungen unvermeidlich zu einer aufreibenden Kultur der
Spannungen führen? Werden sie das Menschliche in uns zerstören?" Diese
Fragen könnten durchaus von Charles Handy stammen, jenem Guru, der
sich heute von wirtschaftlichen Fragen ab- und Fragen der menschlichen
Erfüllung in Arbeit und Leben zuwendet.

Doch Hammer führt weiter aus, daß die prozeßzentrierte Welt nun einmal existiert und auch nicht so einfach verschwinden wird. „Die Frage, mit der wir uns zu beschäftigen haben, lautet daher nicht, ob wir das akzeptieren, sondern was wir daraus machen." Und mit Worten, die er 1994 niemals verwendet hätte, führt Hammer zugunsten des Reengineerings ins Treffen, es könne den arbeitenden Menschen ein Gefühl der möglichen Einflußnahme und Kontrolle vermitteln, das ihr gesamtes Leben aufwertet – ja, das es ihnen sogar ermöglichen könnte, ihre Arbeit als „Dienst an der Menschheit" zu betrachten: „In der prozeßzentrierten Welt erhält die Arbeit wieder ihre Würde, eine Würde, die es für Arbeitnehmer mit rein repetitiven Aufgaben nicht geben konnte."

Wichtige Publikationen

Hammer, M. (1990), *Reengineering Work: Don't Automate, Obliterate.* In: *Harvard Business Review,* Boston: (Juli/August)

Hammer, M./Champy, J. (1993, 1995), *Reengineering the Corporation,* New York: HarperCollins; dt.: *Business Reenginering. Die Radikalkur für das Unternehmen,* Frankfurt 1994, 6. Auflage 1996

Hammer, M./Stanton, S. A. (1995), *The Reengineering Revolution,* New York und London: HarperCollins; dt.: *Die Reengineering Revolution. Handbuch für die Praxis,* Frankfurt 1995

Champy, J. (1995), *Reengineering Management,* New York und London: Harper-Collins; *Reengineering im Management: Die Radikalkur für die Unternehmensführung,* Frankfurt 1995

Hammer, M. (1996, 1997), *Beyond Reengineering,* New York: Harper-Collins

Charles Handy
* 1932

Die Zukunft der Arbeit und der Organisationen: Portfolioarbeit – Kleeblatt-Unternehmen – Drei Is

Charles Handy gilt unumstritten als einer der wenigen Weltklasse-Gurus. Es wurde bekannt durch seine Organisationsstudien und Zukunftsforschung auf den Gebieten der Arbeit und der Unternehmensstrukturen. Mit *The Hungry Spirit*, erschienen 1997, dem bisher philosophischsten Werk Handys, erklärte der Autor seine Absicht, sich aus dem Managementfach zurückziehen und in Zukunft allgemeinere Lebensthemen der Gesellschaft und der persönlichen Entfaltung behandeln zu wollen.

Charles Handy wurde im irischen Kildare geboren. Sein Vater war protestantischer Pfarrer in der irischen Republik Eire, und Handy sagt, dieser Hintergrund sei ein bedeutender Schlüssel zu seiner Entwicklung: „Daher mein Hang zur Respektlosigkeit und die Angewohnheit, ständig nach dem Warum zu fragen."

Nach seinem Abschluß, den er am Oriel College, Oxford, mit Auszeichnung machte, arbeitete Handy zunächst in Malaysia für Shell International, dann als Volkswirt in der City of London und verbrachte anschließend zwei Ausbildungsjahre an der Sloan School of Management am MIT. Dort saß er Warren Bennis „zu Füßen", einer Autorität auf dem Gebiet der Organisationstheorie, der heute vor allem mit Fragen der Führungslehre in Beziehung gebracht wird. Er ist Handy nach wie vor freundschaftlich verbunden und stellt wahrscheinlich den prägendsten Einflußfaktor dar („Bennis ist mein Pate"). Handy hörte auch Ed Schein, den „Karriereanker-Guru", der sich mit der Erforschung von Unternehmenskulturen einen Namen gemacht hat, und Chris Argyris, den Organisationspsychologen unter den Gurus. Douglas McGregor, berühmt durch seine Theorie X und Theorie Y, war bereits verstorben, doch seine Ideen übten nach wie vor einen nachhaltigen Einfluß auf die Studenten am MIT aus.

Handy sagt, seine Erfahrungen aus der Arbeit mit den Gurus der Sloan School hätten sein Leben verändert. Sie bedeuteten jedenfalls das Ende seiner ersten zaghaften Karriere als Geschäftsmann. Er kehrte nach London zurück, um das Sloan Management Programm an der neugegründeten London Business School einzuführen und selbst die Leitung zu übernehmen.

Von 1977 bis 1981 war Handy Rektor im St. George's House in Windsor Castle, einem privaten Konferenz- und Studienzentrum, das sich mit Fragen der Ethik und gesellschaftlicher Werte beschäftigt. Hier führte er die Forschungsarbeiten für *The Future of Work* (1984) durch, und die Ernennung bedeutete einen weitern Wendepunkt in seinem Leben. Handy ging nach St. George's, anstatt direkt der Kirche beizutreten, und konnte so seine Lehr- und Forschungstätigkeit über reine Unternehmens- und Managementthemen hinaus erweitern.

Handys erstes Buch, *Understanding Organizations* (1976) entwickelte sich vielerorts zu einer Art Bibel und wurde mehrmals überarbeitet, um auch die seit Mitte der siebziger Jahre stattfindenden weitreichenden Änderungen in der Unternehmenskultur berücksichtigen zu können.

Sein zweites Buch, *Gods of Management* (1978), in dem er sich besonders originell mit dem Thema Unternehmenskultur auseinandersetzt, ist sein persönliches Lieblingswerk. Handy behauptet, es sei sein kreativstes Oeuvre. „Es war seiner Zeit voraus", erklärt er. „Selbst heute noch ist es die beste Methode, rasch einen Überblick über das Thema Organisationen zu gewinnen und zu erkennen, wie sie sich verändern müssen."

In diesem Buch entwickelt der Autor ein auf den ersten Blick etwas schrulliges Konzept (erstmals in *Understanding Organizations* skizziert), wonach sich alle Organisationen vier altgriechischen Gottheiten zuordnen lassen: Zeus (Macht, Patriarchat, Clubkultur), Apollo (Ordnung, Vernunft und Bürokratie, Rollenkultur), Athene (Erfahrung, Weisheit, Leistungs- und Verdienstprinzip, Aufgabenkultur) und Dionysos (Individualismus, freiberufliche Aspekte gegenüber Unternehmensaspekten im Vordergrund stehend, existentielle Kultur). Es handelt sich bei diesem Werk um eines der ersten, – allerdings unterschätzten Bücher – über Unternehmenskultur.

In den achtziger Jahren beendete Handy seine hauptberufliche akademische Karriere und entschied sich für eine Kombination aus Schreiben beziehungsweise Radio- und TV-Journalismus mit Lehrtätigkeit, womit er seinen eigenen Entwurf eines „Portfoliolebens" praktizierte, den er in *The Future of Work* entwickelt hatte. Dieses stimulierende Werk sprühte förmlich vor Ideen zu der Prognose, wonach lebenslange Karrieren bald der Vergangenheit angehören werden und jene Glücklichen, die geistig und nicht manuell arbeiten, sich in Zukunft eine ganze Reihe von Jobs unter Berücksichtigung persönlicher Wünsche auf die eigene Person maßschneidern können.

Dieses Thema hatte Handy bereits in *Gods of Management* angesprochen (in gewisser Weise enthält ja jedes Buch Handys immer schon Hinweise auf das nächste) und führte es in *The Age of Unreason* (1989) weiter aus. Letzteres betrachtet Handy als sein bekanntestes Buch, und er legt darin lebhaft seine wichtigsten Theorien über die Implikationen des in Arbeit und Gesellschaft stattfindenden Wandels dar. *The Age of Unreason* wurde übrigens als erstes von Handys Büchern in den USA herausgegeben, und es beeindruckte Robert Horton, damals Vorsitzender und Geschäftsführer von BP (British Petroleum), so sehr, daß er Handy einlud, dem Unternehmen seine Dienste als Berater zur Verfügung zu stellen.

Handys gemeinsam mit John Constable durchgeführte Studie über Managementausbildung, deren Ergebnisse unter dem Titel *The Making of Managers* (1988) erschienen, brachte ein weitverbreitetes Unbehagen über die in Großbritannien herrschende mangelnde Professionalität zur Sprache und betonte die Notwendigkeit, Managementaufgaben professioneller zu lösen. Es führte zur Gründung der Management Charter Initiative, an der sich mehrere bedeutende Managementinstitute und Berufsverbände beteiligten, obwohl das Berufskonzept des „Chartered Manager" mehr oder weniger im Streit über Qualifikationen unterging. Handys Engagement für die Entwicklung eines professionellen Managementlehrplans hängt eng mit seiner Überzeugung zusammen, daß sich die Manager der Zukunft in ihren Entscheidungen nicht mehr auf die Erfahrung ihrer Vorgänger werden verlassen können.

„Führungspersönlichkeiten der Zukunft werden einfallsreicher und kreativer sein müssen, damit ihre Unternehmen überleben können", wie es ein Artikel im *Director* vom September 1989 zusammenfassend ausdrückte.

Seit Beginn der neunziger Jahre bewegt sich Handy immer weiter von reinen Managementthemen weg und beschäftigt sich nun auch mit Ethik, Werten und Unternehmensthemen, die sich nicht unbedingt aus der Bilanz ablesen lassen. Nachdem er vier Jahre lang regelmäßig im BBC-Radio „God-Slot", Gedanken zum Tag, über den Äther geschickt hatte, veröffentlichte er eine Anthologie der in dieser Sendung geäußerten philosophischen Gedanken unter dem Titel *Waiting for the Mountain to Move* (1991).

Die Vielfältigkeit der Interessen und Tätigkeiten Handys ersieht man aus seiner Arbeit für die Royal Society for the Encouragement of the Arts, Manufactures and Commerce, besser bekannt unter der Bezeichnung Royal Society of Arts (RSA). Handy war 1988–1989 Vorsitzender der RSA, anschließend ihr stellvertretender Vorsitzender, und er spielte eine führende Rolle im Rahmen des RSA-Forschungsprojektes über die Unternehmensorganisation der Zukunft, „Tomorrow's Company".

Handys letztes reines Managementbuch, *Inside Organizations*, verband er 1991 mit einer BBC-Fernsehserie. Darin wurden 21 Managementkonzepte zur Lösung betrieblicher Probleme vorgestellt – Zielpublikum waren Jungmanager in Organisationen aller Arten. Das Buch ist sprachlich anspruchsvoll und gut verständlich, da Handy sich zahlreicher Metaphern und Anekdoten bedient und auf den Fachjargon beinahe ganz verzichtet.

Seine neuesten Werke, *The Empty Raincoat* (1994) und *The Hungry Spirit* (1997), zeugen von Handys wachsendem Interesse am Kampf des einzelnen auf der Suche nach persönlicher Erfüllung sowie an der im Umbruch befindlichen Welt unsicherer Arbeitsbedingungen und kurzer, unterbrochener Karrieren. Handy widerstrebt es, heute als Management-Guru bezeichnet zu werden. Dennoch bereitet es ihm Freude, einzelnen Menschen nützliche Einsichten und Ideen vermitteln zu können.

Er hat mittlerweile seine Beratertätigkeit und einen Großteil der bezahlten Lehrtätigkeit aufgegeben und möchte in Zukunft mehr persönlich gehaltene Radio- und Fernsehsendungen gestalten. Sein nächstes Buch soll von Menschen handeln, die – wie einst die Alchemisten – etwas aus dem Nichts schaffen, ob es nun eine gewinnorientierte oder eine gemeinnützige, sozial ausgerichtete Organisation ist.

Charles Handy strebt bewußt den Ruf eines Menschen an, „der den Lauf der Welt verändert" und „die Denkweise der Manager beeinflußt". Handys persönliche Liste der zu Guru-Status aufgestiegenen Managementtheoretiker seiner Generation enthält übrigens die Namen Drucker, Deming, Bennis, Porter, Peters, Pascale und Mintzberg.

Wie bei Peter Drucker erschweren auch bei Handy seine vielfältigen Interessen und seine globale Sichtweise des wirtschaftlichen und sozialen Wandels, ihn als Management-Guru zu kategorisieren. Zwar hat Drucker mehr über Managementtechniken publiziert, und rein zeitlich gesehen beträgt sein Vorsprung beinahe dreißig Jahre, doch beide teilen die Neugierde dafür, in welche Richtung sich die Gesellschaft entwickelt, ebenso wie die Begabung, zukünftige Trends vorherzusehen. Druckers *The Age of Discontinuity* leistete für die siebziger und achtziger Jahre, was Handys *The Age of Unreason* vielleicht für die neunziger Jahre und den Beginn des einundzwanzigsten Jahrhunderts leisten wird – eine Prognose der Kataklysmen des Wandels in Betriebs- und Volkswirtschaft.

Einige Konzepte behielt Handy während seiner gesamten Tätigkeit als Autor bei: die Idee einer Verschiebung weg von lebenslanger Beschäftigung in einem einzigen Unternehmen hin zur „Portfolioarbeit", die zwar weniger sicher, dafür aber umso erfüllender für den einzelnen ist; die Entwicklung neuer Organisationsformen wie des „Kleeblatt"-Unternehmens (bestehend aus einer Kernbelegschaft, um die herum vertraglich gebundene Spezialisten und Teilzeitmitarbeiter tätig sind); das Konzept der „drei Is" (Information,

Intelligenz, Ideen), das Manager dazu zwingt, sich der Herausforderung des Managements von Wissensarbeitern zu stellen, deren Hoffnungen und Wünsche völlig verschieden von jenen der hierarchiebewußten Arbeitnehmer früherer Zeiten sind.

Nun befaßt sich Handy zunehmend damit, wie Unternehmen über das Gewinnstreben hinausreichende Ziele verfolgen und sich zu Gemeinschaften mit humanistischen Zielsetzungen entwickeln können, anstatt sich nur auf das Kaufen und Verkaufen zu konzentrieren. Handy fürchtet jedoch, daß das westliche Modell der Unternehmen als Eigentum gegenüber dem östlichen Modell des Unternehmens als Gemeinschaft die Oberhand behalten wird.

Für Mangagementstudenten und die Organisationen, in denen sie tätig sind, stellt *Understanding Organizations* eine wertvolle Synthese aus Handys eigenen und übernommenen Ideen dar. Hier findet man Erklärungen der wichtigsten Motivationstheorien und ihrer Funktionsweise – Herzbergs Theorie von der Bedürfnisbefriedigung ebenso wie die Incentive-Theorie von Morse und Weiss oder die intrinsische Motivationstheorie (im Sinne der Reaktionen des Individuums auf eine erfüllende Arbeit) McGregors und Likerts.

Das Buch befaßt sich mit den Themen Führungsqualitäten und Organisationskultur. Es analysiert, wie sich Leute in Organisationen verhalten und welche Machtspiele sie treiben. Handy schließt mit einer vorläufigen Skizze seiner Vision der zukünftigen Organisation, die seit dieser Zeit in seinem Denken breiten Raum einnimmt, einschließlich der durch die neuen Kommunikationstechniken herbeigeführten Änderungen (weniger Leute müssen sich physisch an ihren Arbeitsplatz begeben) und der schlankeren Organisationen, die Honorare an Werkvertragsnehmer anstatt Gehälter und Sozialleistungen an Mitarbeiter bezahlen.

Handy gibt an, Bücher zu schreiben, um seinen eigenen Ideen auf den Grund zu gehen, und er rät den Lesern von *Understanding Organizations*, „dieses Buch nach dem Lesen zu verbrennen und ihr eigenes zu schreiben – als einzigen Weg, wirklich eigenständige Konzepte zu entwickeln". Es ist, wie er betont, kein Buch nur für Wirtschaftsstudenten, denn es bezieht sich auf Organisationen jeglicher Art. Handy widmet sich übrigens in gesonderten Publikationen auch Schulen und gemeinnützigen Organisationen.

„Die Organisationen verändern sich", sagte er einem Interviewer des *Director* im September 1989:

> „Vorbei sind die Zeiten, in denen man als Tellerwäscher begann und sich nach oben durchkämpfte. Schon bald wird es für über Dreißigjährige keine Aufstiegsmöglichkeiten mehr geben. Die Leute müssen sich darauf vorbereiten, selbst aktiv zu werden –, und sich in allen Aspekten des Managements als kompetent erweisen."
>
> *Charles Handy*

„Mit dem Verschwinden der monolithischen ‚Palaststrukturen' der Unternehmen", beschreibt Handy einprägsam, „werden wir in eine Welt der Zelte geworfen."

In *The Age of Unreason* (seine Bezeichnung der kommenden Ära schmerzhafter Veränderungen) warnt Handy, in der Unternehmensorganisation wie auch in anderen Lebensbereichen werde „der Status quo nicht mehr der beste Weg vorwärts sein". Um den Herausforderung gerecht werden zu können, empfiehlt er einen Prozeß, den er als „upside-down thinking", als verkehrtes Denken, bezeichnet, ähnlich dem „lateralen Denken" Edward de Bonos. Das Buch zeigt, wie sich mit Hilfe dieser Technik die Probleme des Wandels meistern lassen, und es bietet trotz seines populärwissenschaftlichen Stils stimulierende neue Perspektiven für Manager und Managementschüler.

The Empty Raincoat (1994) führte viele der in *The Age of Unreason* erstmals geäußerten Ideen weiter und enthüllte die gähnende Leere im Kern des Wirtschaftswachstums mit ihren Auswirkungen auf den Menschen in seinem Streben. Das Dilemma zunehmenden Reichtums der Unternehmen bei schrumpfendem Arbeitsmarkt faßte er in einer Gleichung zusammen, die ihm der Vorsitzende eines großen Pharmakonzerns erklärt hatte: Halb so viele Leute, doppelt so gut bezahlt, bei dreifacher Produktion ist gleich Produktivität und Gewinn. *The Empty Raincoat* befaßt sich eingehend mit dem Wandel in Wirtschaft und Gesellschaft und wurde in kürzester Zeit zum Bestseller.

Handy ließ 1997 *The Hungry Spirit* folgen, ein Werk, in dem er sich mehr mit dem Individuum befaßt, das in einer befremdlichen Welt des Wandels zurechtkommen muß. Einige wenige führende Rezensenten kritisierten seine idealistische, philosophische Sprache und die Wiederholung bereits zuvor geäußerter Ideen, doch Handy ging es in diesem Buch um eine jüngere Leserschaft als die typischen Konsumenten von Managementliteratur, und er erreichte auch das gewünschte Publikum.

Sein Ruf als Managementvordenker bleibt weiterhin absolut berechtigt, und sein erstes Hauptwerk, *Understanding Organizations,* ist nach wie vor als Klassiker sehr gefragt.

Wichtige Publikationen

Handy, C. (1976, 1991, 1998), *Understanding Organizations,* London: Penguin Books

Handy, C. (1986, 1991), *Gods of Management,* London: Souvenir Press, Business Books; dt.: *Management-Stile,* Hamburg 1988

Handy, C. (1984, 1986), *The Future of Work,* Oxford: Basil Blackwell

Handy, C./Constable, J. (1988) *The Making of Managers,* London: Longman

Handy, C. (1989, 1990), *The Age of Unreason,* London: Business Books, Arrow

Handy, C. (1990), *Inside Organizations: 21 Ideas for Managers,* London: BBC Books; dt.: *Im Bauch der Organisation. Zwanzig Einsichten für Manager und alle anderen, die etwas bewegen wollen,* Frankfurt 1993

Handy, C. (1994), *The Empty Raincoat: Making Sense of the Future,* London: Hutchinson; Boston: Harvard Business School Press (Titel: *The Age of Paradox*); dt.: *Die Fortschrittsfalle: Der Zukunft einen neuen Sinn geben,* Wiesbaden 1995

Handy, C. (1995), *Beyond Certainty: The Changing World of Organizations,* London: Century; dt.: *Ohne Gewähr: Abschied von der Sicherheit – mit dem Risiko leben lernen,* Wiesbaden 1996

Handy, C. (1997), *The Hungry Spirit: Beyond Capitalism – A Quest for Purpose in the Modern World,* London: Hutchinson; New York: Broadway; dt.: *Die anständige Gesellschaft. Die Suche nach Sinn jenseits des Profitdenkens,* München 1998

Frederick Herzberg

* 1923

„Hygienefaktoren" und „Motivationsfaktoren"

Frederick Herzberg ist Amerikaner, von der Ausbildung her klinischer Psychologe und heute Motivationsforscher und Professor für Management an der Universität Utah. Herzberg teilt die zu einem Job gehörigen Faktoren in zwei Gruppen ein: die einen, die animalischen oder wirtschaftlichen Bedürfnissen dienen (Hygienefaktoren), und die anderen, die tieferen menschlichen Bedürfnissen entsprechen (Motivationsfaktoren). Herzberg stellt diese Konzepte mit biblischen Analogien in einen zeitlosen Rahmen und ist der Überzeugung, die Bedürfnisse und Erwartungen würden „durch das religiös-philosophische System des einzelnen geprägt".

Eindringlich stellt Frederick Herzberg eine Beziehung zwischen Jobzufriedenheit bzw. -unzufriedenheit und geistiger Gesundheit des arbeitenden Menschen her und erklärt, seine eigene Arbeit habe ihre Wurzeln in seinen persönlichen Weltkriegserfahrungen, als er, ein Freiwilliger in der US-Armee, nach der Befreiung ins Konzentrationslager Dachau abkommandiert worden sei. Dort habe er festgestellt, „daß eine Gesellschaft verrückt wird, wenn die Gesunden in den Wahnsinn getrieben werden". Nach dem Krieg arbeitete Herzberg für das staatliche Gesundheitswesen in den USA an Forschungsprojekten mit, die sich vor allem mit Geisteskrankheiten beschäftigten. Nachdem er alle damals zum Thema Industriepsychologie vorliegenden Publikationen gelesen hatte, stellte er einen Mangel an konzeptiven Denkmodellen fest, den er mit seinen behavioristischen Theorien auszugleichen gedachte.

Herzberg, der den Begriff „Job Enrichment" (Arbeitsbereicherung) für das Angebot von Motivationsfaktoren prägte, ist einer der ganz wenigen Managementtheoretiker und -autoren, die als Berater vor Ort, in der rauhen Wirklichkeit der Industrie gearbeitet haben, in seinem Fall beim Telekommunikationsriesen AT&T. Seine Gedanken zum Thema Motivation faßte Herzberg in einem 1968 erschienenen Artikel in der *Harvard Business Review* zusammen – „One More Time: How Do You Motivate Employees?" – mit weit über einer Million Nachdrucke angeblich der meistverkaufte Artikel der *Review*.

95

Es war Herzbergs 1959 in Zusammenarbeit mit zwei Forscherkollegen, B. Mausner und B. B. Snyderman, verfaßtes Buch, *The Motivation of Work*, mit dem er sich als originärer Denker über die Triebfedern menschlicher Aktivität am Arbeitsplatz etablierte. Die im Buch verwendete Forschungsmethode wurde in zumindest sechzehn weiteren Studien angewandt – darunter einige in kommunistischen Ländern. Es handelt sich dabei, um mit Herzberg zu sprechen, um „eine der meistkopierten Studienanordnungen auf dem Gebiet der Arbeitseinstellung".

The Motivation of Work basierte auf der intensiven Befragung von 200 Technikern und Buchhaltungskräften in Pittsburgh, die gebeten wurden, Zeiten, in denen sie sich bei der Arbeit außergewöhnlich wohlfühlten, und solche, in denen ihnen die Arbeit überhaupt keinen Spaß machte, zu analysieren. In diesem Buch wurde erstmals ausgeführt, daß Jobzufriedenheit und -unzufriedenheit von ganz unterschiedlichen Faktoren abhängen und nicht nur verschiedene Reaktionen auf dieselben Faktoren sind.

Faktoren, die zu Jobzufriedenheit führen, wurden von Herzberg als „Motivationsfaktoren", bezeichnet: etwa eine erzielte Leistung, Anerkennung, Befriedigung durch die Art der Arbeit selbst, Verantwortung, Fortschritt und persönliche Entwicklung (wobei die drei letztgenannten am wichtigsten sind). Im Falle von Jobunzufriedenheit ergab sich beinahe immer ein Zusammenhang mit den sogenannten „Hygienefaktoren", also beispielsweise der Unternehmenspolitik, den Arbeitsbedingungen, dem Gehalt, dem Jobstatus und der Arbeitssicherheit.

> **„Der Mensch hat zwei Arten von Bedürfnissen, sein animalisches Bedürfnis nach Vermeidung von Schmerz und sein menschliches Bedürfnis, seelisch zu wachsen."**
> *Frederick Herzberg*

Herzberg illustriert seine Theorie anhand eines biblischen Beispiels. Die „Motivation" wird darin von Abraham verkörpert, der nach dem Bild Gottes gemacht ist und sich persönlich weit entwickelt. Die „Hygiene" hingegen wird von Adam verkörpert, der nach seiner Verstoßung aus dem Paradies mit der Notwendigkeit konfrontiert ist, seine körperlichen Bedürfnisse zu befriedigen – Essen, Wärme, Sicherheit, Vermeidung von Schmerz. Beide Aspekte gehören zur Arbeitswelt des Menschen, meint Herzberg, und ein Mangel an einem von ihnen kann durch Überfluß am jeweils anderen nicht wettgemacht werden. „Der animalische Adam" versucht, in seiner Lebensumgebung und durch Arbeit Schmerz zu vermeiden, der „humane Abraham" strebt nach Wachstum und Selbstverwirklichung durch seine Aufgaben. Der Mensch wird ohne den ersten Faktor unglücklich, bezieht jedoch aus ihm nur vorübergehend Erleichterung, wie etwa durch ein Schmerzmittel, dessen Wirkung ohne tiefere Befriedigung bald wieder nachläßt.

Herzberg bot als Lösung eine „Industrial-Engineering"-Philosophie an, mit der der Abrahamfaktor in die Arbeit eingebracht wird. Diese Technik wird als Job Enrichment oder Arbeitsbereicherung bezeichnet.

Wo diese Methode angewandt wurde – beispielsweise durch Ausweitung des Verantwortungsbereiches eines Arbeiters oder durch Übertragung zusätzlicher Befugnisse – erwies sich diese Änderung als überaus vorteilhaft.

Wenn Jobs „bereichert" werden, verringert sich weitgehend die Notwendigkeit einer primitiven Arbeitsüberwachung, und bisher unbefriedigende Supervisionsaufgaben können ihrerseits ebenfalls bereichert werden, indem die Verantwortung dafür auf eine höhere Managementebene gehoben wird.

Die Herzbergsche Motivationstheorie hat in zahlreichen Trends der jüngeren Zeit ihren Niederschlag gefunden, etwa in Form von „Gleitzeit" oder in den diversen Wahlsystemen zwischen Entlohnungs- und Sozialleistungsmodellen innerhalb eines Unternehmens.

Wichtige Publikationen

Herzberg, F./Mausner, B./Snyderman B. (1959), *The Motivation to Work*, New York: Wiley

Herzberg, F. (1966), *Work and the Nature of Man*, World Publishing

Herzberg, F. (1968) „One More Time: How Do You Motivate Employees?" in: *Harvard Business Review*, Cambridge: Massachusetts

Herzberg, F. (1976), *Managerial Choice: To be Efficient and to be Human*, Dow Jones: Irwin

John Humble
* 1925

Management by Objectives als praktische Methode

John Humble, Cambridge-Absolvent und britischer Managementberater, entwickelte Peter Druckers Konzept des MbO (Management by Objectives) zu einer praktisch anwendbaren Methode für Manager. Er war Leiter des alteingesessenen Beratungsunternehmens Urwick Orr, deren Gründer, Lyndall Urwick, in den zwanziger Jahren die wissenschaftliche Betriebsführung nach Großbritannien gebracht hatte. Humble arbeitete lange Jahre hindurch an vorderster Front der britischen Managementlehre. 1967 wurde er in den Central Training Council des Arbeitsministeriums aufgenommen, später diente er im Management Education Committee des National Economic Development Council. Außerdem leitete Humble zahlreiche Beratungseinsätze in diversen Sektoren der britischen Wirtschaft vom technischen Produktionsbetrieb bis zum Einzelhandel. Humble hat sechs Bücher verfaßt oder herausgegeben.

Die MbO-Theorie war in den fünfziger Jahren von Peter Drucker entwickelt worden. Dabei geht es um die Aufgaben, die ein visionärer Manager wahrzunehmen hat, der über seine rein funktionale Rolle hinaus die Ziele des Unternehmens erkennt. Drucker fand heraus, daß sich in einem Unternehmen acht Gebiete für Leistungsziele eignen: Marktstellung, Innovation, Produktivität, Material- und finanzielle Ressourcen, Gewinne, Managerleistungen und entwicklung, Output und Einstellung der Arbeitnehmer sowie öffentliche Verantwortung. Die Manager müßten außerdem, so Drucker, ein Meßsystem für die Ziele und einen realistischen Zeitplan für ihre Umsetzung erarbeiten.

Jeder Manager – vom Vorstandsvorsitzenden bis zum Büroleiter – benötigt „klar formulierte Zielvorgaben", so Drucker. Damit soll definiert werden, welche Leistungen von der Unternehmenseinheit des jeweiligen Managers erwartet werden, wobei besonderes Augenmerk auf Teamwork zu legen ist: So wirken andere Einheiten an der Erreichung der eigenen Ziele mit, während die eigene Einheit anderen dabei behilflich ist, ihre Ziele zu erreichen. Diese Zielvorgaben sollen immer von den übergeordneten Zielen des gesamten Unternehmens abgeleitet sein, und die Manager müssen auch in der Lage sein, ihre Leistung an den Zielvorgaben zu messen.

98

John Humble entwickelte aus der Druckerschen Managementphilosophie des MbO eine in der Praxis anwendbare Methode. Humble definierte MbO als den „Versuch der Klärung der Ziele objektiven Managements auf eine Weise, daß die Verantwortung für die Erreichung dieser Ziele angemessen auf das Managementteam aufgeteilt wird und Leistungsstandards eingeführt werden, an denen sich die Effektivität des Managements messen läßt".

Die Idee, aus den Unternehmenszielen eine Reihe persönlicher Ziele der Mitglieder des Managementteams zu entwickeln, klingt einfach, ist aber insofern riskant, als diese Ziele in der Praxis zu ehrgeizig oder zu bescheiden ausfallen können. So litten infolge solcher Versuche erfahrungsgemäß viele Unternehmen unter einem zu rigiden Glauben an Planung und Prognostizierbarkeit und der Versuchung, ihre Ziele zu hoch zu stecken, ohne – wie ein leitender Vertreter der Beecham Group feststellte – „für den Versagensfall vorzusorgen". Die gegenteilige Gefahr, nämlich die Ziele allzu bescheiden anzusetzen, bleibt in der eleganten Kreisstruktur von Humble – mit ihrem Verlauf von der strategischen zur taktischen Planung zur Planung der Unternehmenseinheit bis zu den Resultaten der einzelnen Manager und zurück zur Prüfung, Kontrolle und strategischen Planung – weitgehend unberücksichtigt.

Humble wollte Manager überall in den Organisationen ermutigen, bei der Einführung von Leistungsstandards eine „kreative Rolle" zu spielen, von denen man erwarten darf, daß sie eingehalten werden, empfahl also eine Art kontinuierlichen Selbstbewertungsmechanismus zum Wohle des Unternehmens und zur Hebung der persönlichen Arbeitszufriedenheit. Doch, wie der Managementautor Robert Heller ausführte: „Führungskräfte kommen, wenn sie an einen Plan oder eine Zielvorgabe gebunden sind, sogleich auf die Idee, daß dieser Plan einfach so beschaffen sein muß, daß man ihn auch einhalten kann." MbO in seiner ursprünglichen Form hat heute nur noch wenige Anhänger, obwohl einzelne Elemente der Theorie in den meisten Unternehmen anzutreffen sind und strategische Planung in britischen Unternehmen zunehmend an Bedeutung gewinnt.

Humble verlegte den Schwerpunkt seiner Tätigkeit in späteren Jahren auf die Erforschung der Auswirkungen der Informationstechnologie und ihre Integration in die Unternehmensstrategie. In den siebziger Jahren konzentrierte er sich auf die umstrittene Rolle multinationaler Konzerne und ihre Verantwortlichkeit gegenüber der Gesellschaft, vor allem gegenüber der Dritten Welt.

Wichtige Publikation

Humble, J. W. (1971), *Management by Objectives*, Maidenhead: McGraw-Hill

Elliott Jaques
* 1917

Psychologische und soziale Faktoren im Gruppenverhalten

Elliot Jaques ist Kanadier, Psychologe, Arzt und Gründungsmitglied des Tavistock Institute of Human Relations in London, einer Organisation, die nach dem Zweiten Weltkrieg wichtige Pionierarbeit auf dem Gebiet der Industrie- und Managementpsychologie leistete. Er war Absolvent der Universität Toronto und der Johns Hopkins Medical School und zwischen 1941 und 1945 Major der Kanadischen Armee.

Jaques' Bekanntheit basiert in erster Linie auf seinen Studien zu den ausschlaggebenden psychologischen und sozialen Faktoren für das Gruppenverhalten, die er zuerst in der Glacier Metal Company in London durchführte. Außerdem entwickelte er eine Theorie zur Messung des Wertes einer Arbeitsleistung.

Mitte der sechziger Jahre begann Jaques an der Brunel University in Uxbridge, Middlesex, zu arbeiten, erst als Leiter der School of Social Science (1965–70) und anschließend als Direktor des universitären Institute of Organisation and Social Studies (1970–85). Er war als staatlicher Berater der Handelskammer für internationales Marketing und bei der Umstrukturierung des nationalen Gesundheitswesens tätig. Jaques zog sich 1985 von Brunel zurück und ist seit 1989 Gastprofessor für Managementwissenschaften an der George Washington University in Washington, D.C.

Elliott Jaques war mit seinen Studien über das Arbeitnehmerverhalten in der Glacier Metal Company zwischen 1948 und 1965 seiner Zeit um zumindest ein Jahrzehnt voraus. Diese Studien sind bis heute die umfangreichsten Arbeiten ihrer Art, die jemals in einer Fabrik durchgeführt wurden. Das von ihm erfundende „Working-through"-Verfahren, bei dem sich ein „Investigator" mit einer Gruppe über deren Probleme austauscht, zeigt, wie wichtig das Gefühl für arbeitende Menschen ist, daß ihre Rolle und ihr Status auf eine Weise definiert sind, damit sie und ihre Kollegen dies auch akzeptieren können. Unklare Rollenbilder oder schlecht abgegrenzte Ver-

100

antwortungsbereiche führen zu Frustration und Unsicherheit und beim Management zur Tendenz, Autorität und Verantwortlichkeit zu vermeiden.

Die Arbeiten Jaques über Lohnprobleme bei der Glacier Metal Company führten zur Ausformulierung einer Theorie über den Wert verschiedener Arten von Arbeit nach dem Zeitraum, der vergeht, bis eine Handlung oder Entscheidung eines einzelnen Arbeitnehmers von seinen Vorgesetzten überprüft wird. Bei den am schlechtesten bezahlten Arbeitern wird die Arbeit regelmäßig kontrolliert, während Entscheidungen auf höchster Ebene oft erst nach Jahren evaluiert werden. Diese Erkenntnisse legte Jaques 1956, fünf Jahre nach seinen bahnbrechenden Forschungsarbeiten bei Glacier, die in *The Changing Culture of a Factory* publiziert wurden, in einem Buch mit dem Titel *The Measurement of Responsibility* dar. (Ferner schrieb Jaques 1965 zusammen mit dem Geschäftsführer der Glacier Metal, Wilfred Brown, die *Glacier Project Papers*.)

Elliott Jaques entwickelte später auch eine Theorie der Bürokratie, derzufolge der Aufstieg in einer Organisation mit zunehmend hohen Entscheidungsebenen nicht als einfache chronologische Abfolge zu sehen ist, sondern entsprechend dem Dienstalter sieben Hauptebenen unterschieden werden: bis zu drei Monaten, bis zu einem Jahr, zwei Jahre, fünf Jahre, zehn Jahre, zwanzig Jahre und über zwanzig Jahre. Das sind auch jene Ebenen, zwischen denen Lohnunterschiede als gerecht empfunden werden. Jaques ist der Ansicht, daß jede rationale Gehaltspolitik als gerecht empfunden wird, wenn die Unterschiede zwischen den einzelnen Ebenen im voraus korrekt vereinbart wurden.

In *A General Theory of Bureaucracy* untersucht Jaques die verschiedenen Wahrnehmungen von Arbeitnehmern, wenn diese gebeten werden, ihre Chefs zu beschreiben. Ein Arbeitnehmer kann seinen „realen" Chef – den, von dem er das Gefühl hat, eine Entscheidung zu seiner Person erwarten zu können – ganz anders sehen als die Person, die in der Hierarchie direkt über ihm steht.

Jaques zitiert Beispiele aus dem Militär, um zu illustrieren, daß reale Entscheidungen nie so getroffen werden, wie man sie nach diversen Organigrammen oder Hierarchiemodellen erwarten würde. „Die wären alle längst tot, müßten sie erst herausfinden, wer hier wem Befehle gibt." Hieraus und aus osteuropäischen Bürokratiebeispielen (aus den siebziger Jahren) schließt er, „daß es einfach nicht möglich ist, aus einem Organigramm klar zu erkennen, wer wessen Vorgesetzter ist; ein kluger Vorgesetzter (oder Untergebener) weiß einfach, wer sein jeweiliger Untergebener (oder Vorgesetzter) ist."

Wichtige Publikationen

Jaques, E. (1951), *The Changing Culture of a Factory*, London: Tavistock
Jaques, E. (1956), *The Measurement of Responsibility*, London: Tavistock
Brown, W./Jaques, E. (1965), *Glacier Project Papers*, London: Heinemann
Jaques, E. (1961, 1967), *Equitable Payment*, London: Heinemann; Penguin Books
Jaques, E. (1976), *A General Theory of Bureaucracy*, London: Heinemann
Jaques, E. (1982), *Free Enterprise, Fair Employment*, London: Heinemann
Jaques, E. (1989), *Requisite Organisation*, London: Gower

Joseph M. Juran
* 1904

Unternehmensweite Qualität läßt sich nicht delegieren

Joseph M. Juran, amerikanischer Elektroingenieur und geboren in Rumä-
nien, leistete zur selben Zeit wie W. Edwards Deming Pionierarbeit auf dem
Gebiet des Qualitätsmanagements, eine Revolution, die im Nachkriegs-Ja-
pan ihren Ausgang nahm. Seltsamerweise war kein einziges Unternehmen
in den USA an den Theorien Demings und Jurans interessiert – damals
regierte noch überall die blanke Produktionsmentalität – bis japanische
Erzeugnisse dank der neuen Qualitätsphilosophie erstmals amerikanische
Produkte an die Wand spielten.

Durch Zufall hatten sowohl Deming als auch Juran begonnen, sich
ausgehend von statistischen Kontrollverfahren für Qualitätssicherungs-
Techniken in der Produktion zu interessieren, als sie in den zwanziger Jahren
bei Western Electric, der Produktionsdivision von Bell Telephone System,
arbeiteten. Juran kam 1924 zu Western, also drei Jahre vor den berühmten
Hawthorne-Experimenten Elton Mayos im Western-Werk in Chicago, die
die Motivationstheorie und das Human-Relations-Konzept in der Industrie
revolutionieren sollten. Hier arbeitete er mit dem brillanten Statistiker
Walter A. Shewhart zusammen, der eine Methode zur Qualitätskontrolle
in der Produktion entwickelt hatte. Ebenfalls noch in den zwanziger Jahren
stieß Juran dann zur Produktionsdivision von AT&T. Er wurde Industrie-
ingenieur des Unternehmens und schließlich Qualitätsberater.

Juran erarbeitete präzise Schritte zur Erreichung einer konsistenten Qualität
und formulierte als erster das nach dem italienischen Ökonomen Vilfredo
Pareto (1848–1923) benannte Paretoprinzip. Pareto hatte entdeckt, daß der
Großteil des Vermögens eines Volkes in den Händen einiger weniger
konzentriert ist, während die Mehrheit ein relativ dürftiges Leben führt.
Juran entwickelte daraus die heute bekannte 80:20-Regel, wonach etwa 20
Prozent der Produkte eines Unternehmens für 80 Prozent seiner Erträge
sorgen oder 80 Prozent der Umsätze auf 20 Prozent der Verkäufer entfallen.

Seinen Ruf begründete Juran 1951 mit der Veröffentlichung des *Quality
Control Handbook*, das übrigens das erste Handbuch seiner Art war. Die
Japaner, die bereits Demings Vorträge kannten und sogar einen Deming-

Preis vergaben, luden Juran noch im selben Jahr, 1953, zu einer Vortragsreihe nach Tokio ein. Zu Beginn der achtziger Jahre wurden seine Verdienste um die japanischen Qualitätsleistungen mit der Verleihung des Ordens des Heiligen Schatzes zweiter Klasse gewürdigt, eine Ehre, die auch Deming zuteil wurde.

Ab 1954 zog Juran predigend durch Japan und kann das Verdienst, Japans üblen Ruf in Sachen Qualität völlig umgekrempelt zu haben, zu einem bedeutenden Teil auf seine Fahnen schreiben. Er hielt seine „Management of Quality"-Kurse vor insgesamt mehr als 20 000 Managern in über dreißig Ländern. Als Berater zählte Juran hochkarätige Unternehmen wie Texas Instruments, Du Pont, Monsanto, Xero, Motorola und die staatliche Finanzbehörde zu seinen Klienten.

Jurans wichtigster Beitrag zur Qualitätsmanagementtheorie ist sein methodischer Ansatz zur Bestimmung vermeidbarer und unvermeidbarer Qualitätskosten, womit er einen Maßstab zur Messung der Kosten von Qualitätsprogrammen entwickelte.

Juran legte ein strukturiertes Konzept vor, das unter der Bezeichnung CWQM = Company-Wide Quality Management bekannt ist (unternehmensweites Qualitätsmanagement). Seiner Ansicht nach ist es für Führungskräfte in Unternehmen absolut notwendig und entscheidend, sich persönlich zu engagieren, Ziele festzusetzen, Verantwortungsbereiche zuzuordnen und erzielte Fortschritte zu messen. Qualität, so lehrt Juran, läßt sich nicht delegieren.

Wie andere Managementtheoretiker auch – vor allem Peter Drucker, Charles Handy und Rosabeth Moss Kanter – entwarf Juran eine Vision des Unternehmens der Zukunft, von dem er meint, Qualitätsziele würden hier ebenso routinemäßig in die betrieblichen Pläne integriert sein wie Zielvorgaben in den Bereichen Umsatz, Gewinn, Kapitalrendite und Dividende. Wie Moss Kanter sieht auch Juran mehr „Empowerment", also Befähigung der Arbeitnehmer zu eigenständigem Vorgehen, als ein wesentliches Element – in diesem Fall Empowerment zur Qualitätssicherung durch eigenständige Organisation und Kontrolle. Für Juran ist Qualität seit jeher unlösbar mit Human-Relations-Ansätzen und Teamwork verbunden.

Joseph M. Juran und W. Edwards Deming stehen einander so nahe – im Alter, durch ihren beruflichen Werdegang und ihren Beitrag zum japanischen Wirtschaftswunder –, daß sie bisweilen kaum voneinander zu unterscheiden sind und unklar bleiben muß, wer nun welchen Beitrag geleistet hat. Juran selbst hat es sich zum Ziel gesetzt, Company-Wide Quality Management zu einer umfassenden Unternehmensphilosophie auszubauen, und er kritisierte den Ansatz Demings, weil bei ihm die Statistik eine wichtigere Rolle spielt als das Management.

Jurans Ansatz orientiert sich speziell an den menschlichen Aspekten der Qualitätspolitik, und er hat sich mehrmals lobend zu den Qualitätszirkeln der Japaner und deren positiven Auswirkungen im Sinne der Human-Relations-Theorie geäußert, obwohl er zugibt, daß nicht einmal zehn Prozent der japanischen Qualitätsverbesserungen auf diese Qualitätszirkel zurückzuführen sind.

Die Methode Jurans, die klar und übersichtlich in *Juran on Planning for Quality* (1988) dargelegt ist, soll demonstrieren, wie sich Qualitätsplanung auf den verschiedenen Ebenen der Aktivitäten eines Unternehmens auswirkt. In diesem Buch ist auch die „Qualitätstrilogie" Jurans ausgeführt, Qualitätsplanung, Qualitätsmanagement und Qualitätsverbesserung, mit der Manager lernen sollen, wie strategische Qualitätsplanung im gesamten Unternehmen realisiert werden kann.

Zu den wichtigsten Elementen in Jurans Lehre gehören (1) das Wissen, wer die Kunden sind, (2) das Erkennen ihrer Bedürfnisse, (3) das Schaffen von Qualitätsmaßnahmen, (4) die Planung von Prozessen, mit denen Qualitätsziele unter den jeweiligen operativen Bedingungen erreicht werden können (5) sowie laufende Verbesserungen beim Marktanteil, bei den Preisen und bei der Fehlerquote. Jurans Buch betont die universelle Anwendbarkeit von Qualitätsbemühungen in allen Bereichen einer Organisation – bei allen Produkten, ob Güter oder Dienstleistungen, auf allen Ebenen im Unternehmen vom Geschäftsführer bis ganz nach unten in der Hierarchie; ebenso in allen Unternehmensfunktionen vom allgemeinen Management bis zur Produktentwicklung und in allen Produktions- und Dienstleistungsbereichen.

Juran publizierte bis ins hohe Alter Bücher über verschiedene Aspekte der Qualitätsplanung, mit 92 arbeitete er an einer fünfbändigen Autobiographie. Zu empfehlen ist übrigens die neuerdings erhältliche Biographie: *Juran: A Lifetime of Influence*, von John Butman (John Wiley, New York, 1997).

Wichtige Publikationen

Juran, J. M. (1951), *Quality Control Handbook*, New York: McGraw-Hill
Juran, J. M. (1988), *Juran on Planning for Quality*, New York: Free Press; dt.: *Handbuch der Qualitätsplannung*, Landsberg, 3. durchges. Auflage 1991
Juran, J. M. (1989), *Juran on Leadership for Quality: An Executive Handbook*, New York: Free Press
Juran, J. M. (1992), *Juran on Quality by Design*, New York: Free Press; dt.: *Der neue Juran – Qualität von Anfang an*, Landsberg 1993

Rosabeth Moss Kanter

* 1943

Das „post-unternehmerische" Unternehmen: „Empowerment" des einzelnen als Kraft des Wandels

Rosabeth Moss Kanter ist Amerikanerin und Soziologin und gegenwärtig BWL-Professorin in Harvard; früher war sie zudem Herausgeberin der *Harvard Business Review*. Sie hat sich als Top-Autorität im Changemanagement etabliert, das Konzept des „postunternehmerischen" Unternehmens entwickelt und sich für ein „Empowerment" des Humanpotentials in Organisationen ausgesprochen. Frau Moss Kanter ist heute eine der gefragtesten Beraterinnen der USA; zu ihren Kunden gehören IBM, CBS, Procter & Gamble, Honeywell, Digital, Apple, Xerox und General Electric. Sie ist gefeierter TV-Gast zu beiden Seiten des Atlantiks. In einer BBC-Dokumentation wird sie als „unerschrockene Kritikerin der Managementtradition" beschrieben.

Rosabeth Moss Kanter, die in Cleveland geboren ist, graduierte an der Frauen-Eliteuniversität Bryn Mawr und promovierte an der Universität Michigan. Anschließend ging sie als außerordentliche Professorin für Soziologie an die Brandeis University, von wo sie 1973 nach Harvard wechselte. Zwischen 1977 und 1986 unterrichtete Moss Kanter in Yale und am MIT und kehrte danach als Professorin für Business Administration (BWL) nach Harvard zurück. 1988 unterstützte sie Michael Dukakis in seiner Präsidentschaftskampagne gegen George Bush als leitende Beraterin in wirtschaftlichen Fragen.

Kanters erstes, preisgekröntes Buch, *Men and Women of the Corporation* (1977), analysierte die bürokratischen Faktoren, die die Mitarbeiter eines nicht genannten Industrieunternehmens in vorher festgesetzte Funktionen zwangen, und wie diese Tatsache die Nutzung der vorhandenen Talente verhinderte.

The *Change Masters* (1983) verglich die Besonderheiten solcher Blockaden des Wandels mit der Situation in innovativen Unternehmen, die ein internes Unternehmertum förderten und zu Marktführern wurden. Wegen der Verbindung einer gewissen akademischen Note, die auf Kanters Hintergrund als Organisationssoziologin zurückzuführen ist, mit den praktischen Erfahrungen der Autorin als Unternehmensberaterin wurde das Buch bisweilen anerkennend als „In Search of Excellence des denkenden Managers" bezeichnet.

When Giants Learn to Dance (1989) vervollständigt Frau Moss Kanters Trilogie über die tiefen Veränderungen, von denen die amerikanischen Unternehmen betroffen sind. Die Autorin untersuchte dazu sehr verschiedenartige große und kleine Unternehmen, indem sie intern an diversen Beratungsprojekten mitarbeitete. Sie stellte fest, daß völlig verschiedene Organisationen zu ähnlichen Problemlösungen gelangten, wenn es darum ging, im neuen globalen Wettbewerb zu bestehen.

Das neue, von Kanter skizzierte Modellunternehmen ist sozusagen „postunternehmerisch" – schlank und athletisch, mit nur wenigen Managementebenen, es erreicht „mehr mit weniger", kann Veränderungen vorwegnehmen und sich für Chancen wie die strategische Zusammenarbeit mit anderen Unternehmen öffnen. Eine Spezialität des am „olympischen Wettbewerb" teilnehmenden Unternehmens ist es, Synergien zu erschließen, die das Ganze zu etwas Wertvollerem machen als die Summe seiner Teile – Kanters Insiderstudien über Fusions- und Kaufstrategien sowie kulturelle Änderungen sind für den Leser überaus faszinierend.

Das letzte Drittel des Buches widmet sich den Auswirkungen der post-unternehmerischen Organisation auf die in ihr arbeitenden Menschen. Die Folgen für die Karriere (weg vom Emporsteigen auf der Karriereleiter hin zur Entwicklung eines „flexiblen Beschäftigungskonzeptes"), für die Entlohnung (mit einer Verschiebung weg vom der Position hin zur Leistung, vom Status zum konkret geleisteten Beitrag) und für das seelische Wohlbefinden des einzelnen werden spritzig und mit viel intellektuellem Esprit beschrieben. Der Kreis in Kanters Trilogie, deren wichtige Frage ist, wie das Kreativpotential der Männer und Frauen eines Unternehmens in einer sich verändernden Wirtschaft bestmöglich zu managen ist, schließt sich damit wieder.

Dieses Buch erlangte innerhalb kürzester Zeit einen hervorragenden intellektuellen Ruf und war in Managementkreisen überaus beliebt: Tom Peters beschrieb es als „Meßlatte, an der Managementbücher der neunziger Jahre gemessen werden".

Rosabeth Moss Kanter ging den logischen Weg von der Erforschung des Phänomens, wie traditionelle, bürokratische Organisationen die Talente des einzelnen verkümmern lassen, bis zu der Erkenntnis, daß das „post-unternehmerische" Unternehmen diese Talente in flacheren und weniger hierarchischen Strukturen befreit und in die Eigenständigkeit entläßt.

In *Men and Women of the Corporation*, für das die Autorin 1977 den Preis für das beste Buch über soziale Anliegen erhalten hatte, erklärte Kanter, der vermeintlich höchste Wert eines Managers sei dessen „Vorhersagbarkeit". Frauen werden dagegen, ob in der traditionellen Rolle als Sekretärin oder als Ehefrauen (mit all ihren Möglichkeiten, Einfluß auf das Unternehmen auszuüben) als ebenso unvorhersehbar wie unverständlich eingeschätzt.

Frau Kanters Recherchen für dieses Buch führten sie zu der Schlußfolgerung, das durchschnittliche Industrieunternehmen habe einen Wandel dringend nötig, es müsse die Qualität des Arbeitslebens heben und Chancengleichheit für Männer, Frauen und Minderheitengruppen herstellen, damit die Mitarbeiter ihre Talente zum Wohle des Unternehmens besser einsetzen können. Zu diesem Zweck, schloß Kanter, müssen folgende Änderungen in der Organisationsstruktur vorgenommen werden:

1. Die Managementebene müßte für einen größeren Kreis von Kandidaten durchlässig werden, darunter auch für Frauen und bisher einflußlose Mitarbeiter wie Bürokräfte. Dazu sind Veränderungen auf gewissen Gebieten wie bei den Bewertungssystemen und der Karriereentwicklung nötig. Es müßten Zwischenjobs eingeführt werden, um eine Brücke zwischen einfachen Jobs und Management zu schlagen.

2. Nötig wären ferner Empowerment-Strategien, die zu einer flacheren Hierarchie, zur Dezentralisierung von Autorität und zur Bildung autonomer Arbeitsgruppen führen.

Aufbauend auf ihren Entdeckungen über den Widerstand gegen Veränderungen befaßte sich Kanters zweites Buch eingehend mit Spitzenunternehmen, die man als „Meister des Wandels" bezeichnen könnte, wobei besonders jene Faktoren herausgestrichen wurden, die Innovation als Lebensweise fördern, und jene, die das Streben nach Innovation problematisch machen. Kanters wichtigste Entdeckung war, daß Unternehmen, die zu Innovationen bereit sind, über einen „integrativen" Problemlösungsansatz und die Bereitschaft, etablierte Praktiken in Frage zu stellen, verfügen. Sie sind bereit, ihr Vorgehen anhand einer Zukunftsvision und nicht nach den akzeptierten Methoden der Vergangenheit zu prüfen. Unternehmen, die kaum innovativ sind, vertreten typischerweise einen „segmentären" Lösungsansatz mit einer Einteilung nach Abteilungen und ohne die Fähigkeit, Probleme umfassend zu sehen.

In *The Change Masters* führte Kanter aus, der Schlüssel zur Neubelebung eines Unternehmens sei „Partizipationsmanagement" oder Empowerment – die Ermöglichung jener Mechanismen, mit denen der einzelne seine Ideen einbringen kann. Nur in integrativen Unternehmen kann der einzelne seinen Einfluß entsprechend geltend machen und so zum eigenen Erfolg und zum Erfolg des Unternehmens beitragen.

When Giants Learn to Dance (1989) erweitert diese Philosophie im Hinblick auf das zukünftige Aussehen und Wesen des global wettbewerbsfähigen Unternehmens, das Moss Kanter als „post-unternehmerisch" beschreibt ... als „Anwendung unternehmerischer Prinzipien auf Konzerne". Diese sollen dadurch flexibel und reaktionsfähig werden, zugleich aber auch eine disziplinierte Effizienz aufrecht erhalten: die Kombination „der Kraft des Elefanten mit der Beweglichkeit des Tänzers". Angesichts der Nachwehen des „Exzellenz"-Zeitalters, meint Rosabeth Moss Kanter, haben Unternehmen mit Problemen zu kämpfen, die bei Peters und Waterman nicht erwähnt werden, etwa „wer hat die Macht, Innovationen einzuleiten oder zu blockieren?" und „wer profitiert finanziell?"

Kanters detaillierte und intelligente Fallstudien kommen zu dem Schluß, daß selbst so verschiedene Unternehmen wie Eastman Kodak und Apple Computers zunehmend ähnliche Lösungen finden, wenn es darum geht, auf die Herausforderung des Wettbewerbs bei globalen „olympischen Spielen" zu reagieren. Ihre praktische Erfahrung als Beraterin bricht immer wieder durch. Man denke an „das Unternehmen als Schaltbrett", wo vergleichsweise kleine Schaltstellen ein ganzes Netzwerk von Organisationen managen oder ehemals unternehmensinterne Dienste zu marktorientierten Geschäftsbereichen werden. (Ein wesentliches Nebenprodukt dieser Struktur und für Kanters Argumentationsweise entscheidend ist die Betrachtung des Stabspersonals nicht mehr als *Overhead*, sondern als potentielle Wertschöpfungsquelle.)

Größtenteils widmet sich das Buch der Erforschung möglicher Synergien und aller dazu erforderlichen Komponenten, darunter einer flacheren Managementstruktur, die verstärkt divisions- und abteilungsübergreifende Zusammenarbeit ermöglicht.

Eine weitere entscheidende Idee ist das, was sich hinter dem Akronym PAL (pool, ally, link) verbirgt, nämlich *„gemeinsame Ressourcennutzung* mit Dritten, *Allianzen* zum besseren Nutzen von Chancen und *Verbindung* von Systemen im Rahmen von Partnerschaften". Unternehmen können damit zu besseren Partnern für Lieferanten, Geschäftspartner, Servicepartner, Kunden und Gewerkschaften werden. Im Einkauf wäre es beispielsweise möglich, die bisherige unterschwellig feindselige Haltung aufzugeben, die durch die Meinung bedingt war, man müsse die Preise durch einen großen Lieferantenstock möglichst niedrig halten und dürfe immer nur kurzfristige Lieferverträge abschließen. Das Gedeihen von Joint-Ventures als Zugangsmöglichkeit zu ausländischen Märkten hat viel zu diesem neuen Ethos im Wirtschaftsleben beigetragen.

Kanters Fingerspitzengefühl für die Dimension des einzelnen in der Organisation ließ sie auch die Gefahren erkennen, wenn Unternehmen eher *mean* (gemein) als *lean* (schlank) agieren, und auf die Bedeutung gemeinsamer persönlicher Wertvorstellungen in einem Unternehmen hinweisen.

Die Autorin untersucht gründlich, wie die Karriere des einzelnen vom Post-Unternehmertum beeinflußt wird, bei dem sich die Entlohnung eher am geleisteten Beitrag als an der Position oder am Status orientiert, und bei dem flexiblere Strukturen die lebenslange Karriereleiter abschaffen. Das Management seinerseits wird durch den Wechsel von der Chef- zur Partnermentalität noch komplexer und schwieriger.

Das Empowerment des einzelnen im Unternehmen – und was damit einhergeht – beschäftigt Frau Kanter seit Jahren. Ihr Artikel in der *Harvard Business Review* aus dem Jahr 1979 „Power Failures in Management Circuits" behandelt Einflußfaktoren auf das Individuum, die zu Macht oder Machtlosigkeit führen und damit Ereignisse und Menschen beeinflussen, etwa Verfügungsfreiheit, Anerkennung, Relevanz für wichtige Probleme, Sponsoren oder Netzwerke unter Gleichgestellten und mit Untergebenen.

„Die Machtlosen leben in einer anderen Welt ... sie können letztlich zu der Waffe greifen, die all jenen zur Verfügung steht, die keine Produktivmacht haben – zur Macht der Unterdrückung ..." Diesen Umstand erkannte sie als primäre Ursache der Unzufriedenheit mit Vorarbeitern, einer Unternehmensebene, die dem Gefühl der Machtlosigkeit in besonderer Weise ausgesetzt ist. Stabspersonal und isolierte Spitzenmanager sind weitere betroffene Kategorien, die nach Kanters Ansicht besonders anfällig für konservatives Verhalten und Widerstand gegen Veränderungen sind. Weibliche Manager erleben häufig ein Versagen ihrer Macht, stellte sie fest, weil die Organisationen darauf eingestellt sind, sie in niedrig qualifizierten Routinejobs einzusetzen.

Kanters wichtigste Botschaft lautet:

„Durch die Entlassung von Mitarbeitern in die Eigenständigkeit büßt eine Führungspersönlichkeit nicht an Macht ein, sondern kann ihre Macht sogar ausbauen – vor allem, wenn das ganze Unternehmen bessere Leistungen erbringt."

Rosabeth Moss Kanter

Sieben wesentliche Fähigkeiten, die Kanter zufolge Manager der Zukunft mitbringen müssen, sind in *When Giants Learn to Dance* ausgeführt:

- Lernen, ohne die Hierarchie-„Krücke" auszukommen

- Wissen, wie man so konkurriert, daß Zusammenarbeit gefördert, nicht verhindert wird

- Nach höchsten ethischen Standards vorgehen

- Ein gewisses Maß an Demut besitzen

- Einen Prozeßschwerpunkt entwickeln, der auf das *Wie* achtet

- Viele Facetten entwickeln und in mehrfacher Hinsicht geschickt sein, funktionsübergreifend arbeiten und Synergien erkennen

- In der Lage sein, Befriedigung aus guten Ergebnissen zu ziehen und bereit sein, die eigene Entlohnung davon abhängig zu machen

Das postunternehmerische Modellunternehmen nach Rosabeth Moss Kanter ist eine Mischung aus drei Komponenten: (1) den Werten und Zielen, die vom Topmanagement ausgehen; (2) den Kanälen, Foren, Programmen und Beziehungen, die in der mittleren Ebene entwickelt werden, um diese Ziele und Werte zu unterstützen; (3) den Projektideen, die von unten nach oben durchsickern, „Ideen für neue Unternehmungen oder technische Innovationen oder bessere Methoden der Kundenbetreuung".

Wie andere Top-Gurus interessiert sich Frau Kanter zunehmend für die Globalisierung. In *World Class* (1995) untersucht sie, wie die globale Wirtschaft mit ihren enorm zunehmenden Wahlmöglichkeiten für Kunden eine Veränderung aller Unternehmen und der Gemeinschaften, in denen sie agieren, herbeiführt. Es ist dies das bisher beste Buch über die Globalisierung und darüber, was diese in der Praxis für die Zukunft der Unternehmen bedeutet. In einem faszinierenden Mikrokosmos präsentiert Kanter eine Abwandlung von Michael Porters „Clustertheorie" des Branchenerfolgs und weist nach, wie die Stadt Boston sich aus einem zerfallenden Industriezentrum zu einem pulsierenden Zentrum der Technologie und der Wissensbranche entwickeln konnte, indem sie von den berühmten Bildungseinrichtungen der Stadt wie der Harvard University und dem MIT mit seinem führenden Media Lab profitierte und diese ihrerseits stärkte.

Viele der meistbeachteten Werke Kanters, darunter der „Power Circuits"-Artikel aus der *Harvard Business Review* 1979, wurden 1997 in einem Buch, *Rosabeth Moss Kanter on the Frontiers of Management* (Harvard Business School Press), zusammengefaßt.

Rosabeth Moss Kanters Bücher verdienen es, aufmerksam und wach gelesen zu weden: Ihre facettenreichen Ideen lassen sich nicht leicht einordnen und werden in den kommenden Jahren eine prägende Rolle im Management spielen.

Wichtige Publikationen

Kanter, R. M. (1977), *Men and Women of the Corporation*, Basic Books

Kanter, R. M. (1983, 1984), *The Change Masters: Corporate Entrepreneurs at Work*, New York: Simon and Schuster; London: Allen & Unwin

Kanter, R. M. (1989), *When Giants Learn to Dance*, New York and London, Simon & Schuster; (1998) London: International Thomson Business Press

Kanter, R. M. (1979), „Power Failures in Management Circuits", Cambridge, Massachusetts, *Harvard Business Review*, Neuabdruck in: *Organization Theory*, (1990) Hrsg. von D. S. Pugh, London: Penguin Books

Kanter, R. M. (1992), *The Challenge of Organizational Change*, New York: Simon and Schuster

Kanter R. M. (1995), *World Class: Thriving Locally in the Global Economy*, New York: Simon & Schuster; dt.: *Weltklasse: Im globalen Wettbewerb lokal trium-phieren*, Wien 1996

Kanter, R. M. (1997), *Rosabeth Moss Kanter on the Frontiers of Management*, Boston: Harvard Business School Press

Robert S. Kaplan und David P. Norton

* 1940 bzw. 1941

Leistungsmessung mit der Balanced Scorecard

Kaplan und Norton sind die Väter der Balanced Business Scorecard. Dabei handelt es sich um eine neue Methode zur Leistungsmessung, die es den Unternehmen ermöglicht, nichtfinanzielle ebenso wie finanzielle Ergebnisse zu messen. Sie berücksichtigt auch „weiche", jedoch wichtige Faktoren wie Kundenzufriedenheit, Qualität, Produktzykluszeiten und Effektivität bei der Entwicklung neuer Produkte.

Robert Kaplan ist Inhaber des Marvin-Bower-Lehrstuhls für Leadership Development an der Harvard Business School und unterrichtet dort zusätzlich Rechnungswesen. Seit 1984 ist er in Harvard tätig und verbrachte zuvor sechzehn Jahre an der Graduate School of Industrial Administration der Carnegie-Mellon University, an der er von 1977 bis 1983 Dekan war.

Der Absolvent eines Elektrotechnikstudiums am MIT mit einem Doktortitel in Operation Research von der Cornell University erhielt eine Reihe von Auszeichnungen für seine hervorragenden Leistungen im Bereich des Rechnungswesens. Seine Forschungs-, Lehr- und Beratungstätigkeit konzentriert sich seit jeher auf neue Kosten- und Leistungsmeßsysteme, vor allem auf ABC, Activity-Based Costing (leistungsorientierte Kostenrechnung) und die Balanced Scorecard. Kaplan hat als Autor oder Coautor über hundert wissenschaftliche Publikationen und neun Bücher verfaßt.

David Norton ist Präsident und Geschäftsführer der Renaissance Solutions, Inc., einer internationalen Beratungsfirma, die sich auf Leistungsmessung und die Erneuerung von Organisationen konzentriert. Vor der Gründung von Renaissance Solutions war Norton Mitbegründer der Nolan Norton and Company, der er siebzehn Jahre lang als Präsident vorstand, bevor das Unternehmen von Peat Marwick aufgekauft wurde. Norton erhielt seinen Doctor of Business Administration (DBA) in Harvard und graduierte wie sein Kollege Kaplan zuerst in Elektrotechnik.

Das Konzept der Balanced Scorecard entstand 1990 aus der Zusammenarbeit der beiden an einer Studie über mehrere Unternehmen mit dem Titel „Measuring Performance in the Organisation of the Future". Die Studie wurde von Nortons alter Firma durchgeführt, die in „Nolan Norton Institute" umbenannt wurde und als Forschungszweig des Wirtschaftsprüfungs- und Consultingriesen KPMG fungierte. Norton war Studienleiter und Kaplan akademischer Berater. Ebenso nahmen Vertreter von rund einem Dutzend Firmen des Produktions- und Dienstleistungssektors teil – sowohl herkömmliche Produktionsbetriebe als auch Hightech-Unternehmen. Sie alle waren zu der Ansicht gelangt, daß die Messung finanzieller Leistungen nicht mehr ausreicht, um als Unternehmen wettbewerbsfähig zu bleiben und den Firmenwert zu steigern.

Wie Kaplan und Norton im Vorwort zu ihrem Buch *The Balanced Scorecard: Translating Strategy into Action* (1996) erklären, wurde zu Beginn eine Reihe innovativer Fallstudien zur Leistungsmessung geprüft, darunter ein neuer Typ des „Unternehmens-Beurteilungsbogens" (corporate scorecard) von Analog Devices, der zusätzlich zu den herkömmlichen Finanzbeurteilungen weitere Messungen über Kunden-Lieferzeiten, Qualität und Zykluszeiten der Herstellungsverfahren sowie der Effektivität bei der Entwicklung neuer Produkte enthielt. Analog verfügte zusätzlich über ein System zur Messung der Verfahren zur Umsetzung laufender Verbesserungen.

Durch Gruppendiskussionen wurde die Scorecard zu vier Hauptsegmenten ausgebaut: Finanzen, Kunden, Innovation und interne-/Lernentwicklung. Der Name „Balanced Scorecard" wurde gewählt, um auf das Gleichgewicht zwischen lang- und kurzfristigen Zielen finanzieller und nichtfinanzieller Art, Indikatoren für Stärken und Schwächen sowie für externe und interne Leistungen hinzuweisen.

Mehrere Unternehmen, die an dem Forschungsprojekt des Teams teilnahmen, erprobten die Scorecard in Pilotprogrammen und brachten ihr Feedback in die Arbeit ein. Bis Ende 1991 waren Norton und Kaplan so weit, die Ergebnisse der Gruppe in einem Artikel in der *Harvard Business Review* (HBR) zusammenzufassen („The Balanced Scorecard – Measures That Drive Performance", Jan./Feb. 1992). Diese Ausgabe des *HBR* wurde innerhalb kurzer Zeit zu einer der meistgefragten Ausgaben – ein neues Managementwerkzeug war geboren.

Als Norton im Jahr 1993 Geschäftsführer der neugegründeten Renaissance Solutions wurde, führte er die Socrecard als Methode ein, mit deren Hilfe Unternehmen Strategien umsetzen und implementieren konnten. Eine Kooperation zwischen Renaissance Solutions und der viel größeren Gemini Consulting führte zum Einsatz der Scorecard bei großen Unternehmensumbauten und verfeinerte das Konzept so weit, daß einzelne Maßnahmen zu strategischen Verbindungen zusammengefaßt werden konnten. Das bedeutete, man konnte mit Hilfe der Scorecard erkennen, wie sich aktuelle Investitionen oder andere Entscheidungen auf einem Gebiet auf ein anderes Gebiet und schließlich auf die Unternehmensergebnisse auswirken würden.

Die Balanced Scorecard wird heute in den USA in Handel und Industrie häufig eingesetzt – der Ölgigant Mobil betrachtet sie als „unersetzliches Hilfsmittel zur Diskussion von Geschäftsstrategien, Stärken, Schwächen und Leistung". Zu ihren Anhängern in Europa zählen einige der größten Unternehmen, unter anderem British Petroleum und die Rolls-Royce Aerospace Group.

Die Balanced Business Scorecard ist in großen Unternehmen, die sich radikalen Programmen des Wandels unterziehen, unverzichtbar geworden. Dies deshalb, weil sie bislang schwierig zu quantifizierende Aktivitäten mißt, die zunehmend so beurteilt werden, daß sie dem Unternehmen einen Wettbewerbsvorteil verschaffen – etwa Kundenzufriedenheit und die Entwicklung organisatorischer Fähigkeiten oder eine besonders gute Mitarbeiterentwicklung.

Das rasch um sich greifende Bewußtsein, daß Unternehmen sich laufend verbessern müssen, um nicht hoffnungslos zurückzubleiben, bedeutet für die Scorecard einen enormen Vorteil gegenüber traditionellen Leistungsmeßsystemen. Früher befaßten sich solche Systeme mit der Finanzlage und dem Erreichen finanzieller Ziele, konnten jedoch im besten Fall einen Schnappschuß auf frühere Leistungen vermitteln, keinesfalls aber als verläßlicher Indikator dafür gelten, wie ein Unternehmen voraussichtlich in Zukunft abschneiden würde.

Kaplan erklärte: „Finanzkennzahlen des jüngsten Leistungszeitraums sagen etwas darüber aus, wie gut sich das Unternehmen in diesem Zeitraum geschlagen hat. Doch es könnte Prozesse geben, die im selben Zeitraum für neue Produkte entwickelt wurden, oder neue Fähigkeiten, die sich längerfristig wertschöpfend auswirken, die jedoch in der Bilanz noch nicht erscheinen. Ebenso können Organisationen bei einigen Investitionen in Zukunftschancen zurückgefallen sein; kurzfristig sieht dadurch die finanzielle Bilanz vielleicht besser aus, tatsächlich aber hat das Unternehmen die eigene Zukunft verpfändet."

Kaplan und Norton erkannten, daß Unternehmen nichtfinanzielle Indikatoren ihres zukünftigen Abschneidens ebenso wie Finanzkennzahlen brauchen, um in einem Klima ununterbrochenen Wandels überleben zu können. So wurde die Balanced Business Scorecard zu einem modernen Werkzeug im Management des Wandels der neunziger Jahre. Die Scorecard, die freiwillig verwendet wird und überaus flexibel ist, läßt sich an jede denkbare Kombination von Indikatoren anpassen, die für ein spezielles Unternehmen erforderlich sind. Ihre Fähigkeit, die Auswirkungen geschäftlicher Entscheidungen in die finanzielle Zukunft des Unternehmens zu projizieren, hat sie auch von ihrer vorrangigen Eigenschaft als Meßsystem hin zu einem bedeutenden Managementsystem aufrücken lassen. Sie entwickelt sich vor Ort weiter, und Kaplan und Norton beschreiben folglich ihr Buch, das auf ihre drei Artikel in der *Harvard Business Review* folgte, als ein „Fortschrittsbuch".

Die Grundprinzipien der Balanced Business Scorecard sind sehr einfach. Im wesentlichen wird damit ein Unternehmen aus vier verschiedenen Perspektiven beleuchtet, um Antworten auf vier entscheidende Fragen zu erhalten:

- Die Kundenperspektive: Wie sehen uns unsere Kunden?

- Die interne Unternehmensperspektive: In welchen Verfahren und Kompetenzen müssen wir herausragende Leistungen erbringen?

- Die Innovations- und Lernperspektive: Können wir uns weiterhin verbessern und Spitzenleistungen erzielen?

- Die Finanzperspektive: Wie werden wir von unseren Aktionären gesehen?

Im Rahmen dieser vier Perspektiven entscheidet das Unternehmen über seine Ziele, und sein Fortschritt in Richtung dieser Ziele wird anschließend durch spezifische Messungen und durch Initiativen für laufende Verbesserungen begleitet. Die erste Stufe des Entwurfs einer Scorecard besteht immer in der Formulierung einer Vision oder eines Mission Statements zum Vorantreiben der Ziele. Das Führungsteam des Unternehmens wirkt dann zusammen, um seine Unternehmensstrategie zu spezifischen strategischen Einzelzielen auszuformulieren. Nach der Kundenperspektive muß man beispielsweise ganz konkret die angestrebten Kundenschichten und Marktsegmente benennen, in denen sich das Unternehmen einen Wettbewerbsvorteil verspricht. Ebenso sollte es, in Nortons Worten, „die Welt durch die Augen der Kunden sehen".

Für den Entwurf einer eigenen Scorecard sollte man sich etwa sechzehn Wochen Zeit nehmen, obwohl Norton in einem Interview 1997 zugab, er hätte bisher noch kein Führungsteam getroffen, „in dem ein vollständiger Konsens beim Entwurf der Scorecard herrschte". Bei weniger als der Hälfte der Unternehmen, fügte er hinzu, gab es auch nur einen Konsens darüber, warum Kunden genau dieses Unternehmen wählten.

Scorecards lassen sich auf allen Ebenen einer Organisation verwenden, so daß es zu einer Abstimmung zwischen den Prioritäten des Topmanagements und der Mitarbeiter vor Ort kommt. In einigen Organisationen, berichtet Norton, gehen die Mitarbeiter mit ihren eigenen Scorecards herum und beschreiben, in welchem Verhältnis ihre eigenen Ziele zu den übergeordneten Unternehmenszielen stehen.

Diese Zugangsmöglichkeiten auf allen Ebenen der Organisation sind für die erfolgreiche Verwendung des Scorecard-Systems wesentlich, sagen seine Erfinder. „Die ausführenden Mitarbeiter müssen die finanziellen Folgen ihrer Entscheidungen und Handlungen verstehen können; Firmenchefs müssen die Antriebsfaktoren für den langfristigen finanziellen Erfolg verstehen können."

> „Was die Balanced Scorecard besser als jedes andere System kann, ist die Umsetzung der Mission und der Strategie einer Unternehmenseinheit in greifbare Ziele und Maßnahmen."
> *Robert S. Kaplan, David P. Norton*

Wichtige Publikationen

Kaplan, R. S./Norton, D. P. (1992), „The Balanced Scorecard: Measures That Drive Performance", *Harvard Business Review* (Jan./Feb. 1992)

Kaplan, R. S./Norton, D. P. (1993), „Putting the Balanced Scorecard to Work", *Harvard Business Review*, Sept./Okt. 1993

Kaplan, R. S./Norton, D. P. (1996), *The Balanced Scorecard: Translating Strategy Into Action*, Boston, Harvard Business School Press; dt.: *Balanced Scorecard*, Stuttgart 1997

Philip Kotler

* 1931

Marketing als Managementwissenschaft

Philip Kotler – in Chicago geborener Ökonom, Mathematiker und Soziologe – wurde zur weltweit führenden Autorität für Marketing als ange-
wandter Wissenschaft, weil es ihm gelang, Bewußtsein nicht nur für
Produkte und Dienstleistungen, sondern auch für Ideen, Standorte, Individuen und Organisationen zu wecken. Sein erstmals 1967 publiziertes Buch
Marketing Management, gegenwärtig in neunter Auflage erhältlich, gilt als
Bibel aller Marketingkurse an Universitäten. Dieses Buch definiert Marketing als Managementfunktion und fällt durch wissenschaftliche Exaktheit,
Modelle und statistische Analysen auf, wo man sich bisher weitgehend mit
hemdsärmeligen Praktiken begnügte, deren Hauptzielrichtung der Verkauf
war.

In den achtziger Jahren wurde Kotler anläßlich eines Seminars in New York
von einem Geschäftsmann angesprochen, der ihm vorwarf, Amerikaner
würden den japanischen Konkurrenten Schützenhilfe leisten. „Deming
lehrte die Japaner Qualität, und Sie haben ihnen das Marketing beigebracht",
sagte der Mann. „Diese Kombination bringt uns um." Kotler untersuchte
daraufhin in *The New Competition* (1985), wie Japan zum Meister des
globalen Marketings wurde.

Kotler machte seinen Abschluß in Volkswirtschaftslehre an der Universität
Chicago (wo er bei Milton Friedman studiert hatte) zu Beginn der fünfziger
Jahre und promovierte außerdem am MIT unter Nobelpreisträger Paul
Samuelson. Die gegensätzlichen Theorien des Anhängers der freien Markt-
wirtschaft, Milton Friedman, und des Keynesianers Paul Samuelson fru-
strierten ihn derart, daß er sich von der Volkswirtschaft abwandte und ein
postgraduales Jahr in Soziologie sowie ein Studienprogramm in höherer
Mathematik in Harvard anschloß. Hier traf er diverse Marketingprofessoren
und gelangte zu der Überzeugung, Marketing hätte eine gründlichere,
analytischere Behandlung als bisher verdient.

Im Jahr 1962 ging Kotler an die Northwestern University in Illinois, wo er
derzeit den S. C. Johnson and Son-Lehrstuhl für Internationales Marketing
und Management an der renommierten J. L. Kellogg Graduate School of

Management bekleidet. Man hatte ihm eine Stelle als außerordentlicher Professor für Managementlehre oder für Marketing angeboten, und er entschied sich, wie er mit seinem typischen trockenen Humor erzählt, „das zu unterrichten, wovon ich am wenigsten verstand – Marketing".

Die gängigen Marketinglehrbücher erschienen Kotler in Forschung und Methode gemessen am Standard anderer Fächer unzulänglich, und so beschloß er, sein eigenes Lehrbuch zu schreiben. Nachdem ihn der Verlag überredet hatte, allzu trockene akademische Modelle und Statistiken zu streichen, wurde *Marketing Management* sofort ein durchschlagender Erfolg. Vier Jahre danach, 1971, brachte er das zuvor gestrichene Material in *Marketing Decision Making: A Model-Building Approach* wieder ein und verfaßte damit ein Lehrbuch, das an der University of Chicago im Marketing-Einführungslehrgang Verwendung fand.

Kotler und ein Kollege, Sidney Levy, begannen 1969, ihre Marketingstudien auch in Anwendungsbereiche außerhalb der Wirtschaft hinein auszudehnen, und Kotler publiziert seit diesem Zeitpunkt Bücher, in denen er Marketinggrundsätze auf so unterschiedlichen Gebieten wie dem Gesundheits- oder Bildungswesen, bei berühmten Persönlichkeiten, Institutionen der darstellenden Künste, Museen, Gemeinden oder Städten auf der Suche nach Investitionen und seit kurzem auch auf ganze Staaten anwendet.

So allseits geschätzt Kotler als Wissenschaftler ist, ist er jedoch auch für seine Fähigkeit bekannt, die Essenz seiner Arbeit in einfache Konzepte zu verpacken: etwa indem er Marketing als eine Sache des Austausches in verschiedenen Kontexten bezeichnet; oder wenn er meint, Marketing sei „die Kunst des Schaffens eines echten Wertes für den Kunden" und „der gewinnträchtigen Bedürfnisbefriedigung".

Kotler aktualisiert sein Meisterwerk etwa alle drei Jahre und scherzt mit Vorliebe, nur die letzte Ausgabe sei korrekt, weil angesichts der rasanten Entwicklungen im Marketing „die Antworten von gestern zu den Fehlern von heute führen".

Seine gegenwärtigen Seminare hält er zu Themen wie Beziehungsmarketing, Geschwindigkeit als Waffe im Wettbewerb oder zur Rolle überlegener IT-Systeme. Mitte der achtziger Jahre begann Kotler eine Kontroverse mit dem weithin bekannten Theodore Levitt, dem ersten Managementtheoretiker, der sich ernsthaft mit Fragen des Marketings befaßte. Levitt hatte erklärt, Unternehmen sollten große Marken wie Coca-Cola und McDonald's nachahmen und standardisierte globale Produkte und Marketingbotschaften verwenden. Kotler wandte ein, daß damit wesentliche Unterschiede in Kultur, Vorlieben, Einkommen, Vertrieb und viele andere Faktoren ignoriert würden. Sein Ansatz lautet „global, aber auch lokal denken" und ist inzwischen als „glokales Konzept" bekannt.

Kotler hält nach wie vor seine Lehrveranstaltungen, berät, veranstaltet Seminare und publiziert fleißig (fünfzehn Bücher, oft auch als Koautor, über hundert Artikel in führenden Managementzeitschriften). Die American Marketing Association verlieh ihm 1985 als erstem Preisträger den Distinguished Marketing Educator Award. Als er ihn entgegennahm, sagte Kotler:

> „Marketing ist nicht die Kunst, eine knifflige Methode auszudenken, wie man das, was man erzeugt, wieder los wird. Marketing ist die Kunst, wirklich wertschöpfend für den Kunden zu wirken. Es ist die Kunst, Kunden so zu betreuen, daß es ihnen besser geht. Die wichtigsten Begriffe des Marketingexperten sind Qualität, Service und Wert. Können Sie sich unsere Welt vorstellen, hätte man dieses Marketingkonzept zum universell angewandten Prinzip erhoben?"
>
> *Philip Kotler*

Vor den sechziger Jahren wurde Marketing keinesfalls als seriöse Funktion des strategischen Managements betrachtet, eher schon als etwas schmuddeliges Geschäft, das man am besten der Verkaufsabteilung überließ. Das sollte sich 1960 mit der Veröffentlichung eines Artikels von Theodore Levitt in der *Harvard Business Review* („Marketing Myopia", Juli/August 1960) gründlich ändern. Vier Jahre danach begann Philip Kotler seine Arbeit an seinem Klassiker unter den Lehrbüchern, dem Tausende Marketingkurse folgten – *Marketing Management: Analysis, Planning, Implementation and Control*, wie der volle Titel lautet, das nun in neunter Auflage (1997) vorliegt.

Mit *Marketing Management* betrat Kotler gemessen an den bestehenden, nichtssagenden Marketing-Lehrbüchern absolutes Neuland. Das Buch gliedert sich in sechs Haupt- und 26 Unterabschnitte, die unterschiedliche Aspekte der Planung und des Managements der Marketingfunktion behandeln, von den Grundlagen der Marketingtheorie und -praxis in Gesellschaft, Management und Strategie über die Analyse von Konsumenten und Großkunden bis zur Evaluierung und Kontrolle der Marketingleistung.

Entsprechend dem bunten Hintergrund des Autors, der sich mit Volkswirtschaft, Mathematik und Soziologie beschäftigt hatte, wurzelte es in der Entscheidungstheorie, in Verhaltenslehre der Organisationen, wissenschaftlicher Ökonomie und Sozialpsychologie und wurde innerhalb kürzester Zeit in Stanford, Wharton und anderen führenden Wirtschaftsuniversitäten der USA als Lehrbuch übernommen. Seit dieser Zeit werden immer mehr

Studenten der Betriebswirtschaftslehre überall auf der Welt anhand Kotlers Lehren ausgebildet, denen zufolge der Kunde König ist und erfolgreiche Unternehmen nicht nur verkaufen, sondern Beziehungen mit den von ihnen angestrebten Kunden aufbauen und deren Bedürfnisse befriedigen.

„Authentisches Marketing ist nicht die Kunst, das zu verkaufen, was man produziert, sondern zu wissen, was man produziert", schrieb er in der Einleitung zu seinem Buch. „Es ist die Kunst, Kundenbedürfnisse zu erkennen und zu verstehen und Lösungen zu entwickeln, die die Bedürfnisse der Kunden befriedigen, den Produzenten Gewinne bringen und für alle irgendwie Beteiligten (Stakeholder) Vorteile bieten."

> „Marktführerschaft erreicht man durch Befriedigung der Kundenbedürfnisse auf dem Weg über Produktinnovation, Produktqualität und Kundendienst. Ohne diese Faktoren kann auch noch soviel Werbung, Verkaufspromotion oder kaufmännisches Talent keinen Erfolg bringen."
>
> *Philip Kotler*

Ist das Grundprinzip der Volkswirtschaftslehre die Knappheit, das der Politik die Macht und das der Soziologie die Gruppe, so ist das Grundprinzip im Marketing, folgt man Kotler, der Austausch – der Austausch von Werten zwischen zwei Parteien. Marketing wird so zum sozialen Vorgang, zusammengesetzt aus menschlichen Verhaltensmustern, und ist nicht nur eine Funktion der Steigerung der Unternehmensgewinne. Diese humanistische Sichtweise brachte Kotler dazu, seine Marketingstudien auch auf nichtkommerzielle Bereiche auszudehnen, darunter die Vermarktung von Personen, Städten und ganzen Ländern. Kotler glaubt, seine diesbezügliche Arbeit, nicht aber sein Lehrbuchklassiker sei der bedeutendste Meilenstein im Marketing der sechziger Jahre, weil sie es ihm ermöglicht habe, „Marketing in neue Sektoren der Gesellschaft hineinzutragen und zu zeigen, welche Leistungen es dort erbringen kann".

Die Idee, daß Marketing auch in gemeinnützigen Organisationen eine Rolle spielt, war umstritten, als Kotler sie 1969 in einem gemeinsam mit Sidney Levy im *Journal of Marketing* veröffentlichten Artikel erstmals präsentierte. Doch innerhalb von nur zwei Jahren war sie zumindest in akademischen Kreisen anerkannter Standard. Kotler schob 1971 noch einen umstrittenen Ausbruch aus konventionellen Denkweisen nach, als er gemeinsam mit Gerald Zaltman *Social Marketing: An Approach to Planned Social Change* verfaßte, mit dem er das Marketingkonzept auf ein neues Gebiet, die Politik, erweiterte. Eine dritte – ebenfalls strittige – Publikation war der Artikel „Demarketing – Yes, Demarketing" in der *Harvard Business Review*, erschienen 1971, der auf Kotlers und Levys Beobachtungen basierte, daß einige Unternehmen manche Kunden bewußt abschrecken und sich um andere bemühen. Kotler spinnt dabei die These weiter, daß Unternehmen oder die Gesellschaft das ins Gegenteil verkehrte Marketing dazu verwenden könnten, eine exzessive oder sozial unerwünschte Nachfrage zu dämpfen.

Bücher, die Kotler gemeinsam mit anderen verfaßt hat, bewegen sich ebenfalls außerhalb des reinen Marketingkontextes: *Marketing for Non-Profit Organizations* (1975, 5. Auflage 1996); *Strategic Marketing for Educational Institutions* (1985, 1995); *Marketing for Healthcare Organizations* (1987); *High Visibility* (1987, 1997) über die Vermarktung von Berühmtheiten und eine ganze Reihe anderer Werke über Kulturorganisationen, Gastfreundschaft, Tourismus und die darstellende Kunst. 1993 publizierte Kotler *Marketing Places: Attracting Investment, Industry and Tourism to Cities and Nations* und 1997 kam *The Marketing of Nations: A Strategic Approach to Building National Wealth* heraus. Im Jahr 1986 stellte er das Konzept des „Megamarketings" vor, demzufolge politische Fähigkeiten und die Kenntnis der öffentlichen Meinung verwendet werden können, um in abgeschirmte oder geschützte Märkte einzudringen.

Kotler erkannte eine Reihe verschiedener Ebenen, auf denen Marketing zum Einsatz kommen kann, von der untersten Ebene des Verkaufs hinauf durch das Anpeilen spezifischer Gruppen und Bedürfnisse bis zum richtigen Prognostizieren von Bedürfnissen und schließlich zum aktiven Einwirken auf die Nachfrage durch Erweiterung und Schaffung neuer Lebensstile durch Innovation, wie es etwa Sony mit dem Walkman vorgeführt hatte.

Kotlers gesamte Arbeit ist von einem Grundthema durchzogen: Organisationen liegen im Wettstreit um die Kunden und können keinen Erfolg erzielen, wenn sie versuchen, alle Segmente zugleich zufriedenzustellen. Sie müssen auswählen und sich auf wohldefinierte Zielgruppen konzentrieren, deren Bedürfnisse sie verstehen. Marketing, argumentiert Kotler, muß die Leistungsmöglichkeiten der Organisation auf die jeweiligen Marktgegebenheiten abstimmen.

Während seiner gesamten Karriere wurde Kotler von seiner Begeisterung für Problemlösungen und die Ausarbeitung von Konzepten bis zur Perfektion angetrieben. In einem Papier, das inoffiziell in einem seiner Kurse zirkuliert, wird er mit folgendem Ausspruch zitiert: „Ich gehe von der Annahme aus, daß ‚Fortschritt' selbst in ungünstigen Situationen möglich ist. Ich möchte gern daran glauben, daß Menschen ihre Situation verbessern können, indem sie ihre kollektive Intelligenz einsetzen, um gemeinsam Probleme zu lösen."

Wichtige Publikationen

Kotler, P. (1967, 1997), *Marketing Management: Analysis, Planning, Implementation and Control*, Englewood Cliffs, New Jersey: Prentice Hall; dt.: *Marketing-Management. Analyse, Planung, Umsetzung und Steuerung*, Stuttgart, 8. vollst. neu bearb. u. erw. Auflage 1995

Kotler, P./Levy, S. J. (1969), „Broadening the Concept of Marketing", *Journal of Marketing* (Januar)

Kotler, P./Zaltman, G. (1971), „Social Marketing: An Approach to Planned Social Change", *Journal of Marketing* (Juli)

Kotler, P./Levy, S.J. (1971), „Demarketing – Yes, Demarketing", Cambridge, Massachusetts, *Harvard Business Review* (November/Dezember)

Kotler, P./Lilien, G. (1971, 1983), *Marketing Decision-Making: A Model-Building Approach*, New York: Holt Rinehart and Winston; (1992, 1996), neue, revidierte Auflage als *Marketing Models*, Englewood Cliffs, New Jersey: Prentice Hall

Kotler, P. (1980, 1996), *Principles of Marketing*, Englewood Cliffs, New Jersey: Prentice Hall

Kotler, P. (1986), „Megamarketing", *Harvard Business Review* (März/April)

Kotler, P. (1987, 1997), *Marketing – An Introduction*, Englewood Cliffs, New Jersey: Prentice Hall

Kotler, P./Roberto, E. (1989), *Social Marketing: Strategies for Changing Social Behavior*, New York: Free Press; dt.: *Social Marketing. Edition Capital*, Düsseldorf 1990

John P. Kotter
* 1947

Leadership als Kraft des Wandels

Die Arbeit des Harvard-Professors John P. Kotter konzentriert sich seit Beginn der achtziger Jahre auf Managementqualitäten und -verhalten und wird heute vorwiegend mit der Führung von Organisationen verbunden. Wie Warren Bennis, der staatsmännische Typ unter den Gurus, führte auch Kotter detaillierte Studien darüber durch, was Führungspersönlichkeiten von Managern unterscheidet, wobei er eine umfangreiche Fallstudiensammlung vorlegt, die mit seinem ersten, vielgerühmten Buch *The General Managers* 1982 beginnt.

Worin unterscheiden sich die beiden? Bennis, der 22 Jahre älter ist als Kotter, untersuchte das Individuum in einer Vielzahl von Funktionen und versuchte, gemeinsame Leadership-Prinzipien herauszuarbeiten. Kotter hingegen siedelt seine Forschung im Rahmen des Unternehmens an und argumentiert, Leadership sei ein „Prozeß", der Hunderte oder Tausende von „Führungshandlungen" innerhalb der Organisation auslöst.

Kotters Buch aus dem Jahre 1990, *A Force for Change: How Leadership Differs From Management,* demonstriert diesen Prozeß in der Praxis von Unternehmen wie NCR, American Express und SAS. Die Botschaft von *A Force for Change,* die auch Bennis bereits vertrat, lautet, Tausende von Unternehmen hätten unter „Overmanagement" bei zu wenig Führung zu leiden, weil zu wenige Führungskräfte bei allen Managementqualitäten ein klares Verständnis von Leadership aufweisen. Sowohl Kotter als auch Bennis glauben, daß manche Menschen zwar von Natur aus über Leadership-Qualitäten verfügen, daß man diese jedoch nötigenfalls auch vermitteln und lehren könne.

Seit 1990 bekleidet Kotter den Konosuke Matsushita Lehrstuhl für Führungslehre an der Harvard Business School, gestiftet vom japanischen Unternehmer und Gründer des gleichnahmigen großen Elektrotechnik-Konzerns. 1997 gab Kotter ein Buch über Matsushita, einen der charismatischsten Unternehmensleiter, die Japan hervorgebracht hat, heraus: *Matsushita Leadership: Lessons from the 20th Century's Most Remarkable Entre-*

preneur. Es gewährt – was selten vorkommt – Einblicke in die geheimnisvolle Welt der japanischen Unternehmensphilosophie. Auch das halbe Dutzend anderer Kotter-Bücher über Leadership genießt hohes Ansehen, ebenso wie *Corporate Culture and Performance* (1992), in dem er mit Coautor James L. Heskett analysiert, welche Faktoren erfolgreichen Umstrukturierungsprogrammen in großen Unternehmen gemeinsam sind – wobei diese natürlich zum Großteil mit einer starken und engagierten Führung zusammenhängen.

Als MIT-Absolvent im Fach Elektrotechnik und Inhaber eines Master-Degree in Management der Sloan School of Management sowie eines Harvard-Doktortitels in Organisationsverhalten war Kotter einer der jüngsten Wissenschaftler, als er 1980 eine Professur an der Harvard Business School angeboten bekam – er war eben erst 33 geworden.

Kotter publiziert zahlreiche hervorragende Artikel in der *Harvard Business Review* und ist wahrscheinlich einer der geschätztesten Referenten zum Thema Leadership und Wandel in Unternehmen.

„Führungsqualitäten produzieren Veränderung. Das ist ihre wichtigste Funktion", so der Kernsatz des vielbeachteten Kotterschen Werks *A Force for Change* (1990), in dem er die Unterschiede zwischen Leadership und Management und das Verhältnis zwischen beiden analysiert, und bei dem er sich auf präzise Fallstudien großer US-Unternehmen stützt. Seit seinem ersten größeren Werk, *The General Managers* (1982), in dem er sich mit den Fähigkeiten und Arbeitsmethoden von fünfzehn Geschäftsführern einer Reihe von Unternehmen befaßt, stützt Kotter seine Forschungsarbeit konsequent auf die Beobachtung konkreter Organisationen.

The General Managers räumte ebenso wie Henry Mintzbergs *The Nature of Managerial Work* mit einigen hartnäckigen Irrmeinungen auf, vor allem mit dem Mythos des professionellen Managers als „Generalisten", der in jeder Branche arbeiten und jedes Unternehmen leiten kann. Kotter entdeckte, daß die effektivsten Unternehmensleiter ihre Arbeit durch ihre Branchenkenntnisse und die Vernetzung der Mitarbeiter, die über einen langen Zeitraum entwickelt werden mußten, erfolgreich gestalten konnten. Er erhellte die erschreckende Komplexität der Arbeit eines Geschäftsführers und erklärte dessen doppelte Aufgabe als Jobverantwortlicher und Entwickler von Beziehungen – wobei die besten Führungskräfte vor allem in der zweiten Rolle bemerkenswert gut abschnitten. Obwohl Kotters Recherchen beinahe zwanzig Jahre zurückliegen (die Mobilität von Führungskräften ist in den neunziger Jahren viel höher), bleibt *The General Managers* ein bedeutendes Werk auf seinem Gebiet.

In *A Force for Change* wandte Kotter übrigens eine ähnliche Beobachtungs-methode an und nannte als wichtigste Aufgaben von Führungskräften die folgenden:

- Vorgeben der Richtung, Entwickeln einer Vision und von Strategien für die Zukunft des Unternehmens

- Abstimmung der Leute aufeinander – andere veranlassen, zu „verstehen, zu akzeptieren und sich in der gewählten Richtung zu bewegen"

- Motivieren und Inspirieren der Leute, indem sehr grundlegende, doch häufig unbefriedigte Bedürfnisse, Werte und Emotionen angesprochen werden

Die Rollen der Manager wurden dagegen definiert als:

- Planung und Budgetierung, Setzen kurz- und mittelfristiger Ziele

- Setzen von Schritten, um diese zu erreichen, und Ressourcenallokation

- Organisation und Personalpolitik, Errichtung einer Organisationsstruk-tur, um den Plan zu erfüllen, Besetzung von Jobs; Vermitteln des Plans, Delegieren von Verantwortung und Errichtung von Systemen, um die Umsetzung der Pläne zu überwachen

- Kontrolle und Problemlösung, Überwachung der Resultate, Feststellen von Problemen und Organisation der Problemlösung

Beide sind „vollständige Handlungssysteme", weil Führungspositionen wie Managementaufgaben auch mit Umsetzung zu tun haben. Organisationen brauchen ebensosehr ein starkes Management wie starke Führungspersön-lichkeiten, wenn sie erfolgreich agieren sollen. Ein starkes Management kann bei schwach ausgebildeten Führungsqualitäten zur lähmenden Über-bürokratisierung führen, während starke Führungsqualitäten ohne starkes Management zu einem messianischen, kultähnlichen Status des Betreffen-den führen können.

Das Vorgeben der Richtung sollte man nicht mit längerfristiger Planung verwechseln, fordert Kotter. „Planung ist ein Managementprozeß und nicht dasselbe wie der Leadership-Aspekt des Richtungvorgebens, ja nicht einmal ein Ersatz für diesen, weil letzterer Visionen und Strategien verlangt, keine Pläne ..."

Arbeitsplanung als ergänzende Aktivität zur Richtungsvorgabe: „ein kom-petenter Planungsprozeß dient als nützlicher Reality-Check für die Rich-tungsvorgabe ... Ebenso sorgt eine kompetente Richtungsvorgabe für einen Fokus, anhand dessen die Planung konkret umgesetzt werden kann; er klärt, welche Planungsvorgaben erforderlich und welche irrelevant sind."

Ebenso unterscheidet sich das Abstimmen der Leute völlig von der Managementaufgabe der Organisation – es handelt sich um eine „komplizierte Kommunikationsaufgabe ... Organisationen, die sowohl gut geführt als auch gut gemanagt sind, verstehen sich darauf."

Die dritte Aufgabe von Führungskräften, die Motivierung, unterscheidet sich ebenfalls stark von den Anreizen, die Manager einsetzen, um Mitarbeiter auf ihre Ziele hin zu trimmen. Managementaufgaben haben mit Kontrolle und Beobachtung zu tun, während Führungsaufgaben „ihre energetische Wirkung nicht durch das Schieben der Leute in die richtige Richtung erreichen ... sondern durch die Befriedigung sehr grundlegender menschlicher Bedürfnisse, nämlich des Bedürfnisses, etwas zu leisten, nach Zugehörigkeit, Anerkennung, Selbstwertgefühl, Kontrolle über das eigene Leben und das Hinarbeiten auf persönliche Ideale."

Nachdem er diese Aufgaben in der Praxis in einigen von ihm beobachteten Unternehmen untersucht hatte, konnte Kotter einen Schritt weitergehen und die Eigenschaften feststellen, die den beobachteten Führungspersönlichkeiten gemeinsam waren. Diese Leute, meint er, scheinen immer

- besonders viel Energie zu haben,
- über einen inneren Antrieb zu verfügen, der häufig mit hohen persönlichen Standards, einer bestimmten Unzufriedenheit mit dem Status quo und einer Tendenz, auf ständige Verbesserungen zu drängen, zu tun hat,
- überdurchschnittlich intelligent zu sein, also viel und sehr unterschiedliche Information aufnehmen und verarbeiten zu können,
- sie scheinen geistig und emotional gesund und
- integer zu sein.

Auch frühe Erfahrung hilft: Kotters Recherchen ergaben, daß Führungskräfte beinahe immer mit wichtigen Jobs in früher Jugend Gelegenheit hatten, über den engen Horizont der meisten Managementkarrieren hinaus zu wachsen.

Eine weitere Botschaft des Buches lautet, daß effektive Führungsqualitäten heute nur selten das Ergebnis eines einzelnen Menschen, sondern von Hunderten von Einzelpersonen in den mittleren Ebenen einer Organisation sind. Bereits 1984 verfolgte die Division Papierprodukte bei Procter & Gamble eine Politik des Gruppenmanagements, nach der der Divisionsleiter seine elf direkt Untergebenen einlud, sich zu einem „Divisionsboard" zusammenzuschließen und Strategien und Richtung vorzugeben. Als Ergebnis verzeichnete man 1986, nachdem Ressourcen in die Entwicklung eines neuen Produktes geflossen waren, einen erstaunlichen Aufstieg von Pampers-Windeln, deren Marktanteil von 40 auf 58 Prozent anstieg.

In *The Leadership Factor* (1987) hatte Kotter den Nachweis erbracht, daß das typische Unternehmen bei der Suche nach Menschen mit Führungsqualitäten und bei deren Entwicklung schlecht abschnitt. Er wies darauf hin, daß Leadership „heute nicht mehr das Gebiet des Unternehmensleiters oder einiger weniger Top-Manager ist, sondern daß Leadership zunehmend in beinahe allen Managementjobs benötigt wird". Und er untersuchte fünfzehn amerikanische Unternehmen, die für ihre Entwicklung von Führungsqualitäten bekannt waren, um die dort beschrittenen Wege zu recherchieren, wobei er unter anderem zu dem Schluß gelangte, daß eine Gemeinsamkeit die nur „mäßig starke Unternehmenskultur" war.

Von hier war es nach *A Force for Change* nur ein kleiner, natürlicher Schritt zu *Corporate Culture and Performance* (1992), in dem Kotter und sein Mitautor James L. Heskett – ebenfalls durch das minutiöse Studium erfolgreich umstrukturierter Unternehmen – nachwiesen, daß eine Unternehmenskultur, die Leadership auf allen Ebenen der Hierarchie fördert, es der betreffenden Organisation leichter macht, sich an veränderte Bedingungen anzupassen und damit erfolgreich zu agieren.

> „Der deutlichste Faktor, der erfolgreiche kulturelle Umwälzungen von erfolglosen unterscheidet, ist eine kompetente Führung an der Spitze ... Anders als auch beim besten Managementprozeß ist es die primäre Funktion von Leadership, daß sie zu einem Wandel führt."
>
> *John P. Kotter*

Den meisten Unternehmen, argumentierten Kotter und Heskett, fehlt es an einer Kultur der Anpassung und „nur mit Leadership erreicht man den Mut, die Vision und die Energie, die nötig sind, um große und schwierige Veränderungen herbeizuführen ..." Ihre damals zehn Fallstudien, darunter British Airways, General Electric, ICI und Nissan, zeigten alle eine Geschichte eines bedeutenden Wandels der Unternehmenskultur – und in der Folge besserer Leistungen – nachdem eine Persönlichkeit, die bereits zuvor durch ihre Führungsqualitäten aufgefallen war, an die Unternehmensspitze bestellt worden war.

Leading Change (1996) führt dieses Thema weiter und untersucht 100 Fälle eines Wandels im großen Maßstab, wobei der Titel bewußt als Gegensatz zum allgemeineren Konzept des „Managing Change" gewählt war. Hierin wurden acht Best-practice-Stadien in diesem Prozeß ausgeführt, allesamt „Führungsaufgaben", bei denen Manager und Führungskräfte

- dazu beitragen, ein Gefühl der Dringlichkeit zu vermitteln,

- eine Koalition zur Führung des Wandels organisieren,

- eine entsprechende Vision des Wandels schaffen,

- diese Vision allen anderen vermitteln,

- die Leute in die Lage versetzen, in Richtung dieser Vision zu arbeiten,

- für kurzfristige Siegesgefühle sorgen, um die Glaubwürdigkeit zu erhöhen,

- den so gewonnenen Schwung dazu nutzen, um größere Probleme des Wandels in Angriff zu nehmen, und neue Ansätze in der Organisationskultur zu institutionalisieren.

Kotter möchte seine Leadership-Studien in Zukunft weiterentwickeln, weil er überzeugt ist, daß dieses Thema in Zukunft noch an Bedeutung gewinnen wird, und daß wir nach wie vor zu wenig darüber wissen.

Wichtige Publikationen

Kotter, J. P. (1982), „What Effective General Managers Really Do", Cambridge, Massachusetts, *Harvard Business Review* (November/Dezember)

Kotter, J. P. (1982), *The General Managers*, New York: Free Press

Kotter, J. P. (1987), *The Leadership Factor*, New York: Free Press; dt.: *Erfolgsfaktor Führung*, Frankfurt 1984

Kotter, J. P. (1990), „What Leaders Really Do", Cambridge, Massachusetts, *Harvard Business Review* (Mai/Juni), Neuauflage Nr. 90309

Kotter, J. P. (1990), *A Force for Change*, New York: Free Press; dt.: *Abschied vom Erbsenzähler*, Düsseldorf 1991

Kotter. J. P./Heskett, J. L. (1992), *Corporate Culture and Performance*, New York: Free Press; dt.: *Die ungeschriebenen Gesetze der Sieger. Erfolgsfaktor Firmenkultur*, Düsseldorf 1993

Kotter, J. P. *„Leading Change: Why Transformation Efforts Fail"*, Cambridge, Massachusetts: *Harvard Business Review* (März/April), Neuauflage Nr. 95204.

Kotter, J. P. (1996), *Leading Change*, Boston, Harvard Business School Press; dt.: *Chaos-Wende-Führung. Leading Change*, 2. Auflage, Düsseldorf 1997

Kotter, J. P. (1997), *Matsushita Leadership*, Boston: Harvard Business School Press; dt.: *Matsushita. Der erfolgreichste Unternehmer des 20. Jahrhunderts*, Wien 1997

Theodore Levitt

* 1925

Marketing als Schlüssel zum erfolgreichen Management

Der in Deutschland geborene Theodore Levitt war der erste Management-theoretiker, der auf die Bedeutung des Marketings hinwies. Beruflich war er über dreißig Jahre lang mit der Harvard Business School verbunden und – für Gurus unüblich – begründete seinen phänomenalen Ruf mit einem einzigen Artikel, „Marketing Myopia", der im Sommer 1960 in der *Harvard Business Review* erschien. Von ihm wurden mehr als 500 000 Exemplare neu aufgelegt und verkauft.

In diesem überaus einflußreichen Artikel konnte Levitt klar darlegen:

> „Die Geschäftstätigkeit eines Unternehmens (ist) ein Prozeß zur Zufriedenstellung der Kunden, nicht ein Prozeß zur Erzeugung von Gütern."
>
> *Theodore Levitt*

Er argumentierte unter anderem, die Manager von Eisenbahngesellschaften hätten ihre Branche dadurch in Schwierigkeiten gebracht, daß sie Eisenbahnen und nicht Transporte nach den Wünschen ihrer Kunden als ihr Geschäft betrachteten. Als hingegen Lord King und Sir Colin Marshall bei British Airways das Unternehmenskonzept kundenzentriert umgestalteten, erreichten sie damit einen dramatischen Aufschwung der Fluglinie und konnten ihren Ruf bei den Fluggästen retten. Vor Levitt, so hört man immer wieder, hatte das Marketing in der Welt des gehobenen Managements kaum einen Platz. Levitt kann für sich in Anspruch nehmen, daß von ihm mehr Artikel in der *Harvard Business Review* abgedruckt wurden als von jedem anderen Guru. Er gab die Zeitschrift von 1986 bis 1990, als ihm schließlich Rosabeth Moss Kanter folgte, sogar selbst heraus. Unter seinen fünf Marketingbüchern betrachtet er *The Marketing Imagination* (1983) als sein wichtigstes. Levitt glaubt, das Geheimnis des Marketingerfolgs bestehe darin, laufend „Fragen zu stellen, um Fingerspitzengefühl und Sensibilität zu entwickeln ... Aufnahmefähigkeit erfordert kognitives Bemühen und persönliches Engagement. Es geht darum, etwas sichtbar zu machen."

Ähnlich wie andere Gurus, vor allem Kenichi Ohmae, beschäftigt sich auch Levitt seit kurzem mit dem Thema des globalen Marktes und der „globalen Marke". Der weltweite Verkauf ein und desselben Produktes, ob es nun Bohnen in Dosen oder Kameras sind, ist ein Thema, über das sich die Gurus durchaus uneinig sind. Ohmae vertritt beispielsweise die Ansicht, es sei wichtiger, als „Insider" im eigenen Verkaufsgebiet aufzutreten, als ein Standardprodukt von einem zentralen Standort aus überall zu verkaufen, während Levitt offensichtlich zu dieser Lösung tendiert.

Levitt beurteilt seinen eigenen Einfluß recht bescheiden. „Was ich erreicht habe, – nun ja, ich konnte mich wohl ein wenig nützlich machen, bin geistig neugierig, lebendig und produktiv geblieben, und es ist mir gelungen, mich für mich selbst interessant zu machen" (Makers of Management: Clutterbuck and Cramer).

Theodore Levitts bahnbrechender Artikel „Marketing Myopia" beginnt mit dem Hinweis, daß jede Branche irgendwann eine Wachstumsbranche war. Nach einer gewissen Periode des Wachstums wiegen sich ihre Manager dann allerdings oft in der trügerischen Sicherheit, dieser Trend werde ewig anhalten. Sie sehen nirgendwo eine Konkurrenz zu ihrem Produkt und setzen deshalb auf Produktivitätszuwächse und Kostenreduktion. Das Ergebnis sind wirtschaftliche Stagnation oder Einbrüche.

Levitt weist nach, daß nur „ein durch und durch kundenorientiertes Management" wachsende Unternehmen auch dann noch wachsen läßt, „wenn alle offensichtlichen Möglichkeiten bereits ausgeschöpft sind".

Die Autoindustrie in Detroit lieferte Levitt eine wichtige Fallstudie für seine These. Sie war von der (von Ford geprägten) Produktionsphilosophie beherrscht und lieferte dem Kunden das, was ihrer Meinung nach der Kunde bekommen sollte. „Detroit recherchierte jedoch nie, welche Bedürfnisse die Kunden tatsächlich hatten", schrieb Levitt. „Dort interessierte man sich nur für das, von dem man sich bereits entschlossen hatte, es dem Kunden anzubieten."

Doch als japanische und europäische Autohersteller ihre Umsätze mit kleinen, kompakten Autos enorm steigern konnten, wachte Detroit auf und stellte sich der Realität, daß nämlich der traditionelle US-Kundenstock bereits teilweise zur Konkurrenz abgewandert war.

Auch anderen lange erfolgreichen Branchen, meinte Levitt, könnte dasselbe drohen, wenn sie ihre organisatorischen Gewohnheiten nicht abstreifen und erkennen, daß „an oberster Stelle des Unternehmens der Kunde und seine Bedürfnisse stehen, nicht aber Patente, Rohmaterialien oder eine exzellente Verkaufstaktik".

> „Verkaufen hat mit den Tricks und Techniken zu tun, wie man Leute dazu bringt, Geld für ein Produkt auszugeben. Es hat aber nichts mit den Werten zu tun, um die es bei diesem Tauschgeschäft geht. Und im Gegensatz zum Marketing stellen sich für den Verkauf Geschäftstransaktionen nicht als ein Prozeß eng verflochtener Bemühungen dar, um Kundenbedürfnisse zu entdecken, zu schaffen, zu wecken und zu befriedigen."
>
> *Theodore Levitt*

Verkaufen, betonte Levitt, ist nicht dasselbe wie Marketing.

Der Unterschied zwischen Marketing und Verkauf ist mehr als „nur ein semantischer Unterschied. Verkaufen konzentriert sich auf die Bedürfnisse des Verkäufers, Marketing auf die Bedürfnisse des Käufers. Der Verkauf hat mit dem Bedürfnis des Verkäufers zu tun, sein Produkt zu Geld zu machen, Marketing mit der Idee, wie man die Bedürfnisse des Kunden mit Hilfe des Produktes und der ganzen Palette an Möglichkeiten, die mit dessen Erzeugung, Vertrieb und Konsum zusammenhängen, befriedigen kann."

In einem marketingbewußten Unternehmen, sagt Levitt, wird viel mehr zum Kauf angeboten als nur ein Grundprodukt oder eine Dienstleistung — etwa, wie das Produkt dem Kunden präsentiert wird, unter welchen Bedingungen. „Vor allem aber bestimmt hier der Käufer und nicht der Verkäufer, was zum Verkauf angeboten wird ... das Produkt ergibt sich aus den Marketingbemühungen, nicht umgekehrt."

Als ein etwas bizarres Beispiel einer Branche, die durch ein Eingehen auf die Bedürfnisse ihrer Kunden den eigenen Niedergang hätte verhindern können, nennt Levitt die Produzenten von Pferdepeitschen nach der Erfindung des Automobils. „Selbst die gelungenste Produktverbesserung hätte nichts gegen das Todesurteil tun können, das damit über dieses Produkt gesprochen war. Doch hätte sich die Branche als Transportbranche statt als Pferdepeitschenbranche verstanden, hätte ihrem Überleben nichts im Wege gestanden. Sie hätte tun können, was zum Überleben notwendig ist, nämlich sich verändern. Selbst wenn sie ihre Geschäftätigkeit enger, als Stimulans oder Katalysator für eine Energiequelle, definiert hätte, gäbe es sie noch, weil sie beispielsweise Keilriemen oder Luftfilter erzeugt hätte."

In *The Marketing Imagination* führt Levitt fünf Faktoren an, deren man sich bewußt sein sollte, um im Wettbewerb bestehen zu können:

1. Der Zweck eines Geschäftes ist es, Kunden zu werben und zu binden.

2. Dazu müssen Güter und Dienstleistungen produziert und angeboten werden, die die Leute wünschen und schätzen, und dies zu Preisen und Bedingungen, die attraktiver sind als jene der Mitbewerber.

3. Um die Geschäfte fortführen zu können, müssen genügend Gewinne erzielt werden, um für Investoren attraktiv zu bleiben.

4. Dazu müssen sich alle Unternehmen über ihre Ziele, Strategien und Pläne klarwerden und diese den Mitarbeitern deutlich mitteilen. Je größer das Unternehmen, desto wichtiger ist ein deutlich niedergeschriebener und überprüfter Katalog von Zielen.

5. Alle Unternehmen müssen über ein System von Belohnungen, Prüfungen und Kontrollen verfügen, um sicherzustellen, daß die so festgelegten Ziele auch verfolgt werden.

Unternehmen, ermahnt Levitt, dürfen sich selbst nicht so sehr als Produzenten von Gütern oder Dienstleistungen betrachten, sondern müssen an ihre Käufer und Kunden denken. Um dies zu erreichen, sind die Führungsqualitäten des Managers äußerst wichtig.

Heute ist Marketing, wie Levitt es noch 1960 bezeichnete, längst kein „Stiefkind" mehr. An den Kunden heranzukommen und diese Position zu halten, wurde von Tom Peters und Robert Waterman in *In Search of Excellence* als wichtige Vorbedingung für ein exzellentes Abschneiden eines Unternehmens genannt. Doch das war im Jahre 1982. Mehr als zwanzig Jahre zuvor erschien diese Idee noch so neu, daß Levitts Artikel in der *Harvard Business Review* in Managementkreisen ein wahres Erdbeben auslöste.

Wichtige Publikationen

Levitt, T. (1960), „Marketing Myopia", Cambridge, Massachusetts, in: *Harvard Business Review*
Levitt, T. (1962), *Innovation in Marketing,* New York: McGraw-Hill
Levitt, T. (1969), *The Marketing Mode,* New York: McGraw-Hill
Levitt, T. (1983), *The Marketing Imagination,* New York: Free Press; dt.: *Marketing Imagination: Die unbegrenzte Macht des kreativen Marketing,* Landsberg 1984

Rensis Likert

1903–1981

Wie Führungsstil und unternehmerischer Erfolg zusammenhängen

Der amerikanische Sozialpsychologe und Forscher Rensis Likert gründete 1949 mit dem Institut für Amerikanische Sozialforschung (Institute for Social Research) an der Universität Michigan eine Pionierinstitution zur Erforschung menschlichen Verhaltens in Organisationen. Seine Arbeit wirkte sich dauerhaft auf Organisationstheorie und Führungslehre aus. Likert ist vor allem für sein Werk *New Patterns of Management* (1961) bekannt, in dem er ausgehend von umfangreichen Befragungen von Arbeitern in Industriebetrieben argumentierte, die gebräuchlichen Managementstile ließen sich linear in mehrere Systeme einteilen. Dabei reicht die Bandbreite von System 1 (ausbeuterisch und autoritär) bis zu System 4 (partizipativ und organisiert nach sogenannten „overlapping groups", also überlappenden Gruppen). Likert erfand auch das Konzept der sogenannten „linking pins" (Verbindungsglieder): Damit gemeint sind Individuen mit der Fähigkeit, die einzelnen Arbeitsgruppen an die Organisation zu binden.

Wie Douglas McGregor lehnte auch Likert die traditionelle Sichtweise der Manager über menschliches Verhalten ab und schlug neue Methoden vor, die auf einem besseren Verständnis der Motivation und des Potentials des einzelnen beruhen sollten.

Likert schloß sein Universitätsstudium 1932 an der Columbia University mit einem Doktortitel ab; seine Diplomarbeit wurde später unter dem Titel „A Technique for the Measurement of Attitudes" publiziert. Danach arbeitete er als Leiter der Forschungsabteilung bei einer Lebensversicherung in Hartford, Connecticut, wo er begann, sich mit unterschiedlichen Managementpraktiken auseinanderzusetzen. 1939 wechselte er als Leiter der Sektion für Agrarprogramme (Director of program surveys) ins Landwirtschaftsministerium in Washington.

Zwischen 1949 und 1969 leitete Likert das Institute for Social Research und gründete nach seiner Pensionierung ein eigenes Beratungsinstitut. In seinen Büchern, das letzte verfaßte er übrigens gemeinsam mit seiner Frau und Kollegin Jane Gibson Likert, finden sich zahlreiche Original-Fallstudien.

134

Rensis Likert war sich sicher, daß ein partizipativer Führungsstil die beste Managementform darstellt und auch am ehesten zu positiven Ergebnissen führt. Einige seiner Zeitgenossen unter den Managementtheoretikern kritisierten ihn wegen seiner simplifizierenden Annahme, daß gute Entscheidungen nur auf dem Wege von Gruppendiskussionen zustande kämen, weshalb er sich gar nicht erst die Mühe gemacht habe, nach besseren Methoden der Problemlösung oder Entscheidungsfindung zu suchen.

Kepner und Tregoe bemerkten dazu in *The Rational Manager* (1965), für Manager wäre dies nicht nur schwierig, sondern auch „von der Realität, mit der sie täglich zu tun haben, meilenweit entfernt".

Likerts primäres Ziel am Institute for Social Research war es, anhand konkreter Fälle unterschiedliche Führungsstile herauszuarbeiten und eine Korrelation zum Abschneiden des jeweiligen Unternehmens herzustellen. Seine Forschungsmethode basierte auf detaillierten Fragebögen, die er von den Mitarbeitern diverser amerikanischer Firmen ausfüllen ließ, wobei sich eine Reihe von Fragen auf das Verhalten der Vorgesetzten bezog. Daraus erstellte er anschließend ein Profil jedes Vorgesetzten oder Managers aus der Sicht seiner Untergebenen. Anhand dieser Profile entwickelte Likert sein kontinuierlich abgestuftes Modell der Führungsstile mit den Systemen 1 bis 4:

1. *Ausbeutend-autoritär:* Management, beruhend auf Furcht und Zwang, bei dem die Kommunikation vertikal von oben nach unten fließt, wo Entscheidungen an der Spitze getroffen werden und unterhalb der Führungsebene niemand in den Entscheidungsfindungsprozeß eingebunden ist, und zwischen Vorgesetzten und Mitarbeitern besteht eine tiefe psychologische Kluft.

2. *Wohlwollend-autoritär:* Management, das sich eher des Zuckerbrots als der Peitsche bedient, bei dem jedoch die Mitarbeiter ebenfalls im wesentlichen Untergebene sind; wenn Information von unten nach oben fließt, so hauptsächlich Meldungen, die der Chef vermeintlich gerne hört; strategische Entscheidungen werden an der Spitze getroffen, nur unwichtige Beschlüsse an eine der unteren Ebenen delegiert.

3. *Beratend-partizipativ:* Management, das Zuckerbrot und Peitsche gebraucht und ernsthaft versucht, mit den Mitarbeitern zu sprechen: Der Kommunikationsfluß funktoniert in beide Richtungen, nach oben durchdringende Informationen sind jedoch auch hier etwas eingeschränkt; wichtige Entscheidungen werden nach wie vor von oben nach unten getroffen.

4. *Partizipativ:* Management, das für materielle Belohnungen sorgt und sich bemüht, die Mitarbeiter in Gruppen einzubinden, die dann auch

Entscheidungen fällen können. Das Management gibt anspruchsvolle Ziele vor und arbeitet eng mit den Mitarbeitern zusammen, um Bestleistungen zu fördern. Die Kommunikation fließt ungehindert in beide Richtungen, ebenso horizontal auf derselben Ebene; die psychologische Kluft zwischen Vorgesetzten und Mitarbeitern ist geschlossen. Entscheidungen werden mittels partizipativer Prozesse getroffen: Arbeitsgruppen sind in die Formalstruktur der Organisation integriert, wozu eine Reihe überlappender Gruppen (overlapping groups) gebildet wird, die mit der restlichen Organisation jeweils durch ein „linking pin" (ein Verbindungsglied) – vorzugsweise ein Team- oder Abteilungsleiter, der sowohl Mitglied der Gruppe als auch des Managements ist – verbunden sind.

Likerts Recherchen ergaben, daß wenig effiziente Abteilungen zumeist „jobzentrierten" Chefs unterstanden, also tayloristisch orientierten Managern, die ihre Untergebenen ständig in einem „vorgegebenen Arbeitszyklus auf vorgeschriebene Art und Weise und bei mittelmäßiger, durch Zeitstandards festgelegter Produktionsleistung beschäftigen".

Am besten schnitten zumeist „mitarbeiterzentrierte" Vorgesetzte ab, die den Umgang mit Menschen und nicht den Job an sich als ihre Hauptaufgabe betrachteten und sich um den Aufbau effektiver Arbeitsgruppen bemühten, denen anspruchsvoll hohe Produktionsziele vorgegeben wurden. Diese Vorgesetzten bewiesen ihre Führungsqualitäten weitgehend in allgemeinen Belangen, sie verzichteten auf detaillierte Anweisungen an ihre Untergebenen und interessierten sich mehr für die übergeordneten Ziele als für die Methoden. Außerdem ließen sie ein hohes Maß an Beteiligung am Entscheidungsfindungsprozeß zu.

In *New Ways of Managing Conflict* skizzieren Likert und seine Frau darüber hinaus ein „System 4 Total Model Organization" oder „System 4T", das ihr Führungssystem 4 um bestimmte Merkmale ergänzt, etwa die noch höheren Leistungsziele, die der Vorgesetzte den Mitarbeitern vorgibt, großes Können und profundes Wissen des Vorgesetzten sowie dessen Fähigkeit, für Planung, Ressourcen, Ausstattung und Unterstützung der Untergebenen zu sorgen. Dieses System 4T ist für Likert die optimale Struktur in bezug auf Gruppenverbindungen und Arbeitsbeziehungen, und er betrachtet es als die beste Methode im Umgang mit Konflikten in einer Organisation.

Likert meint, je stärker sich eine Organisation System 4T annähere, desto besser seien die Auswirkungen auf Produktivität und Gewinnsituation wie auch auf die Konfliktlösungsfähigkeit. Darüber hinaus schlägt Likert für die Zukunft ein neues „System 5" vor, bei dem es keine Autorität durch Hierarchien mehr geben solle, weil sich hier die Autorität des einzelnen nur noch aus seiner Rolle als „linking pin" und aus der Überlappung der Gruppen ergeben wird.

Das Grundprinzip hinter den Arbeiten Likerts und McGregors besagt, daß moderne, effektive Organisationen sich als interagierende Gruppen von Einzelpersonen mit sich gegenseitig unterstüzenden Beziehungen betrachten müssen. Idealziel ist es demnach, eine Organisationsform zu finden, in der die Ziele der Organisation für jeden einzelnen Mitarbeiter persönlich wichtig werden. Bei der Verfolgung dieser Ziele ist Management ein relativer Prozeß, der sich ständig an die zu führenden Individuen anzupassen hat.

Wichtige Publikationen

Likert, R. (1961), *New Patterns of Management*, New York: McGraw-Hill
Likert, R. (1967), *The Human Organization: Its Management and Value*, New York: McGraw-Hill
Likert, R./Likert, J. G. (1976), *New Ways of Managing Conflict*, New York: McGraw-Hill

Douglas McGregor

1906–1964

Theorie X und Theorie Y:
Autoritäres versus partizipatives Management

Der Amerikaner Douglas McGregor ist Sozialpsychologe mit dem Spezialgebiet Mitarbeiterverhalten in Organisationen. Er wurde berühmt durch seine Formulierung der „Theorie X" (autoritäres Management) und der „Theorie Y" (partizipatives Management), die er erstmals 1960 in seinem Buch *The Human Side of Enterprise* vorstellte.

McGregor war einige Jahre lang Präsident des Antioch College und von 1954 bis zu seinem Tod im Jahr 1964 Professor für Management am Massachusetts Institute of Technology.

Er teilte größtenteils die Ansichten über menschliche Bedürfnisse von Abraham Maslow und Rensis Likert. Doch als Maslow in einem kalifornischen Betrieb mit der Theorie Y experimentierte, kam er zu dem Schluß, daß sie in der Praxis nicht unbedingt funktionierte. Weitere Studien über Leistungsmotivation, die nach McGregors Tod von David C. McClelland in Harvard durchgeführt wurden, ergaben ebenfalls, daß die Theorie Y in der Praxis nicht ausreichend flexibel ist.

Allerdings enthüllte 1994 Robert H. Waterman Jr. in *Frontiers of Excellence*, daß McGregor 1956 von einem Procter & Gamble-Manager, David Swanson, der am MIT bei McGregor studiert hatte, eingeladen worden war, um einen Betrieb zur Herstellung von Reinigungsmitteln nach den Prinzipien der Theorie Y zu planen. Swanson hatte im Korea-Krieg bei der US-Armee gedient und war mit der Überzeugung ins zivile Leben zurückgekehrt, daß militärische Befehls- und Kontrollstrukturen für ein wirtschaftlich geführtes Unternehmen absolut ungeeignet sind, weil es mit ihnen nicht gelingen kann, das Verantwortungsgefühl und das Potential des einzelnen zu wecken und anzusprechen.

Dieser Betrieb in Augusta, entworfen für eine nicht-hierarchische Organisationsstruktur, in der eigenständige Teams arbeiten sollten, hatte sofort durchschlagenden Erfolg. Mitte der sechziger Jahre lag seine Produktivität um 30 Prozent höher als jene anderer Procter & Gamble-Betriebe. Die

Muttergesellschaft sorgte in der Folge dafür, daß McGregors System auch in anderen Produktionsstätten angewandt wurde und hielt das Projekt, das als Wettbewerbsvorteil betrachtet wurde, vierzig Jahre lang geheim.

Seit Mitte der neunziger Jahre sind eigenständige Teams ein allgemein akzeptiertes Element des organisatorischen Wandels und neuer Empowerment-Bestrebungen. McGregors Erbe als Lehrer und Forscher beeinflußte eine ganze Generation von Managementtheoretikern, einschließlich Charles Handy und Warren Bennis. Es machte ihn zu einem der einflußreichsten, wenn auch nicht immer anerkannten Gurus dieses Jahrhunderts.

Douglas McGregor war der Ansicht, die Art und Weise, in der eine Organisation betrieben wird, müsse direkt mit der Einstellung ihrer Manager zusammenhängen. „Hinter jeder Entscheidung oder Maßnahme des Managements stehen gewisse Ansichten die menschliche Natur und das menschliche Verhalten betreffend", schrieb er in *The Human Side of Enterprise*, dem seit dem Zweiten Weltkrieg wahrscheinlich meistgelesenen und meistzitierten Buch über Motivation in der Wirtschaft.

Die Studien hinter Theorie X und Theorie Y basierten nicht auf Originalrecherchen, sondern, wie McGregor zugab, auf den synthetisierten und ausformulierten Ideen anderer (darunter, wie Peter Drucker bemerkte, auf Theorien, die er in drei seiner Frühwerke präsentierte: *Concept of the Corporation*, *The New Society*, und *The Practice of Management*).

McGregor hatte die Bezeichnung Theorie X erstmals für eine Reihe von Hypothesen vorgeschlagen, die das Managementdenken seit den Schriften von Henri Fayol bestimmten. Die Theorie X geht von der Annahme aus, daß die meisten Leute faul sind, ihre Arbeit hassen und nur mit der richtigen Mischung aus Zuckerbrot und Peitsche dazu gebracht werden können, Leistungen zu erbringen; daß sie außerdem im Grunde unreif sind, gelenkt werden müssen und selbst keine Verantwortung übernehmen können. Die Theorie Y hingegen basiert auf der gegenteiligen Annahme, daß Menschen ein psychisches Bedürfnis nach Arbeit haben, daß sie Leistungen erzielen und Verantwortung übernehmen wollen – und daß sie im Grunde erwachsene Wesen sind. Nach diesem System war das perikleische Athen eine Gesellschaft im Sinne von Theorie Y, Sparta hingegen eine Gesellschaft im Sinne von Theorie X.

McGregor meinte, daß die Theorie X auf die Verbannung von Adam und Eva aus dem Paradies in eine Welt, in der sie zur Arbeit gezwungen waren, um zu überleben, zurückzuführen sei. „Die Bedeutung, die das Management der Produktivität zuweist, dem Konzept der ‚täglichen Arbeit', wie sehr Bequemlichkeit und geringe Produktion verpönt sind und Leistung angestrebt wird, mag zwar im Hinblick auf die Unternehmensziele logisch erscheinen, reflektiert jedoch zugleich die zugrundeliegende Meinung, daß Manager gegen die inhärente Tendenz des Menschen ankämpfen müßten, jegliche Arbeit zu vermeiden."

Wie Maslow in seiner Bedürfnispyramide machte McGregor eine Hierarchie menschlicher Bedürfnisse aus – von den grundlegenden physiologischen Notwendigkeiten über das Streben nach Sicherheit (und Arbeitssicherheit) bis hin zu den sozialen Bedürfnissen wie Zugehörigkeitsgefühl, Akzeptanz unter Gleichgestellten, Lieben und Geliebtwerden. Über diesen wiederum stehen die „egoistischen" Bedürfnisse – also jene, die sich auf Selbstwertgefühl und Selbstbewußtsein des einzelnen, auf seine Eigenständigkeit, seine Leistung, seine Kompetenz und sein Wissen und schließlich auf seinen Ruf und gesellschaftlichen Status sowie auf die Anerkennung und Wertschätzung durch Gleichgestellte beziehen. Ganz oben in McGregors Pyramide findet sich das Bedürfnis nach Erfüllung, nach dem Erkennen des eigenen Potentials und der Entfaltung der eigenen Persönlichkeit.

„Der Mensch ist ein ‚Bedürfnistier' – sobald ein Bedürfnis befriedigt ist, entwickelt er ein neues", schrieb McGregor in *The Human Side of Enterprise*. „Dieser Prozeß hört nie auf. Er dauert von der Geburt bis zum Tod. Der Mensch strebt ständig danach ... seine Bedürfnisse zu befriedigen."

Da moderne Führungsstrukturen zur Zeit McGregors sowohl physiologische als auch Sicherheitsbedürfnisse bereits relativ gut befriedigten, mußte die Motivation eher über soziale, egoistische und Selbstverwirklichungsbedürfnisse erfolgen. „Wenn keine Gelegenheit besteht, diese Bedürfnisse höherer Ordnung zu befriedigen, fühlen sich die Menschen beraubt und betrogen, und das spiegelt sich in ihrem Verhalten wider", schrieb McGregor.

Würde sich das Management also weiterhin vor allem auf die physiologischen Bedürfnisse konzentrieren, müßten Anreize in diese Richtung wirkungslos bleiben, und die einzige Alternative wäre dieser Philosophie zufolge ein Rückgriff auf das Androhen von Sanktionen. So bestätigt sich ein Teil der Theorie X selbst, „aber nur, weil wir Ursache und Wirkung verwechselt haben".

McGregor fährt fort: „Die Philosophie eines Managements durch Anweisungen und Kontrolle – gleichgültig, ob der Führungsstil weich oder hart ist – kann nicht motivieren, weil die menschlichen Bedürfnisse, auf denen dieser Ansatz beruht, in unserer heutigen Gesellschaft relativ unbedeutende Verhaltensmotivatoren sind. Anweisungen und Kontrolle haben zur Motivierung von Menschen, deren wichtigste Bedürfnisse sozialer oder egoistischer Natur sind, nur begrenzten Wert ... Solange die Annahmen der Theorie X weiterhin die Managementstrategien beeinflussen, können wir das Potential des Durchschnittsmenschen nicht erkennen und um so weniger nutzen."

Die Theorie Y, der Managementansatz, der das Potential des einzelnen ansprechen soll, basierte auf McGregors Beobachtung, daß sich das Managementdenken vom traditionellen „harten" Ansatz ebenso wie von der „weichen" Reaktion nach der Weltwirtschaftskrise beträchtlich entfernt hatte. Er formulierte sechs Grundthesen für seine Theorie Y:

1. „Körperliche und geistige Anstrengung bei der Arbeit ist ebenso natürlich wie das Spiel oder die Ruhe. Der Durchschnittsmensch hat keine angeborene Abneigung gegen Arbeit. Je nachdem, welchen Einfluß der Mensch auf die Bedingungen hat, kann Arbeit eine Quelle der Bedürfnisbefriedigung sein (und wird freiwillig verrichtet werden) oder eine Art Bestrafung darstellen (und wird deshalb nach Möglichkeit vermieden werden)."

2. „Kontrolle von außen bzw. von oben und Strafandrohung sind nicht die einzigen Methoden, um Leute dazu zu bringen, sich für die Ziele einer Organisation einzusetzen. Der Mensch führt und kontrolliert sich im Dienste von Zielen, für die er sich persönlich engagiert, selbst."

3. „Wie sehr sich ein Mensch für Ziele engagiert, hängt davon ab, wie er für das Erreichen dieser Ziele belohnt wird. Die größte dieser Belohnungen, wie zum Beispiel die Befriedigung der egoistischen Bedürfnisse und des Strebens nach Selbstverwirklichung, kann sich direkt aus den Bemühungen ergeben, die für die Ziele der Organisation aufgewendet werden."

4. „Der Durchschnittsmensch lernt unter geeigneten Bedingungen nicht nur, Verantwortung zu übernehmen, sondern er sucht sie sich selbst."

5. „Die Fähigkeit, viel Phantasie, Erfindungsreichtum und Kreativität bei der Lösung organisatorischer Probleme zu entwickeln, ist unter der Bevölkerung nicht selten, sondern sogar sehr häufig anzutreffen."

6. „Unter den Bedingungen der modernen Industriegesellschaft wird das intellektuelle Potential des Durchschnittsmenschen nur teilweise ausgeschöpft."

Diese Hypothesen, erklärte McGregor, haben weitreichende Konsequenzen für das Management. Während die Theorie X im Falle eines Versagens dem Management einen bequemen Sündenbock lieferte – die menschliche Natur in ihrer Beschränktheit –, spielte die Theorie Y den Ball dem Management zu. Waren Mitarbeiter faul, ohne Initiative, oder übernahmen sie keine Verantwortung, waren sie gleichgültig oder nicht kompromißbereit, so mußten nach der Theorie Y die Managementmethoden schuld daran sein. Mit anderen Worten, McGregor wandelte das alte militärische Sprichwort ab: „Es gibt keine schlechten Truppen, sondern nur schlechte Offiziere."

McGregor gab zu, daß seine Theorie Y keineswegs perfekt sei und erst noch in einer Reihe von Organisationen getestet werden müsse. Sein ihm durchaus wohlgesonnener Schüler Abraham Maslow stellte in einem Experiment, das er in einem Elektronikwerk in Kalifornien durchführte, fest, daß die Prinzipien der Theorie Y durchaus ihre Mängel haben. Maslow meinte, dem Individuum werde damit eine zu große Last aufgebürdet, und Menschen hätten ein Bedürfnis nach Führung, Anleitung und eine Form von Autorität.

Peter Drucker sagt dazu: „Es ist mittlerweile erwiesen, daß Theorie X und Theorie Y nicht, wie McGregor behauptete, Theorien über die menschliche Natur sind ... Die ganz alltägliche Erfahrung lehrt uns, daß dieselben Leute auf verschiedene Umstände ganz unterschiedlich reagieren. Sie können in einer bestimmten Situation faul sein und heftigen Widerstand gegen jegliche Arbeit bis hin zur Sabotage leisten. In einer anderen Situation hingegen sind sie motiviert, Leistungen zu erbringen. Hier geht es ganz offensichtlich nicht um die menschliche Natur oder Persönlichkeitsstruktur."

Drucker bezog sich dabei auch auf die Arbeiten von David C. McClelland in Harvard, vor allem auf sein Buch *Motivating Economic Achievement* (Free Press, 1969), in dem McClelland zu dem Schluß gelangte, daß der Wunsch, etwas zu leisten, weitgehend durch die jeweilige Kultur und Erfahrung konditioniert sei, und das sind zwei durchaus variable Faktoren.

> „Die Theorie Y geht davon aus, daß sich Menschen beim Hinarbeiten auf Ziele ihrer Organisation selbst anleiten und kontrollieren, und daß sie sich persönlich für diese Ziele engagieren ... Managementstrategien und -methoden beeinflussen dieses Ausmaß des Engagements ganz entscheidend."
>
> *Douglas McGregor*

McGregor behauptete allerdings nie, seine Theorie Y würde die Notwendigkeit von Autoritäten widerlegen, sondern er sprach sich nur gegen die Annahme aus, Autorität eigne sich für jede Situation, auch für das Ziel, „persönliches Engagement für bestimmte Ziele zu wecken".

Einfach ausgedrückt glaubte McGregor, daß im Menschen viel mehr steckt, als die Manager in der Wirtschaft seiner Zeit verstehen konnten. Die Theorie X leugnet sogar, daß es dieses Potential im Menschen gibt; die Theorie Y hingegen stellt eine Herausforderung an das Management dar, „Innovationen zuzulassen und neue Methoden der Organisation und Kanalisierung menschlichen Strebens zu entdecken, obwohl wir anerkennen, daß die perfekte Organisation ebenso wie das absolute Vakuum kaum erreichbar ist."

Seit Errichtung des Betriebs in Augusta, bestätigt die geschichtliche Erfahrung die grundsätzliche Richtigkeit und Wirksamkeit von McGregors Theorien.

Wichtige Publikationen

McGregor, D. (1960), *The Human Side of Enterprise*, New York: McGraw-Hill; dt.: *Der Mensch im Unternehmen*, Düsseldorf 1970
McGregor, D. (1966), *Leadership and Motivation*, MIT Press
McGregor, D. (1967), *The Professional Manager*, New York: McGraw-Hill

Abraham Maslow

1908–1970

Bedürfnishierarchie und Motivation

Drucker bezeichnete den in New York geborenen Psychologen und Verhaltensforscher Abraham Maslow als „Vater der humanistischen Psychologie". Er erfand den zumeist als Pyramide veranschaulichten Begriff der „Bedürfnishierarchie" zur Auslotung der Wurzeln menschlicher Motivation.

Maslow lehrte an der Universität Wisconsin, unterbrach jedoch seine akademische Karriere zwischen 1947 und 1949, um in der Industrie praktische Erfahrungen zu sammeln. Anschließend nahm er seine Lehrtätigkeit an der Brandeis University in Massachusetts wieder auf, wo er eine Professur annahm und Leiter eines Institutes wurde. Danach verbrachte er neuerlich einige Zeit in der Industrie, um Douglas McGregors Theorie Y in der Praxis eines kalifornischen Elektronikbetriebes zu studieren. Dabei gelangte er zu dem Schluß, daß McGregors Theorie, die er so sehr bewundert hatte, der Realität nicht standhielt, weil sie das Bedürfnis nach Struktur und Sicherheit vernachlässigt, das in der autoritären Theorie X berücksichtigt ist.

Maslows unerschütterlicher Optimismus in bezug auf die positive menschliche Natur war typisch für seine Zeit und das Klima der Nachkriegsjahre. Seine Ideen übten einen nachhaltigen Einfluß auf andere Verhaltenstheoretiker wie Chris Argyris, McGregor selbst, Rensis Likert und Frederick Herzberg aus. Die Maslowsche Bedürfnispyramide postuliert, daß nach Befriedigung der fundamentalen physiologischen Bedürfnisse des Individuums – und dazu gehören nicht nur Wärme, Nahrung und sexuelle Erfüllung, sondern auch eine sichere, strukturierte Umgebung – die höherstehenden Bedürfnisse der Liebe, Wertschätzung und Entfaltung der Persönlichkeit zur Wirkung kommen.

Seine wichtigste Erkenntnis war die Feststellung, daß keines dieser Bedürfnisse absolut zu sehen ist – sobald ein Bedürfnis befriedigt ist, erscheint dessen Befriedigung nicht mehr so wichtig.

„Was Maslow jedoch nicht sah", wandte Drucker in seinem Klassiker *Management: Tasks, Responsibilities, Practices* ein, „ist, daß sich ein Bedürfnis mit seiner Befriedigung verändert. Sobald ein wirtschaftliches Bedürfnis befriedigt ist, sobald also ein Mensch nicht mehr jedes andere menschliche Bedürfnis und jeden anderen Wert der Sicherung der nächsten Mahlzeit unterordnen muß, wird es immer weniger befriedigend, zusätzliche wirtschaftliche Werte zu erreichen. Das bedeutet nicht, daß die wirtschaftlichen Werte selbst unwichtiger werden. Im Gegenteil, obwohl ein wirtschaftlicher Wert einen immer geringeren positiven Anreiz darstellt, erhöht sich, wenn die Befriedigung ausbleibt, rasch die dadurch hervorgerufene Unzufriedenheit. In der Herzbergschen Terminologie stellen wirtschaftliche Werte irgendwann keine ‚Motivatoren' mehr dar, sondern werden zu ‚Hygienefaktoren'. Befriedigt man wirtschaftliche Bedürfnisse nicht entsprechend – stellt sich also Unzufriedenheit mit ihrer Befriedigung ein – werden sie zu ‚Unzufriedenmachern'. Wir wissen heute, daß dies für jedes der Maslowschen Bedürfnisse gilt. Wenn sich ein Bedürfnis seiner Sättigung nähert, nimmt seine Fähigkeit zur Befriedigung und damit seine Motivationskraft rasch ab. Doch seine Eigenschaft, Unzufriedenheit zu erzeugen und demotivierend zu wirken, erhöht sich ebenso rasch."

Drucker wies darauf hin, daß – sobald ein Bedürfnis befriedigt ist – immer stärkere Anreize nötig sind, um ein einmal erreichtes Maß an Bedürfnisbefriedigung aufrecht zu erhalten. Und er meinte, bei wirtschaftlichen Anreizen bestehe die Gefahr, daß sie zunehmend als wohlerworbene Rechte oder Ansprüche betrachtet werden.

Maslows Erfahrungen in einem kalifornischen Elektronikbetrieb erwiesen sich zur Anwendung der sehr theoretischen Ansicht Douglas McGregors (der „Theorie Y"), wonach die meisten Menschen arbeiten, Leistungen erbringen und Verantwortung übernehmen wollen, in der Praxis als überaus nützlich. Nach „Theorie Y" verhalten sich die meisten Menschen von Natur aus reif – im Gegensatz zur „Theorie X", derzufolge die Menschen im Grunde unreife Wesen sind, die dringend der Anleitung und Führung bedürfen.

Maslow entdeckte – in einem Unternehmen, das bedingungslos an die Theorie Y glaubte –, daß sogar eine aus starken und reifen Individuen bestehende Organisation die Sicherheit gewisser Strukturen und Richtungsangaben benötigt. Er kritisierte seinen Mentor McGregor wegen dessen „Inhumanität" den Schwachen, Verletzlichen und Unreifen gegenüber, die die „Belastung" der individuellen Verantwortung nicht tragen könnten. Trotzdem blieb Maslow ein überzeugter Verfechter der fundamentalen Richtigkeit der Theorie Y, wobei seine Lösung lautete, man könne und solle Theorie X eben durch eine verbesserte Version von Theorie Y ersetzen. Diese sei in vielerlei Hinsicht anspruchsvoller als autoritäre Vorschriften, weil sie vom einzelnen einfach mehr verlange.

Weitergedacht gilt sein Argument, wie Drucker erklärt, sogar noch stärker für flexible und ihrer Form nach freie Organisationen, weil diese ihren Mitgliedern größere Lasten aufbürden, als das in traditionellen Kontroll- und Befehlsstrukturen der Fall ist.

Wichtige Publikation

Maslow, A. H. (1970), *Motivation and Personality*, New York: Harper and Row; dt.: *Motivation und Persönlichkeit*, Reinbek 1981

Elton W. Mayo

1880–1949

Human Relations in der Wirtschaft und der Respekt vor dem einzelnen Menschen

Der in Australien geborene Mayo wird als Begründer der Wirtschaftssoziologie, insbesondere der „Human-Relations-Schule" betrachtet. Sie ist aus Mayos Entdeckungen bei den Hawthorne-Experimenten der Jahre 1927–32 im Zusammenhang mit der Motivation der Arbeiter zu höheren Leistungen hervorgegangen.

Mayo, Absolvent der Universität Adelaide, der auch an den Universitäten London und Edinburgh Medizin studiert hatte, lehrte zwischen 1911 und 1919 Philosophie und Ethik an der Universität Queensland. Im Jahre 1923 emigrierte er in die USA, wo er sich zunächst an einem dreijährigen Forschungsprojekt in einem Textilbetrieb in Pennsylvania beteiligte, und ging 1926 als außerordentlicher Professor für betriebswirtschaftliche Studien an die Harvard Universität.

Den Großteil seiner beruflichen Laufbahn verbrachte Mayo in Harvard, wo er zuletzt als Professor für betriebswirtschaftliche Studien an der Graduate School of Business Administration tätig war. Zusätzlich arbeitete er als Industrieberater für die britische Nachkriegs-Labour-Regierung unter Clement Attlee.

Die erste wichtige Erkenntnis Elton Mayos lautete, daß Arbeitszufriedenheit nicht rein wirtschaftliche Wurzeln hat, sondern eher mit dem Interesse an den Leistungen des Arbeitnehmers zusammenhängt als mit seiner finanziellen Entlohnung. Dabei ist es sein Verdienst, von dem Konzept „Motivation durch finanzielle Entlohnung", die seit den Schriften F. W. Taylors als Hauptanreiz galt, abzugehen. Arbeiter lehnen den „Taylorismus" ab, erklärte Mayo, weil er trotz seiner effizienzfördernden Wirkung im Grunde ein aufgezwungenes System darstellt, das auf die Ansichten der einzelnen Mitarbeiter nicht ausreichend eingeht.

Die Bedeutung der Kommunikation zwischen Management und Arbeitern, eine der wichtigsten Entdeckungen Mayos, bildete die Grundlage für viele Arbeiten späterer Managementtheoretiker und -autoren, unter anderem für

Peters und Waterman (*In Search of Excellence*) und für die Soziologenschule der fünfziger Jahre, die von Chris Argyris, Frederick Herzberg und Abraham Maslow angeführt wurde.

Die Hawthorne-Experimente, mit denen Mayos Name für immer verbunden bleiben wird, tragen diese Bezeichnung nach den Hawthorne-Werken der Western Electric in Chicago. Sie wurden von einem Harvard-Wissenschaftlerteam unter Mayos Leitung in den Jahren von 1927 bis 1932 (und danach noch fünf weitere Jahre) mit 75 bis 100 Befragungspersonen durchgeführt, die 20 000 Mitarbeiter der Western Electric beobachteten und mit ihnen arbeiteten.

Diese Experimente hatten sich aus einer früheren Testreihe der Western Electric heraus entwickelt, in deren Verlauf die Arbeitsbedingungen im Werk verändert wurden, was unerwartete Auswirkungen auf die Leistung der Mitarbeiter hatte. An den Tests nahmen zwei Arbeiterteams teil. Als in einer der Gruppen die Beleuchtung verbessert wurde, stieg die Produktion in dieser Gruppe drastisch an – doch überraschenderweise nicht nur in dieser, sondern auch in der anderen Gruppe, in der die Lichtverhältnisse unverändert geblieben waren.

Mayo hakte nach und veränderte zehn Faktoren im Rahmen der Arbeitsbedingungen. Unter anderem verkürzte er die Arbeitszeit, experimentierte mit verschiedenen Pausen und einer Reihe von Anreizen. Mayos Forschungsteam verbrachte viel Zeit mit den Arbeitsteams – es handelte sich um jeweils sechs Frauen – und diskutierte die Veränderungen mit ihnen, bevor sie durchgeführt wurden. Mit jeder Änderung erhöhte sich der Output. Stellte man den Teams in Aussicht, zu den ursprünglichen Arbeitsbedingungen mit einer 48-Stunden-Woche ohne alle Anreize und Pausen zurückzukehren, stieg die Produktionsleistung neuerlich – und zwar auf das höchste in Hawthorne jemals registrierte Niveau. Ein weiteres signifikantes Ergebnis der Experimente war ein Rückgang der Krankenstände um 80 Prozent.

Die einzige Erklärung für diese Resultate, schrieb Mayo in einer seiner späteren Publikationen, konnte nur darin liegen, daß die Arbeitszufriedenheit der Frauen enorm gestiegen war, weil diese sich plötzlich als Teams und nicht nur als Rädchen im Getriebe fühlten, und weil die Kommunikation zwischen Forschern und Arbeiterinnen bei den Frauen den Eindruck erweckte, daß sie geschätzt würden und selbst für ihre Einzelleistungen sowie für die Gruppenleistung verantwortlich seien. Dieses Zusammengehörigkeits- und Selbstwertgefühl erwies sich für die Produktivität der Arbeiterinnen wichtiger als alle Verbesserungen in der Arbeitsumgebung.

Obwohl Mayo seine Ergebnisse erst Jahre nach Durchführung der Hawthorne-Experimente zusammenfaßte, kam es durch eine zur gleichen

Zeit stattfindende Serie von Interviews in den Werken von Chicago zu einer ebenso wichtigen Entdeckung, nämlich daß Konflikte zwischen Arbeitnehmern und Management häufig nicht so sehr auf die vordergründigen Streitursachen, beispielsweise zu kurze Teepausen oder unzureichende Beleuchtung, zurückzuführen sind, sondern vielmehr auf die allgemeine emotionale Befindlichkeit. Die Arbeiter werden von einer „Logik der Gefühle" beherrscht, schloß Mayo, während die Manager nach einer „Logik der Kosten und der Effizienz" vorgehen. Ohne Verständnis für die Einstellung des jeweils anderen und ohne Kompromiß sind Konflikte unvermeidlich.

Die wichtigste Bedeutung der Hawthorne-Experimente lag Mayos Ansicht nach in ihrer Widerlegung der strikten tayloristischen Eigennutz-Philosophie, weil Arbeiter spontane Zusammenarbeit und kreative Beziehungen zu ihren Kollegen schätzen und sich dies auch in ihren Leistungen niederschlägt. „Das Bedürfnis, sich mit den Kollegen gut zu verstehen, der sogenannte menschliche Sozialinstinkt, wiegt das pure Eigeninteresse und die Logik der Vernunft jederzeit auf, auf der so viele Scheinprinzipien der Führungslehre basieren", schrieb Mayo in *The Social Problems of an Industrial Civilization*.

Mayo wandte sich jedoch gar nicht gegen das wissenschaftliche Management, so sehr er Taylors rigide Anwendung dieses Prinzips auch ablehnte. „Beobachtung – Können – Experimentieren und Logik – das sind die drei Stufen zum Fortschritt", schrieb er im selben Buch. Nach Mayos Ansicht widerlegten seine Ergebnisse das, was er als die „Pöbelhypothese" der Gesellschaft als einer „Horde unorganisierter Individuen" bezeichnete, die „alle nur so agieren, daß sie damit Selbstschutz oder Eigennutz wahren und gewährleisten."

Zwei spätere Soziologen und Autoren, D. C. Miller und W. H. Form, entwickelten in ihrem Buch *Industrial Sociology* acht wichtige Schlußfolgerungen aus Mayos Forschungsarbeiten, die in A. C. Browns *The Social Psychology of Industry* (1954) zitiert sind:

1. Arbeit ist eine Gruppentätigkeit.

2. Die soziale Welt der Erwachsenen wird vor allem durch Arbeit strukturiert.

3. Das Bedürfnis nach Anerkennung, Sicherheit und einem Gefühl der Zugehörigkeit ist für die Arbeitsmoral und Produktivität wichtiger als physische Arbeitsbedingungen.

4. Klagen spiegeln nicht unbedingt objektive Mängel wider; sie sind normalerweise eher ein Symptom für Störungen in der Befindlichkeit des Klagenden.

5. Ein Arbeiter ist ein Mensch, dessen Einstellungen und Effektivität von seinen sozialen Bedürfnissen innerhalb und außerhalb des Arbeitsplatzes abhängen.

6. Informelle Gruppen am Arbeitsplatz üben einen starken sozialen Einfluß auf die Arbeitsgewohnheiten und -einstellungen des einzelnen Arbeiters aus.

7. Der Übergang von einer etablierten zu einer flexiblen Gesellschaft ... stört zumeist laufend die soziale Organisation einzelner Unternehmen und ganzer Branchen.

8. Die Zusammenarbeit in der Gruppe ergibt sich nicht zufällig; sie muß geplant und entwickelt werden. Gelingt der Aufbau von Gruppenarbeit, können die in der Arbeit zur Wirkung kommenden Gruppenbeziehungen einen Zusammenhalt fördern, der sogar den störenden Einflüssen einer im Wandel befindlichen Gesellschaft widersteht.

Ein weiterer Wirtschaftspsychologe und Autor der fünfziger Jahre, Gordon Rattray Taylor, behauptete – ausgehend von seinen Beobachtungen in Unternehmen, die Mayos Prinzipien auch in die Praxis umgesetzt hatten –, daß durch Anwendung dieser Methoden Großbritannien sein Volkseinkommen innerhalb von fünf Jahren ohne zusätzliche Kapitalinvestitionen um 50 Prozent erhöhen könnte, und daß die Preise vieler Produktionsgüter dadurch um ein Drittel gesenkt würden. Unnötig zu betonen, daß dieses Experiment niemals in derart großem Maßstab landesweit durchgeführt wurde, weshalb G. R. Taylors Theorie weder zu belegen noch zu widerlegen war.

Mayos Entdeckung der Bedeutung der Peer Group im Arbeitsleben führte zu seiner Schlußfolgerung, daß in jeder formalen Organisation zahlreiche informelle Organisationen existieren, die man zu höherer Produktivität anregen kann, indem man sie anleitet, selbst aktiv zu werden, und indem ihnen die Manager Interesse und Respekt entgegenbringen.

Im Grunde glaubte Mayo, die Gesellschaft als ganze könne durch die Schaffung einer Atmosphäre spontaner Zusammenarbeit in der Wirtschaft gegen den Zusammenbruch der traditionellen Werte nach dem Krieg ankämpfen. Das blieb für ihn übrigens eine der wichtigsten Aufgaben des Managers. Die Human-Relations-Bewegung näherte sich, ausgelöst durch Mayos Arbeit, mit den Methoden der wissenschaftlichen Forschung der wichtigen Frage, wie Motivation und Engagement des einzelnen für die Ziele des Unternehmens genutzt werden können.

Mayos Beitrag zur Managementtheorie ist überaus wichtig. Er konnte nachweisen, welche Auswirkungen menschliche Gefühle und Reaktionen sowie eine respektvolle Behandlung der Mitarbeiter durch das Management im allgemeinen haben, und daß sich diese Faktoren sogar in harten Bilanzzahlen niederschlagen. Außerdem war Mayo ein Pionier auf dem Gebiet der Kommunikation zwischen Management und Arbeitnehmern – wegen des Respekts für den jeweils anderen, den er von Chefs und Arbeitnehmern einforderte, ebenfalls ein neues Konzept.

Management, das wies Mayo ein für allemal nach, kann in der Führung der Mitarbeiter einer Organisation nur dann erfolgreich sein, wenn diese Mitarbeiter in ihren informellen Gruppen die Führung bedingungslos akzeptieren. Für Mayo brachten die Hawthorne-Experimente insbesondere die Erkenntnis, daß die Beziehung zwischen Arbeitsgruppen und Management eines der grundlegenden Probleme der Großindustrie darstellt. Die Organisation von Teamarbeit – die Entwicklung und Erhaltung von Kooperationen – muß demnach ein wesentliches Anliegen des Managements sein. Vor allem aber sollten sich Mayos Meinung nach Führungspersönlichkeiten weniger darüber Gedanken machen, was „wir" „ihnen" mitteilen wollen, und lieber besser zuhören, was „sie" wissen und aufnehmen wollen.

„Das Human Relations-Rezept, so selten es praktiziert wird, ist und bleibt die klassische Formel", schrieb Peter Drucker 1973. Und bis heute wird es zu selten angewandt, obwohl sich längst alle Manager dazu bekennen.

Wichtige Publikationen

Mayo, E. (1933), *The Human Problems of an Industrial Civilisation*, London: Macmillan
Mayo, E. (1949), *The Social Problems of an Industrial Civilisation*, London: Routledge and Kegan Paul

Henry Mintzberg

* 1939

Wie Strategien entwickelt werden und wie Manager ihre Zeit planen

Der Kanadier Henry Mintzberg ist Professor für Managementlehre an der McGill Universität in Montreal und am INSEAD bei Paris. Sein weithin einflußreiches Wirken zerfällt in drei Hauptgebiete: (1) Strategieentwicklung, (2) der tatsächliche (im Gegensatz zum vermeintlichen) Tagesablauf und die mentalen Prozesse bei Managern (Theorie von der linken und rechten Gehirnhälfte) sowie (3) bedürfnisgerechte Organisationsplanung.

Mintzberg, der ursprünglich an der McGill-Universität Technik studiert hatte und später an der Sloan School of Management am MIT seine Studien fortsetzte, ist mit seinem gut lesbaren Stil und den erfrischend unkonventionellen Ansätzen einer der besonders leicht zugänglichen Managementautoren. Er hat über hundert Monographien und Artikel sowie neun Bücher verfaßt. Mintzberg genießt unter all denen, die sich für die Kunst des strategischen Managements und der strategischen Planung interessieren, deren geschichtliche Entwicklung er 1994 auf typisch provokante Art unter dem Titel *The Rise and Fall of Strategic Planning* beschrieb, einen ausgezeichneten Ruf.

Mintzbergs Lehrtätigkeit ist internationaler und multikultureller als die jedes anderen Gurus auf seinem Gebiet. Gegenwärtig leitet er ein Projekt, an dem sich fünf Wirtschaftsuniversitäten in Kanada, England, Japan, Frankreich und Indien beteiligen und bei dem es um die Managementausbildung der nächsten Generation im Kontext ihrer Arbeit und der Bedürfnisse ihrer Organisationen geht. Nach Mintzbergs Ansicht sind konventionelle Universitätslehrgänge für die tatsächliche Berufspraxis des Managers weitgehend wertlos. Einer seiner Lieblingsaussprüche lautet:

> „Manager werden nicht im Hörsaal gemacht."
>
> *Henry Mintzberg*

Seinen Ruf begründete Mintzberg mit dem 1973 erschienenen Buch *The Nature of Managerial Work* sowie mit dem Artikel „The Manager's Job: Folklore and Fact" in der *Harvard*

Business Review 1975, der seine Thesen einem größeren Publikum zugänglich machte. Für die Recherchen zu seinem Buch verbrachte er in fünf mittelgroßen bis großen Organisationen – einem Beratungsbüro, einem technischen Betrieb, einem Krankenhaus, einer Konsumgüterfirma und einer Schulbehörde – jeweils eine Woche und beobachtete, womit die leitenden Manager ihren Tag verbrachten. Zusätzlich enthält das Buch Studien über Manager der mittleren Ebenen vom technischen Betriebsleiter bis zum Krankenhausverwalter.

Weit davon entfernt, dem Manager eine großartige, alles überblickende Rolle zuzubilligen, wie Peter Drucker mit seiner Analogie des Managers als Dirigent, stellte Mintzberg fest, der Tagesablauf eines Managers sei durch ständige Unterbrechungen gekennzeichnet. Sie stellen für ihn etwas durchaus Positives dar, weil sie ihm den Eindruck vermitteln, er könnte als Reaktion auf den Arbeitsdruck in vielen Bereichen gleichzeitig viel erreichen, wenn auch nur grob und unvollständig.

„Beim Springen von einem Thema zum nächsten genießt er (der Manager) die zahlreichen Unterbrechungen und entledigt sich eines Problems häufig in zehn Minuten oder weniger. Er beschäftigt sich vielleicht tatsächlich mit 50 Projekten gleichzeitig, doch die hat er alle delegiert. Er jongliert mit ihnen und prüft sie in periodischen Abständen, bevor er sie wieder ihrem Gang überläßt."

Die von Henri Fayol 1916 vorgelegten vier Definitionen der Arbeit eines Managers – Planung, Organisation, Koordination und Kontrolle – wirken sich in der täglichen Routine kaum aus, entdeckte Mintzberg. Doch, wie er in einem Artikel in der *Harvard Business Review* als Zusammenfassung seines Buches von 1973 erklärte: „Wie können wir Management lehren, wenn wir die richtige Antwort selbst gar nicht kennen? Wie können wir Planungs- oder Informationssysteme für Manager entwickeln? Wie können wir die Managementpraxis überhaupt verbessern?"

Die Hälfte aller Aktivitäten der fünf von Mintzberg beobachteten Manager nahm weniger als neun Minuten in Anspruch, und nur zehn Prozent aller Tätigkeiten dauerten länger als eine Stunde. „Diese Manager erhielten ab dem Zeitpunkt, an dem sie am Morgen ins Büro kamen, bis sie abends wieder nach Hause gingen, einen unaufhörlichen Strom von Anrufen und Post ... Eine Untersuchung des Tagesablaufs von 160 britischen Managern der obersten und mittleren Ebene ergab, daß sie nur einmal in zwei Tagen eine halbe Stunde oder länger ununterbrochen arbeiteten."

„Im Gegensatz zu den Behauptungen in der gängigen Literatur bringt die Arbeit des Managers keine umsichtigen Planungspersönlichkeiten hervor; als ein Mensch, der durch seinen Job darauf konditioniert ist, Dinge lieber gleich als nach reiflicher Überlegung zu erledigen, reagiert der Manager unmittelbar auf Reize."

Auch verbringt der Manager ebensoviel Zeit mit Menschen außerhalb ihres Unternehmens wie mit Mitarbeitern, stellte Mintzberg fest. „Er scheut schriftliche Berichte, überfliegt Zeitungen und erledigt eigentlich nur die Post" Er zieht es vor, bei Sitzungen und am Telefon mündlich informiert zu werden, und verläßt sich weitgehend auf Tratsch und Gerüchte innerhalb und außerhalb des Unternehmens, um auf dem laufenden zu bleiben.

Tatsächlich, schloß Mintzberg in einem denkwürdigen Statement, „unterscheiden sich die Führungspersönlichkeiten, die ich studieren durfte – und die unter allen Gesichtspunkten überaus kompetent sind –, nicht von ihren Vorgängern vor 100 Jahren (oder meinetwegen vor 1 000 Jahren). Sie benötigen zwar andere Informationen, beschaffen sie sich jedoch auf dieselbe Weise – mündlich. Ihre Entscheidungen betreffen die moderne Technik, doch die Verfahren, die sie anwenden, sind dieselben wie die der Manager des neunzehnten Jahrhunderts."

„Manager scheinen einen Narren an ‚weichen' Informationen gefressen zu haben, vor allem an Tratsch, Gerüchten und Spekulationen. Warum? Nun, sie müssen auf dem laufenden bleiben: Die Gerüchte von heute könnten durchaus die harten Fakten von morgen sein. Ein Manager, der sich gegenüber einem Anruf, bei dem er erfährt, daß sein größter Kunde mit seinem wichtigsten Konkurrenten beim Golfen war, taub stellt, könnte im nächsten Quartalsbericht eine dramatische Umsatzeinbuße feststellen. Nur ist es dann bereits zu spät."

Außerdem „schreiben Manager ganz offensichtlich nicht viel von dem, was sie hören, auf. Die strategische Datenbank des Unternehmens befindet sich daher nicht im Speicher seiner Computer, sondern in den Gehirnen seiner Manager."

Aus dieser Materialfülle, das den meisten konventionellen Hypothesen über die Tätigkeit des Managers kühn widerspricht, arbeitete Mintzberg zehn wichtige Funktionen des Managers heraus, die er in drei Hauptgruppen unterteilte – interpersonelle Funktionen, Informationsfunktionen und Entscheidungsfunktionen.

Die interpersonellen Funktionen umfassen seiner Definition nach drei Funktionen, die für Manager essentiell sind: Die Funktion als Galionsfigur, als Führungspersönlichkeit und als Verbindungsglied. Die beiden ersten sind selbsterklärend: Die Galionsfigur bekleidet eine formale, zeremonielle Rolle etwa beim Halten wichtiger Reden, beim Empfang von Würdenträgern und beim Essen mit wichtigen Kunden; die Führungspersönlichkeit stellt Leute ein, bildet sie aus und motiviert sie. Die dritte Funktion bezieht sich auf das

Beziehungsnetz des Managers innerhalb und außerhalb der Organisation losgelöst von der vertikalen Befehlskette bezieht und dient hauptsächlich der Errichtung eines privaten Informationsnetzwerks. „Manager verbringen ebensoviel Zeit mit Gleichrangigen und anderen Menschen außerhalb ihres Arbeitsbereiches wie mit ihren Mitarbeitern, doch überraschend wenig Zeit mit ihren Vorgesetzten."

Die Informationsfunktionen umfassen die Aktivitäten des Managers als Beobachter (der über alle Ereignisse auf dem laufenden ist), als Verbreiter (der wesentliche Informationen an Mitarbeiter weitergibt) und als Sprecher (als Sprachrohr der Einheit).

Die Entscheidungsfunktionen werden − wie zu erwarten war − als besonders wichtig beschrieben. Mintzberg unterscheidet hierbei vier Kategorien: als Unternehmer, Konfliktmanager, Ressourcenverwalter und als Verhandler.

Als Unternehmer strebt der Manager danach, „seine Einheit zu verbessern und an die sich wandelnden Bedingungen anzupassen". Dabei ist er manchmal mit bis zu fünfzig verschiedenen Projekten gleichzeitig befaßt, wie z.B. mit der Initiierung einer PR-Kampagne, der Arbeit an einer schlechten Cash-flow-Position, mit der Umstrukturierung einer schwachen Abteilung oder der Beobachtung der verschiedenen Schritte auf dem Weg zu einer größeren Transaktion. Als Konfliktmanager reagiert der Manager auf Vorfälle und Veränderungen, die unvorhersehbar sind und außerhalb seiner Kontrolle liegen: ein Streik, der Konkurs eines wichtigen Kunden oder das Versagen eines wichtigen Lieferanten.

> „Der Manager erweist sich als das Nervenzentrum seiner Organisationseinheit. Er weiß vielleicht nicht alles, aber normalerweise weiß er mehr als jeder seiner Mitarbeiter ... Viele seiner Kontakte beziehen sich auf andere Manager mit demselben Status, die selbst ebenfalls Nervenzentren ihrer Organisationseinheit sind. Auf diese Weise entwickelt der Manager eine wertvolle Informationsdatenbank. Die Verarbeitung von Informationen ist ein wesentlicher Teil seiner Arbeit ... Der Großteil der Arbeit ist Kommunikation."
>
> *Henry Mintzberg*

Hier rückt Mintzberg besonders deutlich von Druckers Vergleich der Rolle des Managers mit der eines Dirigenten ab. „Im Endeffekt muß jeder Manager einen Großteil seiner Zeit mit der Reaktion auf drängende Probleme verbringen."

Als Ressourcenverwalter muß der Manager darüber entscheiden, wie er die Ressourcen in seiner Organisation bestmöglich einsetzt, darunter auch die Fähigkeiten und Talente der Mitarbeiter und – besonders wichtig – seine eigene Zeit. Als Verhandler ist er für die ganze Bandbreite von Entscheidungen bei Verhandlungen mit anderen Menschen verantwortlich, egal ob diese einen schwierigen Kaufvertrag, einen drohenden Streik, Klagen der Belegschaft oder die Anwerbung eines neuen „Starplayers" ins eigene Team betreffen.

Die verschiedenen Aspekte dieser wechselnden Funktionen führten Mintzberg zu dem Schluß, daß Management eher eine Kunst denn eine vermittelbare Wissenschaft sein müsse und eines laufenden Prozesses der Selbstbildung und Selbstüberprüfung bedürfe. Er wies auch darauf hin, daß die beschriebenen Funktionen nur Teil eines Ganzen sind und sich nicht einfach trennen lassen, beispielsweise durch Aufteilung eines Managementjobs in interne und externe Funktionen, obwohl seiner Beobachtung nach nicht alle Manager allen Funktionen gleiches Augenmerk schenken. (Verkaufsmanager betonten zumeist die interpersonellen Funktionen, . Produktionsmanager die Entscheidungsfunktionen und Stabsmanager die Informationsfunktionen.)

In einer Zusammenfassung seiner Studienergebnisse für einen Artikel in der *Harvard Business Review* erklärte Mintzberg 1975, der Arbeitsdruck „dränge den Manager zu Oberflächlichkeit in seinem Handeln – zu Arbeitsüberlastung, häufigen Unterbrechungen, raschen Reaktionen auf alle Reize, zum Streben nach dem Greifbaren und zum Vermeiden alles Abstrakten, zum Treffen von Entscheidungen in kleinen Schritten und zu abrupten Handlungen ... die Gefahr bei der Arbeit des Managers besteht darin, daß (er) auf alle Fragen gleich (und das heißt abrupt) reagiert und die greifbaren kleinen Einheiten des Informationsinputs niemals zu einem umfassenden Bild seiner Arbeit zusammenstellen kann."

Managementschulen, schloß Mintzberg, könnten erst dann „ernsthaft mit der Ausbildung von Managern beginnen, wenn das praktische Training gleichberechtigt neben dem kognitiven Lernen steht ... Kognitive Lernprozesse eignen sich ebensowenig zur Ausbildung eines Managers wie zu der eines Schwimmers. Dieser muß, sobald er zum ersten Mal ins Wasser springt, auch ertrinken, wenn ihn der Lehrer nie aus dem Klassenzimmer hinaus zum Wasser führt und ihm entsprechendes Feedback gibt."

Echte Managementfähigkeiten wie das Knüpfen und Entwickeln von Beziehungen unter Gleichrangigen, die Konfliktlösung, das Informationshandling und das Verhandeln müssen geübt werden, und Manager sollten genug von ihrem Job verstehen, um das zu wissen.

„Kein Job ist für unsere Gesellschaft wichtiger als der des Managers", erklärte Mintzberg. „Der Manager bestimmt darüber, ob unsere Institutionen nützlich für uns sind oder ob sie unsere Talente und Ressourcen vergeuden. Es ist an der Zeit, die Arbeit des Managers von zahlreichen landläufigen Irrtümern zu befreien und sie realistisch zu beurteilen, damit wir mit der schwierigen Aufgabe beginnen können, die auf diesem Gebiet erbrachten Leistungen entscheidend zu verbessern."

Aus seiner Analyse der Elemente, die zur Arbeit des Managers gehören, ging Mintzberg dazu über, den optimalen Aufbau von Organisationen zu untersuchen, wie er in seinen Büchern *The Structuring of Organizations* (1979) und *Structures in Fives: Designing Effective Organizations* (1983) darlegte.

Er gelangte zu dem Schluß, daß sich Organisationsstrukturen zumeist in fünf Hauptkategorien unterteilen lassen: einfach strukturierte Organisation, Technobürokratie, Amtsbürokratie, Divisionenstruktur und Adhocratie – ein Ausdruck, den Robert Waterman vor kurzem übernommen und neu definiert hat, um die idealen Bedingungen für eine flexible, innovationsfördernde Unternehmensstruktur zu beschreiben. (Waterman, Autor von *The Renewal Factor* und zusammen mit Tom Peters Verfasser des absoluten Bestsellers *In Search of Excellence*, nennt Mintzberg einen jener Gurus, von denen er am meisten übernommen hat.)

Mintzbergs einfach strukturierte Organisation ist schlicht dies: eine zentral ausgerichtete, zumeist autokratische Anordnung, typisch für die unternehmergegründete Organisation. Hier gibt es nur wenige hierarchische Ebenen, und die Kontrolle wird von einem starken Geschäftsführer ausgeübt. Diese Organisationsform bewirkt starke Loyalitäten aufgrund ihrer Einfachheit, Flexibilität, ihres informellen Charakters und des „Sendungsbewußtseins". Doch sie ist überaus anfällig für Schicksalsschläge: „ein einziger Herzinfarkt kann buchstäblich den wichtigsten Bindemechanismus des Unternehmens auslöschen."

Die Technobürokratie bezieht im Gegensatz dazu ihre Stärke aus dem, was Mintzberg als „Technostruktur" bezeichnet – den Vertretern des Controlling, der strategischen Planung und der Produktion. Am besten schneidet sie im Rahmen einer Massenproduktion ab, und sie zeichnet sich durch vielschichtige Managementebenen und formelle Verfahren aus. Auf Wandel reagiert sie träge, und es gibt Probleme mit der Motivierung der Mitarbeiter. Ein typisches Beispiel wäre etwa ein großer Automobilhersteller.

Die Amtsbürokratie baut nicht so sehr auf Hierarchien als auf gemeinsames Fachwissen auf – es könnte sich dabei um die Kanzlei eines Freiberuflers handeln, aber auch um eine Schule oder ein Krankenhaus. Die Verwaltungsstandards werden von unabhängigen Institutionen vorgegeben. Hier findet man stärker demokratische Züge und eine bessere Motivation – unter den Freiberuflern selbst, weniger unter ihren Mitarbeitern – als in der Technobürokratie, doch die Autoritätsstrukturen erscheinen oft unklar.

Die Divisionenstruktur zeigt sich im typischen multinationalen oder Industriekonzern, wo ein kleiner zentraler Kern über Schlüsselrichtlinien für eine Reihe weitgehend autonomer Einheiten entscheidet. Im wesentlichen sieht Mintzberg diese Form als einen Auswuchs der Technobürokratie – genaugenommen mehrerer Technobürokratien, die unter einer zentralen Stabsstelle arbeiten. Diese Organisationsform kann als einfache Technobürokratie begonnen haben, aus der infolge geographischer Marktdiversifizierung nach und nach mehrere Divisionen hervorgegangen sind.

Die Adhocratie findet man am häufigsten in Branchen mit neuen Technologien, die sich ständig erneuern und rasch auf sich verändernde Märkte reagieren müssen. Sie ist durch flexible, sich überlappende Teams gekennzeichnet, die an bestimmten Projekten je nach Erfordernissen zusammenarbeiten. Von allen fünf Organisationskategorien Mintzbergs findet man hier „den geringsten Respekt für die klassischen Managementprinzipien".

Mintzbergs Adhocratie untergliedert sich in zwei Gruppen: die operative Adhocratie, eine kreative Organisationseinheit, die auf einem konkurrenzbetonten Markt agiert, etwa Werbeagenturen oder Software-Entwicklungsfirmen, und die administrative Adhocratie mit Forschungsschwerpunkten wie zum Beispiel die NASA.

Diese fünf Organisationsstrukturen Mintzbergs haben fünf Elemente gemeinsam: (1) die „strategische Spitze" der Geschäftsleitung (am stärksten ausgebildet in der einfachen Struktur); (2) die „Technostruktur" mit Personen mit Schlüsselfunktionen in den Bereichen Finanzen, Ausbildung, Personal, Planung und Produktion (am stärksten in der Technobürokratie); (3) den „operativen Kern" an der Tätigkeitsfront der Organisation (Krankenschwestern und Lehrer in einer Amtsbürokratie, Einkäufer und Verkaufspersonal in einer Produktions-Technobürokratie); (4) die „Zwischenlinie" der Manager, die die strategische Spitze mit dem operativen Kern verbinden (am stärksten in Unternehmen mit einer Divisionsstruktur) und schließlich (5) das „unterstützende Stabspersonal", das in Gebieten wie F&E, Lohnabrechnung, PR etc. arbeitet. In einem Produktionsbetrieb stellt dieses Element anders als in der Adhocratie, die von der Qualität ihrer F&E abhängt, keinen solchen Stützpunkt dar.

„Sind einfache Struktur und Technobürokratie die Strukturen von gestern, Amtsbürokratie und Divisionenstruktur hingegen jene von heute, so ist klar, daß die Adhocratie die Struktur von morgen sein muß", schreibt Mintzberg.

Allerdings schließt er zukünftige Entwicklungen der von ihm skizzierten Strukturen unter bestimmten Einflüssen nicht aus, und er meint bereits eine Struktur der Zukunft erkannt zu haben. Er bezeichnet sie als missionarisch, in der auch ideologische Einflüsse eine Rolle spielen. Als Beispiele nennt Mintzberg die israelischen Kibbuzim und die japanischen Produktionsbetriebe.

Im Jahr 1989 faßte Mintzberg das Wesentlichste aus seiner 20jährigen Tätigkeit in seinem Buch *Mintzberg on Management* zusammen, das die beste Einführung in seine Arbeit bietet und in dem sich auch ein Kapitel über das „Handwerk der Strategieentwicklung" (wie diese wichtige Managementtätigkeit abläuft) und eine Darlegung jenes Konzeptes befinden, das sein Verständnis des mentalen Prozesses geprägt hat: die unterschiedlichen Funktionen der rechten und linken Gehirnhälfte bei der Arbeit des Managers.

Etwas verkürzt dargestellt, entwickelte Mintzberg die Theorie, daß erfolgreiche Geschäftsführer und Manager sich überwiegend auf ihre rechte oder intuitive Gehirnhälfte und weniger auf die linke oder analytische Hälfte verlassen. Kreative Strategien, argumentiert er, erfordern das Denken mit der rechten Hälfte, und das effektive Management einer Organisation verlangt mehr als logische Planung: „Effektive Manager scheinen sich in nicht ganz eindeutigen, komplexen, geheimnisvollen Situationen mit etwas Unordnung besonders wohl zu fühlen."

Mintzberg belegt seine Theorie mit einigen allgemeinen Beobachtungen über die Arbeit von Managern, wobei er betont, daß seine Theorien nach wie vor weitgehend ins Reich der Spekulation gehören.

Trotzdem ist er davon überzeugt, daß „die wichtigen Prozesse auf der Ebene der Organisationspolitik, die für das Management der Organisation erforderlich sind, in beträchtlichem Ausmaß von Fähigkeiten abhängen, die mit der rechten Gehirnhälfte in Zusammenhang gebracht werden."

Und in typisch provokanter Art fügt er hinzu, daß die Managementlehrer, sollten sich seine Annahmen als richtig erweisen, „wohl einige ihrer Ansichten über die Managementausbildung werden drastisch revidieren müssen. Leider hat die auf diesem Gebiet in den letzten 15 Jahren stattgefundene Revolution – so wertvoll sie war – die moderne Managementschule auf die Anbetung der linken Gehirnhälfte eingeschworen ... Wir brauchen ein neues Gleichgewicht in unseren Schulen, das nur die besten Köpfe herstellen können, das Gleichgewicht zwischen Analyse und Intuition."

In den letzten Jahren führte Mintzberg weitere Studien zur Arbeitsweise von Managern durch und beobachtete diese bei ihrer Arbeit, ob es sich um die Leiter des britischen National Health Service oder der Royal Bank of

Canada, einen Wärter in einem kanadischen Naturpark oder um den Dirigenten des Winnipeg Symphony Orchestra handelte. Die meisten führenden Managementautoren, meint er, tendieren dazu, nur eine Seite der Tätigkeit von Managern zu betonen – den Macher, Denker, Führer, Kontrollierenden – und alle anderen zu vernachlässigen. Sogar in der Liste der Aufgaben oder Funktionen, die wir in der klassischen Mangementliteratur finden, „geht die Komplexität der Arbeit des Managens im Zuge der Beschreibung verloren".

Um dem Abhilfe zu schaffen, hat Mintzberg ein Modell der Managementtätigkeiten „von innen nach außen" entwickelt, das konzentrischen Kreisen von „den weitgehend zerebralen Funktionen des Aufnehmens und der zeitlichen Planung im Kern zu den eher dinglichen Funktionen des Erledigens" entspricht, und anschließend seine Feldbeobachtungen über dieses Modell gelegt.

„Von außen (oder der dinglichsten Ebene) nach innen können Manager Aktionen *direkt* managen, sie können *Menschen* managen und dazu ermutigen, die nötigen Maßnahmen zu treffen, und sie können *Informationen* managen, um die Leute zum Ergreifen der nötigen Maßnahmen zu beeinflussen. Mit anderen Worten, das letzte Ziel der Managementarbeit und der Funktionsweise jeder organisatorischen Einheit, das Ergreifen konkreter Maßnahmen, läßt sich direkt, indirekt über Menschen oder noch indirekter über Informationen via Menschen managen. Der Manager kann sich so entscheiden, auf jeder der drei Ebenen einzugreifen, doch sobald er diese Entscheidung getroffen hat, muß er sich durch die verbleibenden Ebenen durcharbeiten ... die von einem bestimmten Manager bevorzugte Ebene wird zu einem wichtigen Bestimmungsfaktor seines Managementstils, wodurch sich ausgesprochene ‚Macher', die direkte Maßnahmen bevorzugen, von ‚Führern', die es vorziehen, über Menschen zu agieren, und ‚Administratoren' unterscheiden, die am liebsten über Informationen arbeiten" („Rounding Out the Manager's Job", *Sloan Management Review*, Herbst 1994).

In seiner ersten Studie über Führungskräfte stellte Mintzberg fest, daß wahrscheinlich 40 Prozent ihrer Zeit ausschließlich der Kommunikation gewidmet ist, also dem Einholen und Weitergeben von Informationen dient. Mit anderen Worten:

„Der Job des Managers ist ganz wesentlich ein Job der Informationsverarbeitung, und zwar durch Sprechen und vor allem durch Zuhören."

Henry Mintzberg

Wichtige Publikationen

Mintzberg, H. (1973, 1980), *The Nature of Managerial Work*, New York: Harper and Row

Mintzberg, H (1979), *The Structuring of Organizations*, New Jersey: Prentice-Hall

Mintzberg, H. (1983) *Structures in Fives: Designing Effective Organizations*, New Jersey: Prentice-Hall; dt.: *Die Mintzberg-Struktur. Organisationen effektiver gestalten*, Landsberg 1992

Mintzberg, H. (1983), *Power In and Around Organizations*, New Jersey: Prentice-Hall

Mintzberg, H. (1989), *Mintzberg on Management*, New York, the Free Press; London: Collier Macmillan; dt.: *Mintzberg über Management. Führung und Organisation, Mythos und Realität*, Wiesbaden 1991

Mintzberg, H. (1994), *The Rise and Fall of Strategic Planning*, New York, Free Press; London: Prentice-Hall; dt.: *Die strategische Plannung: Aufstieg Niedergang und Neubestimmung*, München 1995

Mintzberg, H. (1994), „Rounding Out the Manager's Job", *Sloan Management Review*, Bd. 36, Nr. 1

Mintzberg, H. (1996), „Managing Government, Governing Management", Cambridge Massachusetts, *Harvard Business Review* (Mai/Juni)

Mintzberg, H. (1996), „Musings on Management", Cambridge, Massachusetts, *Harvard Business Review* (Juli/August)

Kenichi Ohmae
* 1943

Lehren aus der japanischen Globalisierungsstrategie

Kenichi Ohmae ist Japans einziger Management-Guru von Weltklasse. Er war Leiter der Niederlassung von McKinsey in Tokio und gilt als führender Vertreter einer globalen Geschäftsstrategie.

Ohmae, der am MIT in Nukleartechnologie promovierte, kam 1972 zu McKinsey. Er hat rund dreißig Bücher und Artikel zum Thema Strategie publiziert und ist für die Einblicke bekannt, die er in Japans Wettbewerbsstärke auf den Weltmärkten gewährt.

Ohmaes Ansicht nach beweisen westliche Managementtheoretiker bei der Analyse des japanischen strategischen Managementstils bisher kein großes Geschick, weil sie sich vor allem auf taktische Fragen wie Qualitätszirkel oder Firmenlieder konzentrierten. Es ist ihnen nicht gelungen, meint Ohmae, den grundlegenden Unterschied zwischen der östlichen und der westlichen Strategie herauszuarbeiten – nämlich daß japanische Unternehmen langfristig planen, während westliche Unternehmen auf den kurzfristigen Gewinn hinarbeiten.

Die beiden wichtigsten Bücher Ohmaes sind *The Mind of the Strategist*, das erstmals 1982 erschien, und *Triad Power* (1985), in dem er schreibt, Unternehmen, die es nicht schaffen, sich in allen drei großen Handelsblökken zu etablieren, also in Europa, den USA und im pazifischen Raum, würden verletzlich durch die Konkurrenz all derer, denen dies gelingt. Das strategische Dreieck Engagement, Wettbewerbsfähigkeit und Kreativität ist sein Rezept für den Erfolg auf den drei Märkten. *The Mind of the Strategist*, das in seiner ersten Ausgabe den Untertitel „The Art of Japanese Business" trug, ist eine sehr gut lesbare Arbeit über die Techniken, die ein Unternehmen entwickeln kann, um die richtige Mischung aus Analyse und Intuition zu finden, die viele japanische Unternehmensleiter in ihre strategische Planung einbringen.

Nach Veröffentlichung von *In Search of Excellence* durch zwei seiner amerikanischen McKinsey-Kollegen, Tom Peters und Robert Waterman, wandte sich Ohmae seinen eigenen Studien über Spitzenunternehmen auf dem japanischen Markt zu.

Einer seiner Kollegen bei McKinsey faßte Ohmaes Ansatz wie folgt zusammen: „Er stellt alles in Frage. Er fragt immer nach dem Warum." Sein 1990 erschienenes Buch, *The Borderless World*, verstärkte seinen unbequemen Ruf durch kühne Behauptungen. Zu diesen gehört seine Ansicht, das Handelsbilanzdefizit zwischen den USA und Japan sei eine „durch tragischerweise völlig veraltete Buchhaltungssysteme geschaffene Illusion".

Ohmae verließ 1995 McKinsey, um in Tokio Lokalpolitik zu betreiben, und er veröffentlichte *The End of the Nation State*. Ein Titel, der sich angesichts der bewaffneten Kämpfe in Mittel- und Osteuropa als ebenso voreilig erweisen könnte wie Francis Fukuyamas *The End of History*.

Unter allen von Management-Gurus seit dem Zweiten Weltkrieg verfaßten Büchern hat Kenichi Ohmaes *The Mind of the Strategist* gute Aussichten, als besonders praxisbezogenes Lehrwerk für die Entwicklung höherer Managementkenntnisse genannt zu werden. Ohmaes Ziel war es zu zeigen, wie hervorragende Strategen – die in Japan häufig über keinerlei formale Wirtschaftsausbildung verfügen – jene Ideen entwickeln, mit denen sie für ihre Unternehmen Probleme lösen und wirtschaftliche Chancen eröffnen. Es handelt sich dabei weniger um eine Formel als um ein Set von Konzepten und Ansätzen, die jedermann bei der Entwicklung dieser wertvollen mentalen Fähigkeit helfen können.

Was Unternehmensstrategie im Grunde ist, sagt Ohmae, ist das, „was sie von allen anderen Arten betriebswirtschaftlicher Planung unterscheidet, ... der Wettbewerbsvorteil" Unternehmensstrategie, führt er weiter aus, impliziert den Versuch, „die Stärken eines Unternehmens im Verhältnis zu jenen seiner Mitbewerber möglichst effizient zu verändern."

Intuition und intime Sachkenntnis sind nach Ohmaes Ansicht effektivere Methoden auf dem Weg zur erfolgreichen Strategie als rationale Analysen, obwohl auch diese ihren Platz in der Strategie haben.

„Bei dem, was ich als den Geist des Strategen bezeichne, wirken Sachkenntnis und ein daraus folgender Leistungsantrieb häufig zu einem Gefühl für eine Mission, fachen einen Denkprozeß an, der im wesentlichen eher kreativ und intuitiv als rational verläuft."

Kenichi Ohmae

Ohmae definiert kreative Sachkenntnis als „die Fähigkeit, zuvor voneinander unabhängige Phänomene auf eine Art und Weise zu kombinieren, zu synthetisieren oder neu zu gruppieren, daß man dadurch mehr aus dem sich ergebenden Ganzen herausholen kann, als man hineingesteckt hat" Wenn man Kreativität auch nicht lehren kann, erklärt er, kann man sie doch bewußt kultivieren. Wie sie bei Leuten ohne angeborenes Talent für Strategie oder in einer Unternehmenskultur kultiviert werden kann, die kreativem Denken ablehnend gegenübersteht, bildet den Kern von Ohmaes Buch.

Ein früheres Werk Ohmaes, *The Corporate Strategist* (1975), versuchte dasselbe in einem spezifisch japanischen Kontext. *The Mind of the Strategist* ist reich an japanischen Fallstudien – wie beispielsweise Honda, Toyota oder Matsushita neue Märkte erschlossen oder erfolgreichen Mitbewerbern das Leben schwer machten –, doch es läßt sich universell anwenden.

Das Buch gliedert sich in drei Hauptteile: Die Kunst strategischen Denkens, die Entwicklung erfolgreicher Strategien und gegenwärtige strategische Realitäten. Der erste Teil befaßt sich mit den erforderlichen geistigen Prozessen – der Gliederung eines Problems oder einer Situation in kleinere Teilbereiche, den richtigen „lösungsorientierten" Fragen, mit dem Erstellen von „Themen-" und „Gewinndiagrammen", um die richtige Diagnose zu erleichtern.

Ohmae nennt „vier Wege zum strategischen Vorteil": (1) eine Strategie, die auf den Schlüsselfaktoren zum Erfolg eines Unternehmens in seiner Fähigkeit aufbaut, seinen Marktanteil zu erhöhen und seine Gewinnsituation zu verbessern; (2) eine Strategie, die auf der Nutzung der relativen Überlegenheit beruht; (3) eine Strategie, die auf aggressiven Initiativen beruht, mit denen allgemein akzeptierte Annahmen in Frage gestellt werden; (4) eine Strategie, die auf der „Ausnutzung strategischer Freiräume" (SDF – strategic degrees of freedom) beruht, wobei es sich um die Entwicklung von Innovationen wie neuen Märkten oder Produkten handelt.

Alle vier Wege werden anhand von Fallstudien aus der japanischen Industrie gründlich untersucht. Als Beispiel für eine aggressive Initiative zitiert Ohmae Toyotas Tauchi Ohno, der die Notwendigkeit in Frage stellte, große Mengen an Bauteilen für die Fertigungsstraßen auf Lager zu halten. Diese Skepsis Ohnos führte schließlich zur Einführung des „Just-In-Time-Managements" und einer weltweiten Revolutionierung der Produktionssysteme.

„Wenn jemand, anstatt sich gleich mit der ersten Antwort zufriedenzugeben, ... darauf besteht, noch vier- oder fünfmal die Frage nach dem Warum zu stellen, wird er sicherlich zum Kern des Problems gelangen, dorthin, wo die grundlegenden Engpässe und Probleme liegen."

Die Ausnutzung strategischer Freiräume erfordert auch die Anerkennung von Änderungen in der objektiven Funktion der Benutzer (Kunden) (wie eine Präferenz für die kompakte Größe bei Stereoanlagen gegenüber der gemessenen akustischen Leistung – was teilweise für Sonys Markterfolg ausschlaggebend war – oder die Erkenntnis bei Honda und anderen Autoherstellern, daß viele Kunden nicht mehr so viel Wert auf Geschwindigkeit und Prestige legen, sondern eher auf Bequemlichkeit, Sparsamkeit und Nützlichkeit achten).

Ohmae lehrt auszubildende Strategen, sich um Details, die ihre Pläne gefährden könnten, nicht allzu viele Sorgen zu machen. Sie sollten stattdessen jeden Unsicherheitspunkt aufschreiben, rät er, und seine möglichen positiven oder negativen Ergebnisse bewerten. Wenn das allgemeine Ergebnis durch einige wenige negative Faktoren nicht beeinträchtigt wird, können sie dem Beispiel der japanischen Unternehmer wie Konosuke Matsu-shita und Soichiro Honda folgen und ihren Plan weiterhin ausführen.

> „Seine geistigen Fähigkeiten zur Sondierung der strategischen Freiräume einzusetzen, mit denen die neuen Ziele erreicht werden können, ist eine Möglichkeit, zu einem Pionier im Spiel der neuen Wirtschaft zu werden."
>
> *Kenichi Ohmae*

Die Fähigkeit, auf wechselnde Kundenziele zu reagieren, liegt Ohmaes System zum Aufbau einer Geschäftsstrategie zugrunde. Seine drei Punkte des „strategischen Dreiecks" sind das Unternehmen (seine Stärken, Schwächen und Ressourcen), der Kunde und der Wettbewerb.

„Auf dem Kunden aufbauende Strategien sind die Grundlage aller Strategien", bekräftigt Ohmae. Er ist überzeugt, daß die erste Sorge eines Unternehmens den Interessen seiner Kunden zu gelten hat, nicht jedoch denen der Aktionäre oder anderer Beteiligter. „Langfristig sind Unternehmen, die ein ehrliches Interesse an ihren Kunden zeigen, diejenigen, die für Investoren am interessantesten sind."

Ohmaes Buch analysiert außerdem Wettbewerbsvorteile durch Preis, Umsatzvolumen und Kosten und ihre Auswirkungen auf die Gewinnsituation des Unternehmens. „Wenn man beispielsweise wegen des besseren Designs einen besseren Preis erzielt, kann man möglicherweise auch höhere Gewinne als die Konkurrenz erzielen."

Nach einer Beschreibung strategischer Mechanismen für einzelne Branchen faßt Ohmae diese zu einer Unternehmensstruktur zusammen, indem er Techniken wie das PPM – Produkt-Portfoliomanagement präsentiert, eine Unternehmensidee für große, diversifizierte Konzernstrukturen basierend auf den Prinzipien des Managements eines Investmentportfolios.

Im Abschnitt über „Strategische Realitäten" stellt Ohmae seinem Planungsprozeß fünf „entscheidende Wirtschaftstrends" gegenüber, von denen er glaubt, daß sie sich im kommenden Jahrzehnt entscheidend auf die Unternehmensstrategien auswirken könnten. Er nannte:

1. Anhaltendes langsames Wachstum

2. Marktreife und strategische Sackgassen

3. Ungleichmäßige Verteilung der Ressourcen (z. B. OPEC-Öl)

4. Zunehmende internationale Verflechtung

5. Irreversible Inflation

Ohmae listet sieben tiefgehende Veränderungen auf, die aller Voraussicht nach die Unternehmensstrategien in den neunziger Jahren beeinflussen werden:

1. Verlagerung von arbeitsintensiven hin zu kapitalintensiven Branchen

2. Verlagerung weg von multinationalen zu „multilokalen" Unternehmen

3. Verlagerung im Verhältnis zwischen Fixkosten und variablen Kosten zugunsten der letzteren

4. Verlagerung von der Stahlindustrie hin zur Elektronikindustrie im weitesten Sinne

5. Verlagerung bei der Definition der Geschäftseinheiten

6. Verlagerung hin zu einem koordinierten Wertesystem in den Unternehmen

Ohmaes provozierende Bücher über globale Geschäftsstrategien haben ihn zu einem internationalen Star im Vorlesungszirkus gemacht. Er sagt, er sei heute eher an „der Gesellschaft, sozialen Systemen und groß angelegten Unternehmensaktivitäten im globalen Maßstab interessiert ... Interdependenz ist der Schlüssel zur Funktionsfähigkeit unserer Welt."

The Borderless World (1990) enthält eine wichtige Botschaft für große Unternehmen der neunziger Jahre. „Zu wenige Manager", sagt Ohmae, „bemühen sich bewußt, ihre Pläne zu erstellen und ihre Organisation zu ordnen, als sähen sie alle wichtigen Kunden in gleicher Entfernung zum Zentrum des Unternehmens ... Das Wort ‚Übersee' hat im Vokabular von Honda keinen Platz, weil sich das Unternehmen in gleicher Distanz zu allen wichtigen Kunden fühlt."

Wichtige Publikationen

Ohmae, K. (1982, 1983), *The Mind of the Strategist*, New York: McGraw-Hill; dt.: *Japanische Strategien*, Hamburg 1986

Ohmae, K. (1985), *Triad Power: the Coming Shape of Global Competition*, New York: Free Press; dt.: *Macht der Triade: Die neue Form weltweiten Wettbewerbs*, Wiesbaden 1985

Ohmae, K. (1990), *The Borderless World*, New York: Harper Business; dt.: *Die neue Logik der Weltwirtschaft. Zukunftsstrategien der internationaler Konzerne*, Hamburg 1991

Ohmae, K. (1995), *The End of the Nation State*, London: Collins; dt.: *Der neue Weltmarkt. Das Ende des Nationalstaates und der Anstieg der regionalen Wirtschaftszonen*, Hamburg 1996

Richard T. Pascale
* 1938

The Art of Japanese Management und
die kontinuierliche Erneuerung in Organisationen

Richard T. Pascale ist führender Unternehmensberater, außerordentlicher Professor an der Universität Oxford und seit zwanzig Jahren Mitglied der Wirtschaftsfakultät in Stanford. Pascales vergleichende Forschung unter amerikanischen und japanischen Unternehmen der siebziger Jahre erklärt seine bedeutende Rolle bei der Entwicklung der berühmten „sieben S" in Zusammenarbeit mit McKinsey. Tom Peters und Robert H. Waterman Jr., die dieses Werkzeug später in ihrem Super-Bestseller *In Search of Excellence* erläutern sollten, gehörten ebenfalls zu diesem erlesenen McKinsey-Team.

Die „harten" S-Faktoren sind Strategie, Struktur und Systeme, die „weichen" S-Faktoren — bei denen japanische Unternehmen besonders gut abschneiden — sind Stil, Selbstverständnis, Spezialkenntnisse und Stammpersonal. Das Selbstverständnis bzw. die übergeordneten Ziele entpuppen sich als der versteckte Schlüssel zur Wirkkraft der S-Faktoren, nach Pascales Beschreibung als der Kitt, der die anderen sechs Teile des Rahmens zusammenhält.

Pascale machte aus seinen Forschungsergebnissen zusammen mit Coautor Anthony Athos 1981, also ein Jahr vor *Excellence*, einen überaus einflußreichen Bestseller. *The Art of Japanese Management* benutzte den Rahmen der „sieben S" zur brillanten Darstellung der Unterschiede zwischen der Managementkultur Japans und jener der USA, verpackt in Nahaufnahmen und Studien von Matsushita Electric und ITT sowie der Managementstile ihrer Unternehmensleitungen.

Ende der achtziger Jahre entschied sich Pascale für eine neue Sichtweise der Managementprioritäten in einer Welt, in der sich nichts sicher vorhersagen läßt außer Chaos und Unregelmäßigkeiten. Sein eindrucksvolles Buch *Managing on the Edge* (1990) untersucht, wie die Paradigmen oder Gewohnheiten eines Unternehmens das umfassende Verständnis eines stattfindenden Wandels filtern und verzerren.

Ein zentrales Thema dieses Buches, das in der *Financial Times* als intellektuell anregender als *In Search of Excellence* bezeichnet wurde, besagt, daß die höchste, jedoch weitgehend ignorierte Aufgabe des Managements in der Schaffung und im Brechen von Paradigmen besteht. Dabei führen Erfolge eines Unternehmens zu dessen Mißerfolg, sofern nicht durch ein System gegengesteuert wird, das Debatten, aber auch Streit und Konflikt fördert, wodurch erst ein Prozeß kontinuierlicher Erneuerung gewährleistet wird.

Von San Francisco aus veröffentlichte Pascale in den letzten Jahren eine Reihe wichtiger Artikel in der *Harvard Business Review*, er gestaltete eine Fernsehserie der BBC und einen Videokurs zum Thema Umstrukturierung von Unternehmen. Als Gastforscher am Santa Fe Institut in Kalifornien wendet er seine Aufmerksamkeit seit einiger Zeit komplexen adaptiven Systemen zu, den verallgemeinerbaren Eigenschaften aller lebenden Organismen. Aus seinen Forschungsarbeiten leitete er Prinzipien ab wie die Tendenz lebender Systeme zur Selbstorganisation, zum „Entlangschlittern am Chaos" angesichts komplexer Aufgaben und zur Entwicklung immer höherer Komplexitätsstufen. Diese Arbeit soll übrigens die Grundlage zu seinem nächsten Buch bilden, das Pascales Ergebnisse in praxisorientierte Schritte für den Wandel in Organisationen übersetzen soll.

The Art of Japanese Management traf ebenso den Nerv seiner Zeit wie ein Jahr danach *In Search of Excellence*. Die führenden Wirtschaftsunternehmen der USA machten sich zunehmend Sorgen über den wachsenden Einfluß japanischer Unternehmen und den Wettbewerbsvorteil, den diese auf westlichen Märkten bekamen. Ein Buch, das das japanische Geheimnis lüften konnte, mußte daher ganz einfach ein Bestseller werden.

Pascale und Athos beschrieben nicht nur die Gründe für das ausgezeichnete Abschneiden der japanischen Konkurrenz, sondern erklärten auch, was es japanischen Organisationen ermöglichen konnte, über lange Zeiträume so hervorragende Leistungen zu erzielen. Die Antwort war das Modell der sieben S und die Nutzung der „harten" S-Hebel westlicher Manager durch die besten japanischen Unternehmen, die durch eine Kombination mit den „weichen" S-Hebeln ihre Produktivität drastisch erhöhten.

In einem der packendsten Berichte der gesamten Managementliteratur halten Pascale und Athos führenden Beispiele der beiden Geschäftskulturen – Matsushita Electric unter der Leitung seines Gründers Konosuke Matsushita, und ITT unter Leitung des hervorragenden harten Mannes der US-Wirtschaft, Harold Geneen – einen Spiegel vor Augen.

Wie Peters und Waterman nach ihnen stellten auch Pascale und Athos fest, daß viele der am besten abschneidenden US-Unternehmen, die sich ihre Vitalität über viele Jahre erhalten hatten, ebenso effizient waren wie die Japaner, wenn es darum ging, harte und weiche S-Werte aufeinander abzustimmen. „Die besten Unternehmen kombinieren ihre Zwecke und

Methoden zur Realisierung menschlicher Werte und wirtschaftlicher Maßnahmen wie Gewinn und Effizienz", beobachteten sie.

Die Autoren stellten fest, daß viele Beobachter des japanischen Phänomens
dazu tendierten, dieses durch die Brille der amerikanischen Kultur zu
betrachten und deshalb anzunehmen, die weichen S-Faktoren seien reine
Schaumschlägerei, und sie brachten dazu einen eindrucksvollen Vergleich:
„Diese ‚Schaumschlägerei' hat die Gewalt des Pazifiks."

Vor allem aber waren Pascale und Athos die ersten, die die Bedeutung
„übergeordneter Ziele" oder eines gemeinsamen Selbstverständnisses für
Unternehmenszweck und -vision betonten. Diese Erkenntnis bildet die
Grundlage für das aktuelle Konzept der Vision-Statements. Das Buch
analysiert übergeordnete Ziele im Verhältnis zum Unternehmen in einem
sechsfachen Kontext:

- Geschäftseinheit
- externe Märkte
- interne Geschäftsabläufe
- im Hinblick auf die Mitarbeiter
- Gesellschaft und Staat
- Kultur einschließlich Religion

In ihrer Studie über die beiden multinationalen Konzerne Matsushita und
ITT zogen Pascale und Athos Parallelen auf Gebieten wie Marketing,
Finanzgebarung, Forschung, strategischer Planungspolitik und – der Schlüs-
selfaktor schlechthin – zwischen den Managementstilen Konosuke Matsu-
shitas und Harold Geneens.

Die Autoren stellten fest, das US-Unternehmen sei bei den harten S-Faktoren mit dem japanischen im allgemeinen vergleichbar. Der wesentliche
Unterschied ergab sich bei den weichen S-Faktoren. Pascale und Athos
zogen daraus den Schluß, daß amerikanische Unternehmen mit ihren
Humanressourcen zumeist verschwenderisch umgehen, während die Japaner gemäß ihrer Kultur der Interdependenz und des Konsenses eine viel
produktivere und auf Zusammenarbeit gerichtete Chef-Mitarbeiter-Bezie-
hung aufbauen.

Die Originalität dieses Buches ist sein ganzheitlicher Ansatz und die
kulturelle Managementperspektive. Die Autoren legten damit die Grundlagen für eine ganze Reihe von Publikationen über Unternehmenskultur. *The
Art of Japanese Management* ist bis heute ein wichtiges Buch.

Pascales erstes bedeutendes von ihm alleine verfaßtes Buch, *Managing on
the Edge*, wird sich wahrscheinlich zur gegebenen Zeit ebenso einflußreich
auf die Managementtheorie auswirken. Genau wie Peters' *Thriving on*

Chaos befaßt es sich mit der Notwendigkeit einer radikalen Neubewertung konventioneller Managmenttheorien, vor allem auf dem Gebiet eines Managements des wirtschaftlichen Wandels und Umsturzes. Obwohl Pascale zuvor mit Peters und Waterman zusammengearbeitet hatte, erschienen ihm *In Search of Excellence* und andere, ähnliche Bücher zu seicht, und er meinte, sie hätten zu einer Reihe von Managementmoden geführt, die die Bedürfnisse der Manager, die in ihren Organisationen Spitzenleistungen erzielen und nachhaltig bewahren möchten, nicht befriedigen könnten.

Managing on the Edge trägt den Untertitel „Wie die geschicktesten Unternehmen Konflikte nutzen, um die Nase vorn zu behalten". Ausgehend von den Problemen erfolgreicher Unternehmen untersucht er, wie zugrundeliegende Paradigmen oder Einstellungen das Management gegenüber ersten schwachen Anzeichen eines Wandels blind machen. Eine zentrale Prämisse des Buches lautet, die wichtigste, weitgehend ignorierte Aufgabe des Managements bestehe darin, Paradigmen zu schaffen und zu brechen. Der konstruktive Einsatz von Kontroversen, sagt Pascale, ist, gekoppelt mit ständiger Infragestellung der eigenen Position, eine der effektivsten Methoden, um das zu erreichen.

Pascales These besagt, Erfolg müsse zu Mißerfolg führen, sofern nicht ein System errichtet wird, in dem Debatten laufend gefördert werden, wodurch ein Prozeß kontinuierlicher organisatorischer Erneuerung stattfindet. In Spitzenorganisationen halten sich oft hartnäckig Einstellungen, die zu Zeiten größter Erfolge entstehen, ohne daß diese bloß übernommenen Annahmen je wieder in Frage gestellt werden. Die größten Stärken werden so zum Ausgangspunkt für Schwächen, weil sich solche Organisationen jedem Wandel widersetzen und Veränderungen in ihrem Umfeld nicht erkennen können. Das Buch spricht von einem Prozeß der Infragestellung und Erneuerung, der teilweise mit der Struktur und teilweise mit den Einstellungen in einer Organisation zusammenhängt. Um kreativ sein zu können und sich an wechselnde Umstände anzupassen, müssen in der Organisation kontrollierte Konflikte stattfinden. Das Buch führt Fallbeispiele – darunter einige der größten multinationalen Konzerne der USA (allein der Umstrukturierung bei Ford sind sechzig Seiten gewidmet) – dafür an, daß Organisationen die für ihren Erfolg so wesentlichen kreativen Spannungen förden und nutzen können.

Pascale erklärt, wie bestimmte Pioniere unter den westlichen und den japanischen Unternehmen – er bezeichnet Honda als eines der bestgeführten Unternehmen der Welt – zu „Motoren der Suche nach Neuem" werden, Mechanismen für kontinuierliches Lernen und ständige Erneuerung. Er beschreibt die spezifischen Mechanismen, mit denen Honda die Kräfte einer konstruktiven Kontroverse auf eine Art und Weise kanalisiert, die das

Unternehmen „in einer Art rastlosem, unbehaglichem Zustand beläßt, der es ermöglicht, daß das Unternehmen aus seinen Mitarbeitern und sich selbst als Einheit eine Menge herausholt."

Citicorp wird als Beispiel eines Unternehmens angeführt, das „gefährlich lebt", weil es eine „darwinistische" Kultur repräsentiert, in der Jobs nie sicher sind und nach der täglichen Leistung beurteilt werden. Unter Walter Wriston, der den Gesellschaftszweck bei Citicorp vom Geldtransfer zum Informationstransfer verschob, nutzte das Unternehmen Spannungen und zog in einer beschaulichen Branche eine durchaus aggressive Spur. Doch ein so hohes Ausmaß an Spannung konnte, weil es zu großer persönlicher Unsicherheit führte, zum eigenen Nachteil geraten, sobald das Gleichgewicht gestört wurde. Dieselben Mißerfolge stellen sich ein, wenn ein Unternehmen wie Hewlett Packard seine Mission aus Visionen und Werten so sehr in die Länge zieht, daß daraus eine Zwangsjacke wird. „Wenn es überhaupt ein Rezept geben kann", so Pascale, „so jenes, daß es kein Rezept geben kann oder daß Rezepte in ihrer extremen Form nur Ärger verursachen."

Pascales nächstes Buch – es behandelt seine Arbeit am Santa Fe Institute über komplexe adaptive Systeme – soll fundierte Praktiken vorstellen, die in Organisationen wie Sears, Shell und in der US-Armee getestet wurden und sich dort bewährt haben. Es handelt sich um Beispiele dafür, wie sich Organisationen des nächsten Jahrhunderts um verteilte Intelligenz bemühen und Turbulenzen ihres Umfeldes eher nutzen als bekämpfen und wie sich die Bedeutung von Führungsqualität radikal ändert. Pascale beschreibt sieben wichtige Disziplinen, mit denen Organisationen sich selbst laufend neu erfinden können.

Wichtige Publikationen

Pascale, R. T./Athos, A. (1981, 1986), *The Art of Japanese Management*, New York: Simon and Schuster; dt.: *Geheimnis und Kunst des japanischen Managements*, München 1982

Pascale, R. T. (1990), *Managing on the Edge*, New York: Simon and Schuster; dt.: *Managen auf Messers Schneide: Spannungen im Betrieb kreativ nutzen*, Freiburg 1991

Pascale, R. T./Goss, T./Athos, A. (1993), „The Reinvention Roller Coaster", in: *Harvard Business Review*, November/Dezember

Pascale, R. T./Millemann, M./Gioja, L. (1997), „Changing the Way We Change", in: *Harvard Business Review*, November/Dezember

Tom Peters und Robert H. Waterman Jr.

* 1942 bzw. 1936

Der „Excellence"-Kult und Rezepte für das Management des chaotischen Wandels

Tom Peters und Robert Waterman werden wegen des phänomenalen Erfolges ihres gemeinsamen Werks wohl immer mit *In Search of Excellence* in Verbindung gebracht werden, obwohl es das einzige Buch ist, das die beiden früheren McKinsey-Berater gemeinsam verfaßt haben. Seit dessen Erscheinen im Jahr 1982 besetzt jeder der beiden Autoren seine eigene Nische im Autoren- und Vortragszirkus.

In Search of Excellence ist mit Abstand das weltweit meistverkaufte Buch zum Thema Betriebsführung. Anfangs verlief der Verkauf auf beiden Seiten des Atlantiks schleppend. Doch plötzlich setzte auf Grund der massiven Mundpropaganda ein regelrechter Run auf dieses Buch ein, wobei einzelne Unternehmen für ihre Manager 50, 100, ja sogar 200 Exemplare auf einmal bestellten. *Excellence* erreichte in Rekordzeit die magische Marke einer Million verkaufter Exemplare, und bisher konnten über fünf Millionen abgesetzt werden. Trotz der Tatsache, daß zwei Drittel der besprochenen „Spitzenunternehmen" seit ihrer Behandlung in diesem Buch ins Trudeln kamen – Peters eröffnete sein 1987 erschienenes Buch *Thriving on Chaos* mit den kühnen Worten „Es gibt keine Spitzenunternehmen" – verkauft sich *In Search of Excellence* auch weiterhin als Paperbackausgabe.

Bevor Peters 1974 zu McKinsey stieß, hatte er zwei Jahre im Pentagon gearbeitet und sich zunehmend für komplexe Organisationsformen interessiert. Danach schloß er ein Ingenieursstudium an der Cornell University mit dem Masters Degree ab und wurde anschließend nach Vietnam zum Kriegsdienst eingezogen. Nach seiner Rückkehr machte er in Stanford seinen Master of Business Administration (MBA) und arbeitete neuerlich in Washington, diesmal für das Office of Management and Budget. Heute können er und Michael Porter wohl von sich behaupten, sie seien die weltweit gefragtesten und teuersten Referenten zum Thema Management.

Die Tom Peters Group hat sich mit ihren Videos, Kassetten und TV-Serien sowie mit persönlicher Betreuung und Beratung zu einem einträglichen Geschäft entwickelt.

Bob Waterman ist von seinem Temperament her das genaue Gegenteil des leicht erregbaren, hyperaktiven Peters, dessen Hemden bekanntermaßen bei seinen quirligen und saalfüllenden Vorträgen immer schweißgetränkt sind. Waterman, der große, entspannte Kalifornier, erklärt zwar, er könnte, wenn er nur wollte, genauso viele Vorträge halten wie Peters – also durchschnittlich einen pro Tag –, doch dann meint er lakonisch: „Warum sollte ich mich umbringen?" Er betreibt an zwei Tagen pro Woche ein eigenes Beratungsunternehmen in San Mateo außerhalb San Franciscos, hält alljährlich mehrere Dutzend Vorträge und arbeitet im Vorstand einiger Unternehmen, darunter einer multinationalen Energiegesellschaft. Ihm sagt diese Lebensweise mehr zu als der hektische Zeitplan seines Kollegen Peters.

Die laufend eintrudelnden Lizenzgebühren für *In Search of Excellence*, sagt Waterman, geben ihm die nötige persönliche Freiheit für sein Privatleben und seine berufliche Tätigkeit, nur das zu tun, was er möchte. Waterman hat gemeinsam mit seiner Frau Judy ein Beratungsunternehmen gegründet und vertreibt zusätzlich ein EDV-gestütztes Evaluierungssystem für Leute, die mehr über echte Motivation und die Aneignung beruflicher Fähigkeiten erfahren möchten.

Waterman war einundzwanzig Jahre lang für McKinsey tätig, wo er anfangs mit der Umstrukturierung und Dezentralisierung großer Organisationen befaßt war. Er arbeitete in Japan und Australien und kehrte 1976 nach San Francisco zurück, wo seine Zusammenarbeit mit Peters begann. Beide verließen nach dem Erscheinen von *In Search of Excellence* das Unternehmen – Peters als erster, und schließlich 1986 auch Waterman. Eigentlich hatten sie bereits ein weiteres Gemeinschaftsprojekt ins Auge gefaßt, doch McKinsey war darüber nach Peters Ausscheiden gar nicht entzückt, weshalb Peters sein Folgewerk, *A Passion for Excellence*, gemeinsam mit Nancy Austin herausgab.

Peters Arbeit führte mit *Thriving on Chaos* (1987) in eine neue Richtung, weil er damit einen Buchtrend – das Management des Wandels – auslöste. Er führt seither die Bewegung für flachere, flexiblere Organisationsstrukturen an und predigt die Vorzüge des virtuellen Unternehmens in Büchern wie *Liberation Management* (1992), *In Pursuit of Wow!* (1994) und *The Tom Peters Seminar: Crazy Times Call For Crazy Organizations* (1994). Sein neuestes Werk, *Circles of Innovation* (1997) ist sein bisher exzentrischstes, ein im Stil von Seminar-Folien verfaßtes Werk, voll von Begriffen, die unerklärlicherweise durch Bindestriche in ihre Bestandteile zerlegt sind.

Watermans etwas konservativerer Ansatz führte 1987 zur Publikation von *The Renewal Factor* und 1994 zu *The Frontiers of Excellence*, worin es hauptsächlich um das Prinzip des Lernens von Best Practices, doch auch um die Notwendigkeit geht, daß Manager den Wandel nutzen, managen und dem menschlichen Faktor oberste Priorität einräumen müssen. Waterman ist auch heute noch davon überzeugt, daß die in *Excellence* dargelegten Prinzipien nach wie vor ihre Gültigkeit haben, während der Einwand, daß zwei Drittel der Unternehmen Probleme bekommen hätten, mit dem Rückgang der Aktienkurse zu begründen sei, die beim Erscheinen des Buches gerade ihren Höhepunkt erreicht hatten.

Im Rückblick, sagt er, hätte er wohl eine andere Auswahl unter den Unternehmen getroffen, doch einige, wie General Electric, 3M, Merck und Intel, rechtfertigen seiner Meinung nach auch heute noch unbedingt die Bezeichnung „Spitzenunternehmen". Und überhaupt hätten er und Peters in ihrem Buch darauf hingewiesen, daß „viele unserer Spitzenunternehmen wohl nicht ewig so erfolgreich bleiben werden" – ein Kommentar, den spätere Kritiker geflissentlich übersahen.

Zu Watermans eigener Management-Lieblingsliteratur zählen die, wie er sie nennt, „heavy duty"-Theoriewerke von Karl Weick über Organisationen, Alfred Chandlers *Strategy and Structure*, die Arbeiten von Chester Barnard, Elton Mayos Hawthorne-Experimente, Druckers *Managing for Results*, Mintzberg und seine Ansichten über die Zeiteinteilung von Managern sowie Warren Bennis, insbesondere seine früheren Werke über Organisationsentwicklung.

Ein weiteres Buch, das Waterman beeinflußt hat, ist James Gleicks *Chaos*, eine brillante Tour de force durch die Unwägbarkeiten des Lebens. „Dieses Buch hat wirklich Gewicht, es begründet einen völlig neuen Zweig der Mathematik. So als hätte man das Differenzieren neu erfunden. Da erfährt man eine Menge über die inhärente Unvorhersagbarkeit der Dinge, und warum das, woran wir besonders glauben, nie eintritt. Außerdem lernt man aus diesem Buch eine Menge über die Aktienmärkte."

Waterman glaubt, F. W. Taylors Arbeit sei „eine Art Prüfstein" gewesen, und daß wir „nach wie vor in einer von Taylor geschaffenen Welt leben – Spezialisierung in der Arbeit, Mechanisierung, Arbeitsaufteilung in Funktionen" Auch wenn Manager es noch so sehr abstreiten: Seiner Meinung nach sind viele von ihnen – wenn nicht die meisten – heute noch im Herzen Tayloristen.

Während Peters den hektischen Managementzirkus begeistert mitmacht, erklärt Waterman gelassen: „Ich habe schon fast alles gesagt, was ich zum Thema Betriebsführung zu sagen habe" Heute beschäftigt er sich mit einem anderen Gebiet – mit Umweltschutz und den natürlichen Ressourcen. Er ist froh, daß ihm seine Arbeit im Vorstand diverser Unternehmen eine willkommene Möglichkeit zur praktischen Erprobung seiner Management-theorien gibt, denn „ich muß schließlich sehen, ob das Zeug tatsächlich funktioniert."

Peters und Waterman konnten den Begriff „Excellence" als eine Art Markenzeichen für einen Zweig der Managementtheorie einführen. Ihr phänomenal erfolgreiches Buch rief eine Riesenschar von Nachahmern auf den Plan. So soll es Kenichi Ohmae, japanischer Management-Guru, fasziniert studiert haben. Bei seinem Erscheinen, gibt Waterman an, hätte er noch keine Ahnung gehabt, wie wegweisend dieses Werk werden könnte.

Der einfache Grundgedanke war die Erweiterung eines 1977 ins Leben gerufenen McKinsey-Projektes zur Analyse der Erfahrungen mit 43 der *Fortune Top 500*, die die Konkurrenz über einen Zeitraum von zwanzig Jahren konstant in folgenden sechs wichtigen Bereichen übertroffen hatten:

- kumulierter Vermögenszuwachs
- kumuliertes Eigenkapitalwachstum
- Verhältnis Marktwert – Buchwert
- durchschnittliche Gesamtkapitalrendite
- durchschnittliche Eigenkapitalrendite
- durchschnittliche Umsatzrendite

Peters und Waterman bauten die berühmte McKinseysche „Sieben-S-For-mel" zu einer Organisations-Analysemethode aus: Struktur, Strategie, Systeme, Stil (Managementstil), Spezialkenntnisse (Unternehmensstärken), Stammpersonal und Selbstverständnis. Durch Übertragung dieses Rahmens auf die 43 von ihnen untersuchten Unternehmen ermittelten sie die mittlerweile acht wohlbekannten gemeinsamen Eigenschaften:

1. Primat des Handelns: „Probieren geht über Studieren."

2. Die Nähe zum Kunden: Lernen vom Kunden – „Der Kunde ist König."

3. Freiraum für Unternehmertum: Förderung von Innovation und „Cham-pions" – „Wir wollen lauter Unternehmer."

4. Produktivität durch Menschen: Mitarbeiter als Quelle der Qualitäts- und Produktivitätssteigerung – „Auf den Mitarbeiter kommt es an."

5. Sichtbar gelebtes Wertsystem: das Management zeigt sein Engagement auch nach außen – „Wir meinen, was wir sagen – und tun es auch."

6. Bindung an das angestammte Geschäft: Konzentration auf Bekanntes – „Schuster, bleib bei deinen Leisten (stick to the knitting)."

7. Einfacher, flexibler Aufbau: viele der besten Unternehmen sind in der Zentrale personell knapp besetzt – „Kampf der Bürokratie."

8. Straff-lockere Führung: Autonomie bei einzelnen Tätigkeiten und gemeinsame Grundwerte – „Soviel Führung wie nötig, so wenig Kontrolle wie möglich."

Alle 43 Unternehmen, stellten Peters und Waterman fest, waren „in grundlegenden Dingen brillant". In beinahe allen Fällen hatte auch eine starke Führungspersönlichkeit in einem gewissen prägenden Stadium der exzellenten Firmenkultur eine Rolle gespielt.

Fünf Jahre nach Erscheinen des Buches hatten zwei Drittel der untersuchten Unternehmen mit unterschiedlichen Problemen zu kämpfen, darunter Atari, Avon, Wang und DuPont. Nur 14 konnten nach den ursprünglichen Kriterien noch als exzellent gelten.

Peters und Waterman schlossen daraus unabhängig voneinander, daß nichts in der heutigen chaotischen Geschäftswelt lange genug unverändert bleibt. In *Thriving on Chaos* zitierte Peters IBM – „1979 für tot erklärt, 1982 die Besten der Besten, 1986 wieder tot." People Express, eines der Star-Unternehmen in ihrem Buch, scheiterte sogar völlig. Exzellenz, meinten Peters und Waterman, sollte daher neu definiert werden – exzellente Unternehmen waren nun jene, die nur an ständige Verbesserungen und die Anforderungen des ewigen Wandels glaubten.

Ein wesentliches Konzept hinter Peters' *Thriving on Chaos*, das bei zahlreichen Gurus der ausgehenden achtziger Jahre einen Nerv traf, war die Notwendigkeit, von der hierarchischen Managementpyramide abzugehen und stattdessen eine horizontale, schnelle, funktionsübergreifende und kooperative Struktur zu entwickeln. Peters überlegte sich folgende 45 Rezepte für Manager aller Ebenen:

1. Spezialisierung / Schaffung von Nischen / Differenzierung

2. Top-Qualität anbieten

3. Kundenservice mit Hingabe

4. Umfassende Reaktionsbereitschaft auf die Kunden

5. Entwicklung kleiner und großer Betriebe zu wirklich globalen Unternehmen

6. Streben nach Einzigartigkeit

7. Beachtung der Wünsche von Kunden, Endverbrauchern, Lieferanten und Einzelhändlern

8. Produktion als vorrangiges Marketinginstrument

9. „Überinvestition" in alle Mitarbeiter, besonders aber in jene aus den Bereichen Verkauf, Service, Vertrieb (diese sollten zu den Helden des Unternehmens erklärt werden)

10. Entwickeln einer Kundenbesessenheit

11. Innovative Strategien

12. Multifunktionsteams für alle Entwicklungsprojekte

13. Pilotprojekte und Prototypen anstatt bloßer Projektvorschläge

14. „Das stammt nicht von uns" sollte es nicht mehr geben, stattdessen „kreatives Abkupfern".

15. Systematischer Einsatz von Mundpropaganda bei Produkteinführung

16. Beifall und Lob für Champions

17. Symbole für innovatives Verhalten finden

18. Unterstützung von Versagen durch öffentliche Belohnung gut ausgedachter Fehler

19. Innovationen messen

20. Innovation zum Lebensstil aller erheben

21. Involvierung der Mitarbeiter in praktisch alle Bereiche

22. Organisation möglichst in Teams

23. Zuhören / feiern / anerkennen

24. Zeit für Mitarbeiteraufnahme aufwenden

25. Ebenso hohe Investitionen in Humankapital wie in Hardware

26. Deutliche finanzielle Anreize für alle

27. Garantie einer fixen Anstellung für den Großteil der Mitarbeiter

28. Radikale Reduzierung von Hierarchieebenen

29. Ermöglichen statt bewachen: neue Rollen für das mittlere Management

30. Reduzierung und Vereinfachung der Papierarbeit und der bürokratischen Verfahren

31. Ständige Infragestellung herkömmlicher Managementweisheiten

32. Entwicklung und Vorleben einer „förderlichen und zur Eigenständigkeit anregenden Vision" (effektive Führungsqualitäten auf allen Ebenen zeichnen sich durch eine Kernphilosophie [Werte] und eine Vision der Spuren aus, die das Unternehmen oder die Abteilung hinterlassen möchte)

33. Führung durch persönliches Beispiel

34. Praktizieren sichtbaren Managements

35. Entwicklung zum zwanghaften Zuhörer

36. Sicherstellen, daß sich die Leute an vorderster Front ihrer Rolle als Helden bewußt sind

37. Beleuchtung aller Maßnahmen im Hinblick auf die Möglichkeit, verstärkt zu delegieren

38. Horizontales Management

39. Konzentration auf neueste Veränderungen – eigene und die der Mitarbeiter

40. Entwickeln eines Gefühls für Dringlichkeit

41. Entwickeln einfacher Systeme, um Mitwirkung zu fördern und Verständnis zu wecken

42. Vereinfachung von Kontrollsystemen (z. B. Leistungsbewertungen, Zielsetzungen, Jobbeschreibungen)

43. Informationen sollten mit allen geteilt werden

44. Konservative Finanzziele festsetzen

45. Forderung nach absoluter Integrität in allen Beziehungen innerhalb und außerhalb des Unternehmens.

Watermans acht Rezepte für die Wiederherstellung von Vitalität und Leistung eines Unternehmens lauten in seinem Werk *The Renewal Factor* wie folgt:

- *Informierter Opportunismus:* „Sich erneuernde Unternehmen behandeln Informationen als ihren wichtigsten strategischen Vorteil und Flexibilität als ihre wichtigste strategische Waffe."

- *Richtungsvorgaben und Empowerment:* „Sich erneuernde Unternehmen behandeln jeden als Quelle kreativen Inputs ... die Manager definieren die Grenzen und die Mitarbeiter suchen nach der besten Möglichkeit zur Bewältigung der Aufgaben im Rahmen dieser Grenzen."

- *Fakten als Freunde, erwünschte Kontrollen:* „Sich erneuernde Unternehmen behandeln Fakten als Freunde und Finanzkontrollen als befreiend."

- *Spiegel von außen:* Fähigkeit, sich außerhalb des Unternehmens zu stellen und es aus einer anderen Perspektive zu betrachten.

- *Teamwork, Vertrauen, Politik und Macht:* Die beiden ersten Faktoren sind allen erneuerungswilligen Unternehmen gemeinsam, den dritten und vierten sucht man bei ihnen vergeblich.

- *Wichtige Aufgaben und Engagement:* Engagement wird durch die Fähigkeit des Managements geweckt, große Aufgaben in kleine Schritte zu zerlegen, zu denen jedermann etwas beitragen kann.

- *Einstellung und aufmerksames Beobachten:* „Die spürbare Aufmerksamkeit des Managements erreicht mehr als Ermahnungen."

- *Stabilität im Wandel:* Sich erneuernde Unternehmen machen sich das „Brechen von Gewohnheiten zur Gewohnheit".

Gemeinsam sorgten Peters und Waterman für die Verbreitung der Managementtheorie bei einer Massen-Leserschaft, und die beiden begründeten eine neue Richtung des Managementdenkens. Noch nie haben andere Autoren auf diesem Gebiet den Erfolg und die Auflagenhöhe von *In Search of Excellence* erreicht. Peters und Waterman beschäftigten sich darin mit einer Reihe von Themen, etwa mit Unternehmenskultur und Unternehmenswerten, die heute noch ebenso gültig sind wie 1982. Auf das sich wandelnde wirtschaftliche Umfeld und zunehmend häufige schockartige Entwicklungen reagierten sie mit ihrer individuellen Sicht eines Managements des Wandels – einem Konzept, das vor zehn Jahren nur wenige Unternehmen verstanden, das jedoch heute für das Überleben in unserer Wirtschaft essentiell ist.

Wichtige Publikationen

Peters, T./Waterman, R. H. Jr. (1982), *In Search of Exccellence,* New York and London: Harper and Row; dt.: *Auf der Suche nach Spitzenleistungen. Was man von den bestgeführten US-Unternehmen lernen kann,* Landsberg, 5. Auflage 1994

Peters, T. (1987) (1988), *Thriving Chaos,* New York: Alfred A. Knopf; dt.: *Kreatives Chaos. Die neue Management-Praxis,* 1988

Peters, T. (1992), *Liberation Management,* New York: Alfred A. Knopf; dt.: *Jenseits der neuen Hierarchien – Liberation Management,* Düsseldorf 1993

Peters, T. (1994), *The Pursuit of Wow!,* New York. Vintage; dt.: *Der Wow!-Effekt. 200 Ideen für herausragende Erfolge,* Frankfurt 1995

Waterman, R. H. Jr. (1994), *The Frontiers of Excellence.* London: Nicholas Brealey Publishing; dt.: *Die neue Suche nach Spitzenleistungen. Erfolgsunternehmen im 21. Jahrhundert,* Düsseldorf 1994

Peters, T. (1997), *Circle of Innovation.* London: Hodder und Stoughton; dt.: *Der Innovationskreis. Ohne Wandel kein Wachstum – wer abbaut, verliert,* Düsseldorf 1998

Michael Porter

* 1947

Strategien für den Wettbewerbsvorteil auf nationaler und internationaler Ebene

Der Starprofessor der Harvard Business School (Betriebswirtschaftslehre) wird von vielen führenden amerikanischen Geschäftsleuten als weltweit bedeutendster Experte für Wettbewerbsstrategien betrachtet. Mit seinen exorbitanten Vortragshonoraren und auflagenstarken Büchern zum Thema Wettbewerbsstrategien ist Porter der trendigste und meistgefragte der jüngeren Gurus im internationalen Zirkus. Allenfalls Tom Peters macht ihm Konkurrenz.

Die *Business Week* beschrieb Porter im Sommer 1990 als „wirtschaftliches Phänomen – auch was seine Honorare betrifft" und als „einen der bestbezahlten Universitätslehrer der Welt". Man muß ihn für Vorträge ein halbes Jahr im voraus buchen, und er hat Videoseminare im Wert von mehreren Millionen Dollar verkauft. Die von ihm mitgegründete Consulting-Firma betraut ihn vier Tage monatlich mit der Beratung großer Unternehmen. Porter selbst gibt an, er sei zu einem „Markenartikel" geworden, für den die Käufer eben auch etwas mehr auszugeben bereit sind.

Porter begann seine Universitätslaufbahn mit 26 in Harvard, wo er sein Doktorat erwarb. Davor hatte er bereits in Princeton Luftfahrttechnik studiert und als Golfer Profi-Lorbeeren verdient. Sein erstes Buch, *Competitive Strategy* (1980) wird von vielen Fachleuten zu beiden Seiten des Atlantiks als die definitive Arbeit zum Thema Unternehmensstrategie betrachtet. Porters bislang letztes Werk, *The Competitive Advantage of Nations*, analysiert die Gründe für die Fähigkeit von zehn Ländern, in bestimmten Branchen globale Marktanteile zu gewinnen. Porters nächstes Buch, sein erstes seit fast zehn Jahren, soll „Theorie und Praxis der Wettbewerbsstrategie, wie wir sie kennen, neu definieren".

Die Begriffe „Wettbewerbsstrategie" oder „Wettbewerbsvorteil" genügen zur Charakterisierung Michael Porters, wo auch immer Management-Gurus auftauchen. Manche Kritiker merken an, seine Ideen zur Analyse von Märkten und Branchen seien eigentlich nur wieder aufgewärmte, alte Wirtschaftstheorien. Porter selbst gibt in *The Competitive Advantage of*

Nations an, er schulde unter anderen Joseph A. Schumpeter eine Menge. Was er jedoch wirklich brillant versteht, ist das Verpacken und Vereinfachen analytischer Modelle, die andernfalls für die meisten Praktiker unter den Wirtschaftsfachleuten nur schwer verständlich wären. Vor allem seine Seminare sind ebenso spannend und lebendig wie jene von Tom Peters.

Als Porter nach Harvard ging, war er einer der ersten, die Unternehmens-strategie eher in Marktkategorien andachten denn als theoretisches Konzept zur Verbindung verschiedener Funktionen in einer Organisation.

Seine wichtigste Methode, die er Managern zur Analyse der Wettbewerbs-position ihrer Unternehmen empfiehlt, umfaßt die Beurteilung von fünf Faktoren oder Kräften, die den Wettbewerb anheizen:

- Bestehende Rivalitäten zwischen Unternehmen
- Bedrohung durch Neuzugänge auf einem Markt
- Bedrohung durch Substitutionsgüter und -dienstleistungen
- Verhandlungsstärke der Lieferanten
- Verhandlungsstärke der Käufer

Er benennt weiterhin fünf allgemeingültige Branchencharakteristika: frag-mentiert, aufsteigend, reif, absteigend und global.

Porter sagt ferner, ein Unternehmen verfüge über zwei Möglichkeiten eines Wettbewerbsvorteils: niedrige Kosten und Differenzierung.

Unternehmen, die in einer Reihe verschiedener Länder operieren, können manche Prozesse am jeweils günstigsten Ort ansiedeln – nach Kriterien wie den niedrigsten Arbeitskosten oder der Nähe zu großen Märkten (siehe japanische Unternehmen mit Niederlassungen in den USA) – doch zugleich, argumentiert Porter, haben die im Wettbewerb Geschicktesten zumeist eine ihrerseits starke und wettbewerbsfähige Muttergesellschaft im Rücken. Eine solche Situation schärft den Instinkt für Erfolg und sorgt für wertvolle „Cluster"-Unterstützung durch ebenso erfolgreich verbundene Industrien, die als Käufer und Lieferanten agieren.

> „Der Wettbewerbsvorteil hängt davon ab, ob man entweder einen vergleichbaren Wert für den Käufer effizienter anbieten kann als die Konkurrenten (niedrige Kosten) oder ob man seine Aktivitäten zu vergleichbaren Kosten, jedoch auf einzigartige Weise anbieten kann, so daß sie dem Käufer wertvoller erscheinen als das Angebot der Konkurrenz und daher auch einen höheren Preis erzielen (Differenzierung)."
>
> *Michael Porter*

Diese Theorie Porters, die er in mehreren Büchern und zahlreichen Artikeln darlegt, ist ausführlich in *The Competitive Advantage of Nations* beschrieben, wo ein „Diamant" zur graphischen Aufbereitung dient, der vier Spitzen hat und für folgende Faktoren steht, die manche Länder (und damit auch ihre Wirtschaft) wettbewerbsfähiger machen als andere.

Die vier Spitzen des Diamanten sind:

- *Faktorbedingungen:* Position des jeweiligen Landes in bezug auf die Produktionsfaktoren (wie Ausbildung der Arbeitskräfte oder Infrastruktur), die für den Wettbewerb in einer bestimmten Branche erforderlich sind.

- *Nachfragebedingungen:* Art der heimischen Nachfrage nach den Produkten oder Dienstleistungen einer Branche und nach ihrer Diversifizierung.

- *Verwandte und unterstützende Branchen:* Vorhandensein oder nicht von Zulieferindustrien und verwandten Industrien, die selbst international wettbewerbsfähig sind.

- *Unternehmensstrategie, -struktur und Konkurrenz:* Bedingungen, die bestimmen, wie Unternehmen gegründet, organisiert und gemanagt werden, sowie die Art der heimischen Konkurrenz. Harter heimischer Wettbewerb führt zu internationalem Erfolg.

Porter meint, Unternehmen könnten einen Wettbewerbsvorteil außerhalb der heimischen Märkte am ehesten dann erreichen, wenn ihre eigenen Länder eine dynamische Wettbewerbskultur aufweisen, die sich durch eine Häufung spezieller Ressourcen und Fähigkeiten und eine beständige Stimulierung zur Verbesserung und Weiterentwicklung von Produkten und Abläufen auszeichnet. „Cluster" von einander wechselseitig unterstützenden Branchen sind für den Erfolg wichtig – mit ein Grund dafür, daß die britische Wirtschaftsleistung im Laufe der Jahre immer dürftiger ausfiel.

Zu Porters strategischen Empfehlungen für das Unternehmen im Wettbewerb gehören folgende Tips:

- Verkaufen Sie an die anspruchsvollsten und forderndsten Käufer, damit diese den Standard für Ihre Organisation bestimmen!

- Suchen Sie sich Käufer aus, die besonders schwierig zu erfüllende Bedürfnisse haben; diese werden dann zu einem Teil ihres Forschungs- und Entwicklungsprogramms!

- Legen Sie Normen fest, wie die härtesten regulatorischen Hindernisse oder Produktstandards bewältigt bzw. eingehalten und übertroffen werden können: damit haben Sie Ziele, die Verbesserungen geradezu erzwingen!

- Orientieren Sie sich an den besten international agierenden Lieferanten Ihres Landes; wenn diese bereits über einen Wettbewerbsvorteil verfügen, stellt das einen Anreiz für Ihr Unternehmen dar, sich zu verbessern und weiterzuentwickeln!

- Behandeln Sie Ihre Angestellten als wertvolle Mitarbeiter anstatt nach dem demoralisierenden „hire and fire"-System!

- Suchen Sie sich hervorragende Konkurrenten als Motivatoren!

Zu Porters bevorzugten Methoden, die Wettbewerbsposition eines Unternehmens zu ermitteln, zählt die Analyse aller Aktivitäten dieses Unternehmens und deren Wechselwirkung untereinander anhand seiner „Wertekette". Im Zuge einer Untersuchung der Aktivitäten lassen sich Kostenursachen und -entwicklung sowie bestehende und potentielle Differenzierungsquellen ermitteln.

„Ein Unternehmen erreicht einen Wettbewerbsvorteil, indem es seine strategisch wichtigen Aktivitäten billiger anbietet oder besser beherrscht als seine Konkurrenten."

Michael Porter

Da Porter erst Anfang 50 und intellektuell weiterhin sehr umtriebig ist, können von ihm in Zukunft noch viele weitere Impulse für die Managementlehre erwartet werden.

Wichtige Publikationen

Porter, M. E. (1980), *Competitive Strategy: Techniques for Analysing Industries and Competitors*, New York: Free Press; dt.: *Wettbewerbsstrategie. Methoden zur Analyse von Branchen und Konkurrenten*, Frankfurt 1995

Porter, M. E. (1985), *Competitive Advantage*, New York: Free Press; dt.: *Wettbewerbsvorteile. Spitzenleistungen erreichen und behaupten*, Frankfurt 1996

Porter M. E. (Hrsg.) (1986), *Competition in Global Industries*, Cambridge, Mass.: Harvard Business School Press; dt.: *Globaler Wettbewerb: Strategien der neuen Internationalisierung*, Wiesbaden 1989

Porter M. E. (1990), *The Competitive Advantage of Nations*, London: Macmillan; dt.: *Nationale Wettbewerbsvorteile. Erfolgreich konkurrieren auf den Weltmärkten*, München 1993

Reg Revans
* 1907

Wechselseitige Managerausbildung durch „Action Learning"

Reg Revans, von Geburt Brite, ist der vielfach unterschätzte Erfinder des „Action Learning", der meint, Manager sollten einander gegenseitig im Team unter den realen Risiken, verwirrenden Umständen und Möglichkeiten des Arbeitsplatzes erziehen. Dieses Konzept ist in der Managementausbildung mittlerweile allgemein akzeptiert, obwohl bislang nur die Japaner die ganze Bedeutung der frühen Arbeiten Revans' erkannt zu haben scheinen – als Grundlage ihrer Philosophie der Qualitätszirkel.

Von Revans, früher Beamter in einer lokalen Schulbehörde, ist bekannt, daß ihn die Tatsache seiner internationalen Reputation als Guru bei gleichzeitiger Mißachtung im eigenen Land verbittert. In der kontinentaleuropäischen Managementausbildung spielten die Ideen Revans' hingegen eine bedeutende Rolle. Ein auf Revans' Theorien beruhendes belgisches Programm soll angeblich zwischen 1971 und 1981 zu einem rasanten Produktivitätszuwachs der belgischen Industrie von 102 Prozent geführt haben. (Zum Vergleich – Japan konnte im selben Zeitraum „nur" um 85 Prozent, Großbritannien um 28 Prozent zulegen.)

In den siebziger Jahren wurde Revans Präsident der European Association of Management Training Centres, und ein entsprechender EG-Bericht lobt ausdrücklich seine Arbeit (*Education in the European Community*, 1978).

Über sein Buch *Action Learning* (1974) sagt Revans, er selbst habe den Großteil der Auflage als Restbestände aufgekauft. Es verkaufte sich schlecht, obwohl es die Essenz aus rund vierzig Jahren Arbeit und Denken dieses Gurus enthält, der seine erste Arbeit über Ausbildungsmethoden als Verantwortlicher für technische Lehranstalten und Berufsschulen im Essex County Council schon 1938 verfaßt hatte.

In den folgenden zwanzig Jahren entwickelte Revans die radikale Theorie, Manager könnten in echten Arbeitssituationen besser voneinander lernen, als das im Klassenzimmer jemals möglich ist. Diese Erkenntnis flog ihm in seiner Zeit als Ausbilder und Entwickler im Kohlebergbau praktisch zu, wo ihm auffiel, wie die dortigen Arbeiter „in Ausbildungsfragen auf sich gestellt waren" und neu hinzugekommenen Kumpels alles selbst erklären mußten. Dabei ging es nicht nur darum, technisches Wissen zu vermitteln, sondern sie mußten auch mit Sensibilität auf die Ängste und Unsicherheiten der Neuen reagieren, die erstmals unter Tage arbeiteten.

Revans erschienen diese Fähigkeiten als für den Manager jedes großen Unternehmens essentiell. Dabei wurde er, wie man es in einer Würdigung seiner Arbeit nachlesen kann, „zu einem Vorreiter der gesamten sozio-technischen Managementschule, die in den sechziger Jahren ihre Blütezeit hatte".

Aus seinen Beobachtungen in den Kohlegruben schloß Revans, Kumpels und Manager sollten auch voneinander und miteinander lernen, und er schlug deshalb die Gründung eines College für die Belegschaft vor, an dem die Leute mit ihren branchenspezifischen Problemen zusammenkommen und durch Gedankenaustausch praktische Problemlösungen finden sollten. Das ist der eigentliche Kern von Action Learning, einem Modell, das Revans später auf die Krankenhäuser des National Health Service übertrug.

Unter anderem beschäftigt sich Revans auch mit den Auswirkungen der Unternehmensgröße auf die Moral der Belegschaft und schloß schon geraume Zeit vor E. F. Schumacher (der übrigens im Coal Board sein Kollege war): „Small is beautiful".

„Das Besondere an Revans", schrieb Ronald Lessem von der City University Business School, „ist die Art und Weise, wie er Industrial Relations (Produktion und Administration), Human Relations (bei sich und anderen), technologischen Wandel (Ausbildung und Branche) und die ganze Frage der Organisationsstruktur (Zentrum und Peripherie) mit Informationsverarbeitung, Problemlösung und Lernen verbindet."

Lessem erklärte, Revans habe „die Triebfedern menschlichen Handelns" ins Zentrum gerückt. Und diese Triebfedern ergeben sich, wie er meinte, „aus der persönlichen Wahrnehmung von Problemen, der Einschätzung dessen, was man durch ihre Lösung gewinnen kann, und aus der Einschätzung der Ressourcen, die zu ihrer Lösung zur Verfügung stehen."

Dieses Konzept betrachtet Revans als uralt und nennt Buddha einen „frühen Anhänger des Action Learning, weil er andere gelehrt habe, die fundamentalsten Wahrheiten aus ihren eigenen Erfahrungen im realen Leben zu lernen."

Revans liegt viel an einem ganzheitlichen Ansatz, und er baut gern religiöse Elemente in die Managementpraxis ein. Seine Synthese aus Aufgaben und Beziehungen, aus persönlichem Bewußtsein und Managementtechnik, Organisationswissenschaft und religiösem Glauben ließ er in *The Theory of*

Practice in Management (1966) einfließen. Danach veröffentlichte er *Developing Effective Managers* (1971), wo er ein Modell zur Umsetzung von Managementzielen vorstellte, das auf drei Systemen – Alpha, Beta und Gamma – beruht. System Alpha bezieht sich auf den Informationseinsatz zum Entwerfen von Strategien durch den Manager, System Beta auf das erfolgreiche Umsetzen von Strategien mittels Verhandlungen und System Gamma auf die Beobachtung der Lernkurve bei der Anpassung an Erfahrungswerte und Veränderungen. Junge, dynamische Manager reagierten besser auf Action Learning als ihre älteren Kollegen.

Revans wurde einmal folgendermaßen zitiert: „Wie die Fakten heute stehen, zeichnet sich langsam ab, daß alles, was ich in diesen fünfzig Jahren so getrieben habe, doch richtig gewesen sein muß" (*Makers of Management* von David Clutterbuck und Stuart Crainer, 1990). Offensichtlich ist er überzeugt davon, daß nun die Zeit für Action Learning gekommen ist – selbst wenn seine Landsleute dies als letzte anerkennen sollten.

Wichtige Publikationen

Revans, R. W. (1966), *The Theory of Practice in Management*, London: Macdonald
Revans, R. W. (1971), *Developing Effective Managers*
Revans, R. W. (1979), *Action Learning*, London: Blond and Briggs

Edgar H. Schein
* 1928

Der „psychologische Vertrag" zwischen Arbeitgeber und Arbeitnehmer

Edgar H. Schein ist Amerikaner, Sozialpsychologe und Managementprofessor an der Sloan School of Management, MIT. Er prägte den Begriff „psychologischer Vertrag" zur Bezeichnung der ungeschriebenen Vereinbarungen innerhalb einer Organisation. Das Konzept der Unternehmenskultur im Sinne der gemeinsamen Ansichten über Werte und Praktiken einer Organisation, das in letzter Zeit in Managementpublikationen breiten Raum einnimmt, ist eigentlich eine Erfindung Scheins.

Am MIT arbeitete er mit Douglas McGregor zusammen, der mit seiner Theorie X und Theorie Y berühmt geworden war, und wurde von ihm stark beeinflußt. Charles Handy studierte bei Schein, Warren Bennis und Chris Argyris und erklärt, diese drei hätten sein Leben von Grund auf verändert.

Edgar Schein ist auch Urheber eines weiteren Begriffes, der in die Managementterminologie Eingang gefunden hat – „Karriereanker". Sowohl „psychologischer Vortrag" als auch „Karriereanker" sind eng mit der Motivationsanalyse, der Grundlage von Scheins Arbeit, verbunden. Der erste Begriff, psychologischer Vertrag, umfaßt all das, was ein Arbeitnehmer von seinem Arbeitgeber zu erwarten hat, und zwar nicht nur in geschäftlicher Hinsicht, wie Bezahlung, Arbeitsbedingungen, Arbeitszeit und Jobsicherheit, sondern auch, wie er behandelt und ermutigt wird, seine Fähigkeiten und Verantwortung zu entwickeln. Schein meint, viele Streiks und Arbeitskämpfe würden im Grunde deshalb ausbrechen, weil der psychologische Vertrag verletzt wurde, obwohl der oberflächliche Auslöser scheinbar oft geschäftlicher Natur ist. Der psychologische Vertrag funktioniert nicht einseitig, sondern beinhaltet auch Erwartungen des Unternehmens an die Mitarbeiter, etwa Loyalität und Fleiß. Soll dieser Vertrag langfristig halten, kommt es wesentlich darauf an, daß beide Aspekte einander ergänzen oder entsprechen.

Im Zusammenhang mit diesem Konzept steht auch der „Karriereanker": die Art und Weise, wie sich der einzelne in einer bestimmten Organisation selbst sieht, was ihn ermutigt, in seiner Organisation zu bleiben. Dieses Konzept hat viel mit Selbstachtung und der Zufriedenheit mit persönlichen Entwicklungsmöglichkeiten zu tun. Karriereanker werden zumeist schon zu Beginn der Karriere in einer Organisation geprägt. Als typische Karriereanker betrachtet Schein, wie der einzelne seine technische Kompetenz, seine Kompetenz als Manager, seine Jobsicherheit und -autonomie sieht. Karriereanker können sich, erklärte er, auf die Entwicklung eines Menschen manchmal einengend auswirken, und das sogar in einer Organisation, in der er zufrieden zu sein scheint: So kann ein graduierter Akademiker seine technische Kompetenz als Hinderungsgrund empfinden, weshalb er im Zuge seiner Karriere nicht in eine verantwortungsvolle Managementposition aufsteigt.

Die Ansichten, die Individuen über sich selbst in ihrer Organisation entwickeln, werden ihrerseits weitgehend von den Annahmen der Organisation über ihre eigenen Werte, Ziele und Vorgangsweisen mitbestimmt, die sich auf vielfache Weise auf die Mitarbeiter übertragen.

All das prägt in seiner Gesamtheit die Unternehmenskultur und kann auf verschiedene Weise zutage treten, – etwa in Form nüchterner Anzüge und weißer Hemden, die IBM-Vertreter tragen müssen, bis zur intellektuellen Clubatmosphäre und dem Zugehörigkeitsgefühl, das für viele Abteilungen der BBC typisch ist. Schein meint, die Kultur einer Organisation sei die Gesamtheit dessen, „was sie als soziale Einheit im Verlauf ihrer Geschichte gelernt hat". Er definiert Unternehmenskultur als etwas, das durch diverse Artefakte (Bekleidungsvorschriften, Büroausstattung, verschiedene Signale, die einem Fremden ins Auge springen), Werte (häufig verpackt in Anekdoten aus der Gründungszeit) und zugrundeliegende Annahmen (Verhalten innerhalb der Organisation und der Organisation in ihrem Umfeld) entsteht.

Der Konsens über diese kulturellen Eigenheiten unter der Mitarbeiterschaft und im Management ist für das erfolgreiche Erreichen der Organisationsziele essentiell. Schein skizziert fünf Schlüsselbereiche, in denen Übereinstimmung erzielt werden sollte:

> „Die Kultur einer Organisation ist die Gesamtheit dessen, was sie als soziale Einheit im Verlauf ihrer Geschichte gelernt hat."
>
> *Edgar H. Schein*

- Die Mission – „in welcher Branche arbeiten wir und warum?"
- Die Ziele, darunter auch spezifische Ziele für alle Mitarbeiter
- Die Mittel, um die angestrebten Ziele zu erreichen, darunter Belohnungs- und Incentive-Systeme

- Die Mittel zur Messung von Fortschritten, darunter Berichte und Feedback

- Die Strategien für Abhilfemaßnahmen, wenn etwas schiefgeht

Scheins Überzeugung, daß ein optimales Management des Wandels in der Unternehmenskultur erfolgreiches Führungsverhalten erst ermöglicht, machte ihn zum Guru für eine rasch wachsende Autorenschar zum Thema Unternehmenskultur und deren Auswirkungen: etwa Erfolg oder Mißerfolg von Takeovers, Fusionen von Unternehmen mit einer je unterschiedlichen Kultur oder Diversifizierung in neue Märkte. Schein entwarf ein ganzes Set diagnostischer Hilfsmittel, um allfällige Kultur- und Kompatibilitätsprobleme erkennen zu können, und weist konkrete Wege zur Problemlösung.

Die Fähigkeit zur Diagnose ist nach Ansicht Scheins eine essentielle Eigenschaft guter Manager. Seine Motivationsforschung begann er wie sein Mentor Douglas McGregor mit einer Analyse der Art und Weise, wie Manager die von ihnen geführten Mitarbeiter sehen.

Historisch betrachtet lassen sich diese Sichtweisen in drei Gruppen einteilen. Da ist einmal das „rational-ökonomische" Modell nach F. W. Taylor, das bei McGregor als Theorie X vorkommt – im Grunde die Ansicht, daß die meisten Menschen durch ökonomische Anreize zur Arbeit gezwungen werden müssen und ständige Überwachung durch das Management erfordern. Dann gibt es das „soziale" Modell, das von Mayo im Zuge seiner Hawthorne-Experimente entwickelt wurde, in dem außer den ökonomischen auch noch andere Bedürfnisse und die Auswirkung von Peer-Groups auf die Arbeitsleistung eine Rolle spielen. Das dritte historische Konzept, das „Selbstverwirklichungs"-Modell, stellt eigentlich eine Weiterentwicklung des sozialen Modells dar: Es umfaßt zusätzlich das Verständnis der Bedürfnisse des einzelnen, der sein gesamtes Potential ausschöpfen möchte. Zu nennen sind hier Abraham Maslow mit seiner Bedürfnishierarchie, McGregor mit seiner Theorie Y sowie die einflußreichen Gurus Argyris und Herzberg. Diesen bereits bestehenden Modellen fügte Schein ein weiteres hinzu – das „komplexe" Modell. Danach hängt die Reaktion des einzelnen angesichts der Fülle menschlicher Bedürfnisse und Motivationen zu verschiedenen Zeiten in unterschiedlichen Situationen von einer Vielzahl von Variablen ab. Schein untersuchte auch, wie sich Anreize im Lichte der wechselnden Wahrnehmung des einzelnen verändern, warum also beispielsweise Millionäre und andere erfolgreiche Menschen nie genug bekommen können und immer weitere Millionen scheffeln oder sich immer anspruchsvollere Ziele setzen müssen.

Robert Brownings Zeilen: „A man's reach should exceed his grasp, Or what's a heaven for?" (Des Menschen Verlangen sollte seine Reichweite überschreiten, wozu sonst wäre wohl der Himmel da?) sind ein Hinweis auf das Geheimnis der Motivation, das Edgar Scheins Arbeit für uns alle lüften soll.

Wichtige Publikationen

Schein, E. H. (1978), *Career Dynamics: Matching Individual and Organizational Needs*, Wokingham: Addison-Wesley

Schein, E. H. (1980), *Organizational Psychology*, New Jersey: Prentice-Hall; dt.: *Organisationspsychologie*, Wiesbaden, 2. Auflage 1980

Schein, E. H. (1985), *Organizational Culture and Leadership*, San Francisco: Jossey-Bass; dt.:*Unternehmenskultur: Ein Handbuch für Führungskräfte,* Frankfurt 1995

Richard J. Schonberger

* 1937

Jede Funktion eines Unternehmens ist „Kunde" des nächsten Gliedes in der Kette

Der Amerikaner Richard J. Schonberger ist von der Ausbildung her Techniker. Heute gilt er als international anerkannter Berater und Referent, dem die Einführung der Just-in-time-Methode (JIT) und anderer japanischer Fertigungstechniken in den USA zugeschrieben wird. Nach dem College arbeitete Schonberger acht Jahre lang in der amerikanischen Rüstungsindustrie − Schiffsbau, Flugzeugwartung, Panzerherstellung. Danach schloß er zusätzlich ein Studium der Betriebswirtschaft an der Universität Nebraska mit den Schwerpunkten Produktionsmanagment und Informationssysteme ab und lehrte anschließend dreizehn Jahre lang an dieser Universität.

Irgendwann, erinnert er sich, „war ich von der Produktion angeödet und dachte, die Zukunft liegt in den Managementinformationssystemen. Die ließ ich aber wie eine heiße Kartoffel fallen, als es in der Produktion wieder spannend wurde."

Der neuerliche Schwenk zur Produktion ergab sich durch Schonbergers Arbeit mit Computern in der Industrie. Material Requirements Planning (MRP) war, sagt Schonberger, „im Produktionsbereich die erste aufregende Sache seit fünfzig Jahren".

Schonbergers erstes Buch, *Japanese Manufacturing Techniques* (1982) wurde in neun Sprachen übersetzt und über 150 000 mal verkauft. Von seinem zweiten Werk, *World Class Manufacturing* (1986), gingen 100 000 Exemplare in acht Sprachen über den Ladentisch. Zusammen sind diese beiden Werke auf dem Gebiet der Produktion die größten Bestseller aller Zeiten. Jedes der insgesamt fünf Schonbergerschen Bücher entwickelte sich aus dem vorherigen − in seinem vierten, *Building a Chain of Customers* (1990), erklärt er seine wichtigste These, wonach sich „Spitzenleistungen der Weltklasse in Produktions- und Dienstleistungsbranchen nur durch Betrachtung jeder Funktion eines Unternehmens als ‚Kunde' der nächsten in der Kette erzielen lassen."

Der Workaholic und emsige Vortragende, der heute als Berater und Trainer für zahlreiche führende multinationale Konzerne, darunter Hewlett-Packard, IBM, 3M, Ford, DuPont und Philips tätig ist, besucht wöchentlich mindestens eine Fabrik in den USA oder in Europa. Er behauptet von sich, niemals eine von ihm bereits formulierte Idee zu wiederholen. „Wenn ich nichts Neues zu sagen habe, sage ich lieber gar nichts" Bedenkt man, daß er über 100 Artikel, drei Bücher und zwei „Fallstudien" publiziert hat, muß ihn das zu einer einzigartigen Erscheinung unter den Management-Gurus machen.

Auf die Bitte, die Quintessenz seiner Lebensarbeit in ein „Mission-Statement" zu fassen, antwortete Richard Schonberger:

„Spitzenleistungen der Weltklasse bedeuten ständige Verbesserung im Dienste der vier Grundbedürfnisse des Kunden: laufend bessere Qualität, geringere Kosten, zunehmende Flexibilität und kürzere Reaktionszeiten. Das beginnt mit dem nächstfolgenden Prozeß und gilt quer durch alle Zwischenprozesse die ganze Kette entlang bis zum Endkunden."

Richard J. Schonberger

Genau diese Kette meint Schonberger, der Prediger der „kundenorientierten Leistung", mit dem Titel seines neuesten Buches, *Building a Chain of Customers*. In seinen sehr lebhaft vorgetragenen Thesen, die mit Beispielen und anschaulichen Miniatur-Fallstudien gespickt sind, bilden die zahlreichen Verbindungen zwischen den und innerhalb der verschiedenen Funktionen eines Unternehmens – Planung, Produktion, Buchhaltung, Marketing – eine ununterbrochene „Kundenkette", die direkt zu jenen führen, die das Endprodukt oder die endgültige Dienstleistung letztlich kaufen. Tom Peters nannte das Konzept „einen kühnen und sorgfältig ausgearbeiteten, detaillierten Entwurf zur Umgestaltung von Unternehmen, der mit der Kurzsichtigkeit der einzelnen Funktionen aufräumt und sie zwingt, im Dienste des Kunden das Ganze zu sehen."

Schonberger sagt über die Techniken, die er in seinem Buch darlegt: „Sie sind leicht zu erlernen, kosten nicht viel und vermitteln den Leuten sofort ein besseres Jobgefühl. Sobald jemand so zu denken beginnt, kann er seine Leistung nicht mehr anders als aus der Sicht jenes ‚Kunden' definieren, zu dem seine Arbeit als nächstes geht." Mit der selben Einfachheit argumentiert Schonberger, es dauere gar nicht lange, Industriearbeiter dazu anzuleiten, sich rasch zu verbessern, „Freude an Verbesserungen und Veränderungen zu haben und kundenorientiert zu agieren."

Als eines der Hauptthemen seines 1982 erschienenen Japan-Buches behauptet Schonberger, der japanische Erfolg sei nicht auf kulturelle Faktoren zurückzuführen, sondern jedermann könne TQM-Techniken und dergleichen erlernen. Aus seinen zwischen 1982 und 1986 durchgeführten Studien über die Ergebnisse bei der Anwendung dieser Techniken, die mittlerweile in hunderten Unternehmen Nordamerikas praktiziert werden, bezog Schonberger das Material für sein zweites Buch, *World Class Manufacturing*. Der Hewlett Packard-Konzern, der seine Betriebsphilosophie in einer Broschüre mit dem Titel „The HP Way" darlegt, erwies sich übrigens als bestes Beispiel dafür.

„Cellular Manufacturing" (molekulare oder Werkstattfertigung) ist einer der Schonbergerschen Schlüssel zur firmeninternen Kundenkette. Dazu werden je nach Arbeitsanfall Cluster von Mitarbeitern und betrieblichen Abläufen gebildet, anstatt sich auf die bestehenden Abteilungsstrukturen zu verlassen. Schonberger schreibt diese Erfindung fünf britischen Industriepionieren zu, die zwischen 1965 und 1975 tätig waren – den Professoren John L. Burbidge und G. A. B. Edwards, dem Berater Joseph Bombinski und den Arbeitsmanagern Gordon Ranson und Charles Allen.

„Toyota übernahm die Ideen, verfeinerte und perfektionierte sie und zwang sie Lieferanten der ersten und zweiten Ebene auf", erinnert sich Schonberger. „Die große Familie der Toyota-Unternehmen organisierte sich neu, verlegte alle Maschinen in die Cluster und baute alle neuen Werke entsprechend dem Produktfluß statt nach Abteilungen auf. Im großen und ganzen schulden wir den Japanern Dank dafür, daß sie uns das Potential dieser Ideen in der Praxis vorgeführt haben, obwohl es ja eine Menge Leute gab, die sich dessen ohnehin bewußt waren."

Schonberger glaubt, daß seine „kundenorientierte Botschaft für jeden einzelnen in einer Organisation gilt, ‚vom Vorstand bis zum Türsteher'" Wenn er Vorträge für seine Beratungsfirma World Class International hält, wendet er sich häufig an die „kommende, neue und frische Führungsmannschaft" anstatt an das bereits etablierte Topmanagement.

„Ich glaube, die Zukunft liegt in der Hand der Macher – der Maschinisten, des Montagepersonals, der Büroangestellten, Lagerverwalter, Fahrer, Dienstleister ... Die Botschaft – wie wird man zur Weltklasseorganisation – wird sicherlich nicht über den Kopf vermittelt. Es ist doch keine Katastrophe, wenn Unternehmensvorstände und Aufsichtsräte Bücher wie meine nicht lesen; ihre Assistenten und das Management der unteren Ebenen lesen sie, auch manche Arbeiter lesen sie, und sie werden innerhalb einer halben Generation – wenn nicht früher – die Sache schon auf die Reihe kriegen, und zwar mit oder ohne Segen ihrer obersten Bosse."

Schonberger fühlt sich durch die zunehmende „Konvergenz", die er in der Managementtheorie zu erkennen meint, ermutigt, wenn im Großteil der bahnbrechenden Publikationen der letzten Zeit Themen wie der Dienst am Kunden und die Einbindung der Mitarbeiter angeschlagen werden: Er zitiert dazu Tom Peters' *Thriving on Chaos*, Stan Davis' *Future Perfect* und Graxson und O'Dells *American Business: A Two Minute Warning*. Stimmen, die sich für die neue Überzeugung aussprechen, daß man sowohl die Kosten kontrollieren als auch auf die primären Bedürfnisse der Kunden Rücksicht nehmen sollte (Qualität, Durchlaufzeiten, Flexiblität und Kosten), erheben sich heute überall und aus unterschiedlichen Richtungen, und Schonberger darf sich zu Recht als Pionier in dieser Sache bezeichnen.

Wichtige Publikationen

Schonberger, R. J. (1982), *Japanese Manufacturing Techniques*, New York: The Free Press

Schonberger, R. J. (1986), *World Class Manufacturing*, New York: The Free Press; dt.: *Produktion auf Weltniveau. Wettbewerbsvorteile durch intergrierte Fertigung*, Frankfurt, 2. Auflage 1991

Schonberger, R. J. (1987), *World Class Manufacturing Casebook*, New York: The Free Press

Schonberger, R. J. (1990), *Building a Chain of Customers*, New York: The Free Press

E. F. Schumacher

1911–1977

„Small is beautiful" – der menschliche Maßstab gegen den „Gigantismus" der Unternehmen

Der in Deutschland geborene Ökonom E. F. Schumacher war ab 1950 rund zwanzig Jahre für das britische National Coal Board tätig und wurde mit einer These berühmt, die eigentlich auf eine brillante Marketingidee seines Herausgebers für einen Buchtitel zurückgeht. *Small is Beautiful* sollte die ganze Revolte der siebziger und achtziger Jahre gegen große, unpersönliche Organisationen widerspiegeln. Doch das damit zusammenhängende Konzept eines Umdenkens in der Führung von Unternehmen, Volkswirtschaften und Staaten im Sinne einer Neuorientierung hin zu kleinen, menschengerechten Einheiten war in Wirklichkeit nur eine von zahlreichen Thesen in Schumachers Essaysammlung, die 1973 in Großbritannien mit dem Untertitel „A Study of Economics As If People Mattered" erschien.

In zwei oder drei der neunzehn Essays Schumachers geißelt der Autor das, was er als „Götzendienst am Gigantismus" bezeichnet, gleich ob es sich auf multinationale Konzerne, wuchernde urbane Agglomerationen oder Mammutstaaten mit ihren internen Märkten bezieht. Er merkt an, es sei die Leistung von Alfred Sloan bei General Motors gewesen, „dieses gigantische Unternehmen so zu strukturieren, daß es de facto ein Zusammenschluß von einigermaßen vernünftig dimensionierten Betrieben wurde."

> „Während sich viele Theoretiker nach wie vor für große Einheiten in die Bresche werfen, stellt man bei den Menschen, die im praktischen Leben stehen, ein starkes Verlangen fest, sich möglichst die Bequemlichkeit, Menschlichkeit und leichtere Handhabbarkeit des Kleinen zunutze zu machen."
>
> *E. F. Schumacher*

Überraschenderweise zitiert er auch seine eigene Organisation, das National Coal Board, eines der größten, wenn auch in Streubesitz befindlichen Unternehmen ganz Westeuropas, als Beispiel, „wo unter dem Vorsitz von Lord Robens etwas ganz Ähnliches (zum Sloanschen Ansatz) versucht wurde; man bemühte sich darum, eine Struktur zu entwickeln, die die Einheit der großen Organisation erhalten und zugleich das ‚Klima' oder das Gefühl hervorrufen sollte, daß es sich um einen Zusammenschluß vieler kleinerer ‚Quasi-Firmen' handle. Der Monolith wurde zu einem gut koordinierten Organismus lebendiger, teilweise autonomer Einheiten, die jeweils einen eigenen Antrieb und ein eigenes Leistungsgefühl entwickelten."

Schumachers Rezepte gingen nicht weit über derartige Allgemeinplätze hinaus (an einer anderen Stelle seines Buches tritt er leidenschaftlich für die Vorzüge einer verstaatlichten Industrie ein, die ja üblicherweise nicht mit der „Small is Beautiful"-Bewegung in Zusammenhang gebracht wird). Doch sein Ansatz – philosophisch angehaucht von östlichen Religionen wie dem Buddhismus – knüpft an die Erfüllung und das Glück des Menschen in seiner Arbeit und im sozialen Kontext an und erzielte damit eine Wirkung, die noch lange anhielt, nachdem der Inhalt seiner eher bescheidenen Essays längst in Vergessenheit geraten war. Schumacher war seiner Zeit um rund fünfzehn Jahre voraus, als er riet, doch das Bedürfnis der Menschen zu beachten, innerhalb kleiner Einheiten in den Entscheidungsfindungsprozeß eingebunden zu werden. Ende der achtziger Jahre fanden Rosabeth Moss Kanter und andere Gurus dafür den Begriff „Empowerment", und schrieben ganze Bücher darüber. Charles Handy sagt, Schumacher sei „trotz seines bescheidenen Beitrages überaus einflußreich" gewesen, doch heute scheint es uns beinahe unglaublich, daß aus einer so unscheinbaren Quelle so viel Ruhm sprudeln kann. Es heißt, sogar Präsident Jimmy Carter sei von Schumachers Buch beeinflußt worden.

Neben seiner Arbeit für das Coal Board gründete Schumacher die International Technology Development Group und wurde zum Berater diverser Länder der Dritten Welt in wirtschaftlichen Fragen. Er sprach sich stets für Produktionstechniken im kleinen Maßstab aus und meinte:

> **„Organisationen sollten sich an der Natur orientieren, die es einzelnen Zellen ja auch nicht gestattet, über Gebühr zu wuchern."**
>
> *E. F. Schumacher*

Wichtige Publikation

Schumacher, E. F. (1973), *Small is Beautiful*, London: Blond & Briggs: dt.: *Small is Beautiful. Die Rückkehr zum menschlichen Maß*, Holm 1993

Peter M. Senge

* 1947

Denkende Systeme und Lernende Organisationen

Peter M. Senge ist Honorarprofessor und Leiter des Center for Organizational Learning am MIT sowie weltweit führende Kapazität auf dem Gebiet der Lernenden Organisation. Sein 1990 erschienenes Buch *The Fifth Discipline* machte dieses Konzept der „Lernenden Organisation" publik, wonach Individuen auf allen Ebenen einer Organisation, einschließlich dem Management, in die Lage versetzt werden sollen, im Sinne einer größeren Effektivität des Ganzen eigene Fähigkeiten, Kompetenzen und eigenes Wissen zu entwickeln. Einer von Senges Definitionen zufolge ist eine lernende Organisation „eine Organisation, die ihre Fähigkeit, die eigene Zukunft zu gestalten, kontinuierlich verbessert".

Der Terminus war bereits kurz zuvor vom britischen Unternehmensberater Bob Garratt in *The Learning Organization and the Need for Directors Who Think* (1987) kreiert worden. 1990 folgte ein weiteres Buch Garratts, *Creating a Learning Organization*, doch es war die Arbeit des MIT-Wissenschaftlers, der im selben Jahr mit den überlegenen Möglichkeiten einer führenden amerikanischen Wirtschaftsfakultät überall Aufmerksamkeit auf dieses Konzept lenken konnte.

Senges wichtigster Beitrag war das Herausarbeiten von fünf „methodischen Komponenten" oder Techniken zur persönlichen Entwicklung, die eine echte lernende Organisation ausmachen. Diese fünf Techniken sind individuelles Können, Erkennen von Denkmodellen, gemeinsame Visionen, Teamlernen und Systemdenken – wobei letztere, die „fünfte Disziplin", die Fähigkeit bedeutet, das Ganze (anstatt der einzelnen Teile) einer Organisation zu sehen und zu verstehen, wie der einzelne mit seinem Handeln darauf Einfluß nehmen kann. Die *Harvard Business Review* beschrieb 1997 *The Fifth Discipline* als eines der wichtigsten Managementbücher der letzten 75 Jahre.

Senge tritt persönlich kaum in Erscheinung, eine Seltenheit unter den führenden Gurus, und es gibt kaum Informationen zu seinem Privatleben. Er ist Vorsitzender der Society of Organizational Learning, einer globalen virtuellen Gemeinschaft von Unternehmen, Forschern und Beratern, die sich der „wechselseitigen Entwicklung von Menschen und ihrer Institutionen" verschrieben haben. Senge hält international Vorlesungen, veranstaltet Managerseminare in „New Age"-Manier (es heißt, er sei Anhänger des Zen-Buddhismus) und arbeitet als Berater im Bildungs- und Gesundheitswesen, für staatliche Behörden und Unternehmen. Sein Forschungszentrum am MIT wird unter anderem von einigen der führenden amerikanischen Unternehmen finanziert, darunter Ford, AT&T und Motorola.

Senge, der ursprünglich ein Technik-Studium in Stanford absolviert hatte, arbeitet seit 1970 am MIT und gibt freimütig zu, er habe anderen Pionieren der kognitiven Theorie und ihrer Anwendung in Organisationen eine Menge zu verdanken. Als Beispiele nennt er Jay Forrester, einen Computerfachmann am MIT, der Senge für seine Theorie der „Systemdynamik" interessieren konnte, mit der sich Organisationen in eine bestimmte Richtung vorwärts treiben lassen.

Stark beeinflußt wurde Senge auch von Harvard-Professor Chris Argyris, der in seinem 1978 gemeinsam mit Donald Schon vom MIT herausgegebenen Buch *Organizational Learning* die Konzepte des „Single-loop-" und „Double-loop-Learning" entwickelte, sowie von Arie de Geus, dem früheren Planungschef bei Shell, den Senge als den eigentlichen Vater der lernenden Organisation bezeichnet. De Geus ist unter anderem ein Trendsetter in der Entwicklung der Szenarioplanung und des Wissensmanagements sowie Autor eines der meistzitierten Aphorismen der modernen Managementliteratur: „Die Fähigkeit, schneller zu lernen als die Konkurrenz kann sich als einziger nachhaltiger Wettbewerbsvorteil eines Unternehmens erweisen."

Senge predigte als erster, daß in Zukunft jene Unternehmen am erfolgreichsten sein würden, die Lernen auf allen Ebenen fördern und Fähigkeiten, Wissen und Erfahrung ihrer Mitarbeiter als wertvolles Firmenvermögen behandeln – heute beinahe schon ein Allgemeinplatz. Manager, darunter auch jene auf höchster Ebene, sollten sich als Verwalter, Lehrer und Planer von Lernsystemen anstatt als Führer mit Kompetenzen in einer vertikalen Hierarchie sehen. In einem nach *The Fifth Discipline* erschienenen Werk mit dem Titel *The Fifth Discipline Fieldbook* (1994) präsentiert Senge praktische Methoden zur Anwendung seiner Prinzipien in Unternehmen, die eine eigene lernende Organisation aufbauen möchten.

Seit 1990 ist aus der lernenden Organisation ein Grundstein im Management des Wandels geworden. Aus der Theorie haben sich anfangs revolutionäre, mittlerweile allerdings weithin anerkannte Konzepte wie Unternehmens-„Universitäten", Personalentwicklungs-Workshops und Wissenstransfer durch Unternehmens-Intranet und sonstige Informationssysteme entwickelt.

Peter Senge genießt in der Wirtschaft, die viele seiner Lehren übernommen hat, einen ausgezeichneten Ruf, obwohl Praktiker oft weiterhin skeptisch in der Frage bleiben, was denn eine lernende Organisation überhaupt ist und ob man sie selbst schaffen kann. Lernen und Wissen in Unternehmen werden zunehmend als Schlüssel zum wirtschaftlichen Überleben betrachtet, nicht nur als Pluspunkt für die Wettbewerbsfähigkeit. Doch Senges Meisterwerk verlangt Konzentration: Der Leser muß sich in *The Fifth Discipline* erst durch ein Dickicht an Konzepten durcharbeiten, um die wahren Perlen zu finden, und es gibt sicher besser lesbare und praxisbezogenere Bücher, die später zum selben Thema erschienen.

Senges vier „Disziplinen", die von der fünften, „Systems Thinking" oder Systemdenken, zusammengehalten und gekrönt werden, sind grob formuliert folgende:

● *Individuelles Können* – das Prinzip kontinuierlichen, lebenslangen Lernens des einzelnen, „wodurch die Möglichkeit steigt, jene Ergebnisse zu erzielen, die wir uns im Leben tatsächlich wünschen."

● *Erkennen von Denkmodellen* – das Aufdecken und Infragestellen jener Annahmen und Denkmuster, die die Einstellung des einzelnen zur Welt beherrschen.

● *Gemeinsame Visionen* – das Entwerfen von „Bildern der Zukunft", die Menschen zur Verfolgung eines gemeinsamen Zieles zusammenbringen.

● *Teamlernen* – gemeinsames Denken und Lernen als Gruppe im Sinne einer effektiveren Leistung; befähigt Teammitglieder auch, sich besser zu entwickeln, als dies als einzelner der Fall wäre.

„Systems Thinking", Systemdenken, ist „ein Rahmen zum Aufspüren wechselseitiger Beziehungen anstelle linearer Kausalketten und zum Erkennen von Prozessen des Wandels anstelle statischer Schnappschüsse" Als Beispiel eines Problems der ausgehenden achtziger Jahre, das Systemdenken erforderte, zitierte Senge den Rüstungswettlauf zwischen den USA und der Sowjetunion, dessen einzelne Elemente sich zu einem Teufelskreis schlossen, der seinerseits Angst und Aggression schürte. Systemdenken, die Sicht des Teufelskreises in seiner Gesamtheit, würde bedeuten, daß er durchbrochen wird, indem man einseitig einen Schritt zur Abrüstung tut – was, wie Senge erläutert, 1990 mit den Initiativen Michail Gorbatschows in der UdSSR erstmals möglich erschien.

Alle Disziplinen Senges hängen zusammen: „Wenn Leute keine gemeinsame Vision haben, wenn sie keine gemeinsamen ‚Denkmodelle‘ der Realität im Geschäftsleben haben, in dem sie sich bewegen, dann muß die Übertragung von Verantwortung an die Mitarbeiter den Streß im Unternehmen und die Belastung für das Management, das ja Kohärenz und Richtung aufrecht zu erhalten hat, sogar erhöhen."

Senges Theorie über die Einstellungen der Leute zu ihrer Arbeit und ihren Organisationen ist deutlich beeinflußt durch die vielbeachteten Entdeckungen Chris Argyris' über „defensive Routinen", die den einzelnen mit seinen Denkgewohnheiten isolieren und ihn davor bewahren, sich aufreibenden Konfrontationen zu stellen. Als Senge eines Tages Argyris am MIT bei einem informellen Workshop beobachtete, befiel ihn der Gedanke, daß „ich mir mit der entsprechenden Ausbildung meiner Denkmodelle und ihrer Wirkweise viel bewußter werden könnte" Auch die Erfahrung von Geschäftsleuten, mit denen er am MIT zusammenarbeitete, führte Senge dazu, die Bedeutung eines offenen Umgangs von Arbeitskollegen untereinander zu erkennen und die mentalen Modelle zu verstehen, mit deren Hilfe Menschen die Welt interpretieren – nämlich immer unvollständig.

Die Arbeiten von Argyris und Donald Schon über Double-loop-Learning und Feedback – Lernen von anderen anstelle des Verharrens in den eigenen, sich selbst perpetuierenden Erfahrungen – kann auch als ein wesentlicher Beitrag zur Entwicklung Senges hin zum Systems Thinking gesehen werden.

Hatte er zuvor die Entwicklung einzelner kognitiver Fähigkeiten skizziert, ging Senge nun daran, die Funktion des Managements in der lernenden Organisation neu zu definieren. Ein Element war die Funktion des Managers als „Steward" – seine Führungsrolle bei Einstellungen, Grundwerten und Mission der Organisation. Doch Senge sah „den Manager auch als Forscher und Planer, der die Organisation als System sowie die internen und externen Kräfte des Wandels erforscht und einen Lernprozeß plant, mit dem andere Manager überall in der Organisation lernen, die herrschenden Trends und

> „Die Praxis des Systemdenkens beginnt mit dem Verständnis eines einfachen Konzepts namens ‚Feedback', das zeigt, wie einzelne Maßnahmen einander verstärken oder sich aufheben können. Es trägt zum Lernen bei, wenn man immer wiederkehrende Strukturen erkennt ... Letztlich vereinfacht es das Leben, weil es uns hilft, die zugrundeliegenden Muster hinter Einzelereignissen und Details zu erkennen."
>
> *Peter M. Senge*

Kräfte ebenfalls zu verstehen." Dieser Funktion, die auch jene des Mentors und Coaches mit einschließt, kommt in einer lernenden Organisation eine Schlüsselrolle zu, ein Konzept, das heute zwar überall anerkannt ist, 1990 jedoch absolut radikal erscheinen mußte.

Wenn das Unternehmensmanagement nicht die Verantwortung über die Leitung des Lernprozesses übernimmt, warnte Senge, „wird es ihn nicht geben oder er wird jedenfalls nicht erfolgreich sein können. Die Tatsache, daß nur wenige von denen, die gegenwärtig Führungspositionen besetzen, diese Funktion anerkennen, ist einer der Hauptgründe dafür, daß lernende Organisationen nach wie vor so selten anzutreffen sind."

Heute, beinahe ein Jahrzehnt nach diesem Ausspruch Senges, trifft man sie immer noch selten, doch einzelne Puzzlestücke sind immerhin schon zu erkennen.

Wichtige Publikationen

Senge, P. M. (1990), *The Fifth Discipline: The Art and Practice of the Learning Organization*, New York: Doubleday; dt.: *Die fünfte Disziplin. Kunst und Praxis der lernenden Organisation*, Stuttgart, 3. Auflage 1996

Senge, P. M. (1994) *The Fifth Discipline Fieldbook: Strategies for Building a Learning Organization*, New York: Doubleday; dt.: *Das Fieldbook zur Fünften Disziplin*, Stuttgart 1996

Alfred P. Sloan

1875–1966

Die Dezentralisierung großer Konzerne

Der amerikanische Industrielle Alfred P. Sloan, anfang der zwanziger bis Mitte der fünfziger Jahre General Motors-Vorstand, gilt als der Mann, der den modernen dezentralisierten Konzern mit seinen vielen Divisionen erfand. Sloans Name erscheint im Index von Managementbüchern häufiger als der jedes anderen Vertreters der Branche – Peter Druckers Mammutwerk *Management: Tasks, Responsibilities, Practices* enthält über 25 Seiten Sloan-Verweise.

Von Sloan stammt nur ein einziges Buch, das er übrigens mit Hilfe eines professionellen Journalisten von *Fortune* verfaßte – normalerweise nicht genug, um als Guru in den Management-Olymp erhoben zu werden. Doch dieses Buch, *My Years With General Motors* (1963), übte einen enormen Einfluß auf Managementpraktiker und Organisationstheoretiker aus. James O'Toole, Professor für Management an der University of Southern California, nannte es „ein vorbildliches Denkmodell für Manager – eigentlich ein vorbildliches Modell für den Großteil der gesamten Managementausbildung".

An Sloans Leistung bei der Umstrukturierung der todgeweihten General Motors-Werke des Jahres 1921 zum führenden amerikanischen Autoproduzenten innerhalb von nur drei Jahren ist nicht nur der rasche innovatorische Erfolg überaus bemerkenswert, sondern auch, daß seine Arbeit Jahrzehnte des Wandels standhielt und in einer Geschäftswelt, die mit jener des Jahres 1921 in nichts mehr vergleichbar ist, nach wie vor als Modell für unternehmerisches Denken gelten darf.

Fünfundzwanzig Jahre nach Sloans GM-Umstrukturierung wandte Henry Fords Enkel dieselben Prinzipien bei Ford an, und innerhalb von fünf Jahren war das Wachstums- und Gewinnpotential auch dieses Unternehmens wieder hergestellt. Beinahe schon dreißig Jahre nach Sloans Revolution, zu Beginn der fünfziger Jahre, adaptierte General Electric seinen Plan und wurde, um mit Peter Drucker zu sprechen, „weltweit zum Standardmodell".

Als ausgebildeter Elektrotechniker und Absolvent des MIT (später griff er der dortigen Sloan School of Management finanziell unter die Arme), war

Sloan im Jahr 1900 als Geschäftsführer bei der Hyatt Roller Bearing Company beschäftigt, als diese eine Fusion mit United Motors einging. United Motors wurde später, 1917, von General Motors aufgekauft, und Sloan, damals schon Präsident von United, trat in den GM-Vorstand ein. 1923 wurde er GM-Präsident, 1946 Aufsichtsratsvorsitzender, und von 1956 bis zu seinem Tod zehn Jahre später blieb er Ehren-Aufsichtsratsvorsitzender seines Konzerns.

Sloans vielgefeiertes Konzept der „föderalen Dezentralisierung" – also autonomer Divisionen, die von einigen wenigen Stabskräften des Mutterkonzerns finanziell und in Fragen der Strategie kontrolliert werden – hatte er in nur einem Monat entwickelt, wobei er mit einem kleinen Komitee aus der GM-Führungsebene zusammenarbeitete. Pierre S. Du Pont, Vorsitzender des gleichnamigen Chemiekonzerns und Hauptaktionärs bei GM, hatte ihn gebeten, an der Rettung von GM vor dem drohenden Bankrott mitzuarbeiten, und auch Du Pont selbst hatte zuvor, zwischen 1915 und 1920, sein eigenes Unternehmen nach den Prinzipien der Dezentralisierung umstrukturiert, was einige Managementautoren zu der Annahme veranlaßte, Sloan habe sich diese Idee sozusagen nur geborgt.

In Wirklichkeit hatten die beiden Unternehmen mit gegensätzlichen Problemen zu kämpfen – Du Pont war zu stark zentralisiert, während GM mit einer überaus ungeordneten dezentralen Organisation zu kämpfen hatte, der es an der adäquaten zentralen Kontrolle fehlte. Bei der Entwicklung seiner speziellen Lösung verbesserte und verfeinerte Sloan das Dezentralisierungsprinzip und – das erwies sich als überaus wichtig – entwickelte die ersten systematischen Ansätze einer strategischen Planung. GM wurde weltweit zum ersten Unternehmen, das mit Hilfe einer planvollen Strategie die akzeptierten Produktions- und Marketingmethoden einer Branche von Grund auf veränderte.

Die Auswirkungen dieses neuen Ansatzes waren so gewaltig, daß schon zehn Jahre nach Ausbruch des Ersten Weltkriegs die Anzahl der amerikanischen Autohersteller von über hundert auf ein knappes Dutzend zurückging, von denen drei (Ford, GM und Chrysler) allein neunzig Prozent des Umsatzes erzielten.

Alfred Pritchard Sloan, Sohn eines New Yorker Tee-, Kaffee- und Zigarren-Großhändlers mit deutlichem Brooklyn-Akzent, übernahm die Verantwortung für General Motors mitten in der schlimmsten Krise der noch in den Kinderschuhen steckenden Automobilindustrie. William S. Durant hatte GM aus acht unabhängigen Unternehmen zusammengebaut, die nach wie vor praktisch als Pfründe ihrer einstigen Eigentümer betrieben wurden. Das Unternehmen litt unter Überproduktion und teuren Doppelgleisigkeiten. Ford hielt mit einem einzigen Modell – dem berühmten Ford T, einem billigen schwarzen Einheitswagen – über sechzig Prozent des US-Marktes. Auf General Motors entfielen bei acht Modellen, von denen nur zwei Gewinne abwarfen, rund zwölf Prozent Marktanteil.

Sloans „Föderalisierungsplan" erreichte schließlich viel mehr als nur die Rationalisierung der verworrenen GM-Strukturen durch eine zentralisierte Finanz- und Strategiekontrolle und professionell gemanagte und eigenverantwortliche Divisionen. Aus Sloans Plan sollte sich ein Mechanismus entwickeln, mit dessen Hilfe sich eine neue GM-Mission definieren und umsetzen ließ – ein Auto für „jede Brieftasche und jeden Zweck".

Bis zu dieser Zeit produzierte die amerikanische Automobilindustrie eigentlich nur für zwei Kundenschichten – Massenmarkt und Luxusmarkt -, also billige Massenautos für das vom Ford T beherrschte Segment und hochpreisige Autos in geringen Stückzahlen für die anspruchsvolle Klientel. Sloan erkannte, daß hier mehr Varianten und Möglichkeiten drin sein müßten. Also entwickelte er eine Produktpalette mit fünf verschiedenen Modellen, die einander in Preis und Leistung überschnitten, so daß der finanziell schlechter gestellte Kunde nur ein klein wenig mehr als für den Ford T zu bezahlen brauchte, um ein viel besseres Styling und höhere Leistung zu bekommen (und natürlich auch andere Farben als nur schwarz). Zugleich konnten etwas betuchtere Kunden entweder mit einem gut aussehenden, günstigen Auto sparen oder noch ein paar Dollar drauflegen und beinahe ein Luxusmodell erstehen. Jedes der fünf Automodelle war als Marktführer seiner Klasse konzipiert und konkurrierte mit dem jeweils etwas billigeren und etwas teureren Modell des eigenen Konzerns, ob es sich nun um einen Chevrolet, Oldsmobile, Pontiac, Buick oder Cadillac handelte.

Sloan führte auch gewisse Extras ein, um das Kundeninteresse zu wecken, und weil er alljährlich ein neues Modell herausbrachte, könnte man ihn als den Erfinder des Gebrauchtwagenmarktes bezeichnen. Schneller als jede direkte Konkurrenz gab Sloans Strategie so dem stets gleichen, langweiligen Ford T den Rest. Ein erst einjähriger GM-Wagen mit seinem moderneren Styling und der besseren Leistung konnte es nun sogar über den Preis mit dem Konkurrenten Ford aufnehmen.

Die von Sloan eingeführte neue Organisationsstruktur reduzierte die acht GM-Autohersteller auf fünf operative Divisionen, die von drei Zubehör-Divisionen unterstützt wurden. Jede Division verfügte über eine eigene Engineering-, Produktions- und Marketingabteilung, denen jedoch zentrale Stabsstellen für Unternehmenspolitik und Finanzen vorstanden. In jeder anderen Hinsicht war jedoch jede Division ein eigenständiges Unternehmen mit einem eigenen Geschäftsführer, der Sloan als Vizepräsident gegenüber rechenschaftspflichtig war. (Sloan führte als zusätzliche Neuerung ein, daß er sich selbst ein geringeres Gehalt auszahlte als den Spitzenmanagern, die

Sloan mit seiner gesicherten Konzernlaufbahn unterstellt waren.) Die GM-Zubehördivisionen verkauften übrigens sowohl an die eigenen Autodivisionen als auch an Fremdkunden, darunter an die Konkurrenz. Das war ein Prinzip, das seine Gültigkeit bis vor kurzem, als Sir John Harvey-Jones ICI nach Geschäftsbereichen neu ordnete, beibehalten sollte.

Sloans Ideen basierten de facto weitgehend auf der funktionalen Managementanalyse Henri Fayols aus dem neunzehnten Jahrhundert. Hatte Fayol die Organisationslösung für das Ein-Produkt-Unternehmen gefunden, konnte Sloan dagegen im großen und komplexen Produktionsunternehmen des Zeitalters der Massenproduktion seine Erfolge verbuchen.

Peter Drucker und andere Managementautoren zitieren gern eine Geschichte über Sloan und seine Leitung eines der Top-Komitees bei GM. Am Ende der Diskussion soll er gesagt haben: „Gentlemen, ich gehe davon aus, daß wir über die vorliegende Entscheidung absolut einer Meinung sind." Alle am Tisch nickten. „Dann", sagte Sloan, „schlage ich vor, weitere Diskussionen zum Gegenstand bis zum nächsten Meeting zu verschieben, damit wir genügend Zeit haben, um uns auch eine abweichende Meinung zu bilden und so vielleicht einigermaßen zu verstehen, worum es bei dieser Entscheidung überhaupt geht."

Sloan führte in die Divisionsstruktur ein System der gegenseitigen Kontrolle ein, in dem technische Planung, Produktion und Finanzen gleichberechtigt agierten. Im Laufe der Zeit zerfiel sein Netzwerk aus Komitees und Strategiegruppen, das eigentlich unparteiische und ausgeglichene Entscheidungen hätte treffen sollen, in mehrere Splittergruppen, und der Finanzbereich behielt schließlich die Oberhand. Produktionsüberschüsse stellten sich ein, der GM-Marktanteil fiel in den achtziger Jahren um fünfzehn Prozent und Sloans Modell mußte nun umgebaut werden, doch es hatte GM beinahe sechzig Jahre lang gute Dienste geleistet.

Alfred Sloan glaubte fest an das aufgaben- und nicht personenzentrierte Managementkonzept und er war einer der ersten, die fanden, man solle eine gewisse Art des kreativen Widerspruchs fördern, wie uns Tom Peters und Richard Pascale heute wieder empfehlen, um Unternehmen lebendig und innovativ zu halten.

Sloan war als praktizierender Manager, dessen Managementtheorien schließlich zu Klassikern wurden, vor dem Zweiten Weltkrieg beinahe allein auf weiter Flur (das zweite bekannte Beispiel ist Chester Banard von American Telephone). Seine Leistungen waren zwar in der Autoindustrie in aller Munde, doch in der Öffentlichkeit wurden sie erst 1963 durch *My Years With General Motors* bekannt. Das Buch wurde zu einem der ersten Bestseller unter den Managementbiographien.

Zu dieser Zeit war Sloan allerdings beinahe neunzig Jahre alt, und das Buch ist zugegebenermaßen neben einem Iacocca nicht unbedingt ein Renner. Es ist streng formal gehalten, klingt altmodisch und bisweilen stilistisch ziemlich pedantisch. Trotzdem bietet es ein unvergleichlich detailliertes und authentisches Bild dessen, wie amerikanische Unternehmen in der Zwischenkriegszeit geführt wurden. Niemand sonst hätte eine so gewichtige Fallstudie vorlegen können als dieser Mann, der – Jahrgang 1875 – mit dem Auto aufwuchs und dessen Position im modernen Leben Amerikas weitgehend mitbestimmte.

Das organisatorische Genie Sloans geht jedoch aus den Büchern anderer besser hervor – Druckers *Managing for Results* beispielsweise oder sein *Concept of the Corporation*. *My Years With General Motors* läßt sich am besten als ein Stück gehaltvoller, wenn auch manchmal recht trockener Industrie- und Sozialgeschichte lesen.

Wichtige Publikation

Sloan, A. P. (1963, 1966, 1986), *My Years With General Motors*, New York: Doubleday; London: Sidgewick and Jackson; Penguin Books; dt.: *Meine Jahre mit General Motors*, München 1965

Frederick W. Taylor

1856–1915

Arbeit als Wissenschaft und „funktionales Management"

Der Quaker-Techniker F. W. Taylor erhebt den Anspruch, Amerikas erster Managementberater gewesen zu sein. Er ist uns vor allem als Erfinder der wissenschaftlichen Betriebsführung bekannt, des Vorläufers der Zeit- und Bewegungsstudien, der Arbeitsstudien und in gewisser Weise auch des BPR, also des Business Process Reengineerings. Anders als die meisten Berater nach ihm war Taylor in der Fabrik zu Hause und erfand sogar eine Maschine, die die Stahlindustrie nachhaltig revolutionierte.

Taylor machte seine Industriekarriere in Stahlwerken, wo er als bescheidener Arbeiter bei Midvale Steel Works begann, das er allerdings als Chefingenieur wieder verließ, um dann bei Bethlehem Steel Works in Pittsburgh als beratender Ingenieur ins Management zu wechseln. Hier führte er seine hochgelobten Experimente durch, bei denen er manuelle Arbeiten in einzelne Schritte zerlegte und jeden einzelnen Handgriff bzw. Arbeitsschritt mit der Stoppuhr beobachtete. Indem er die „einzig beste Methode" für jeden Arbeitsschritt bei der Beladung eines Eisenbahnzuges mit Roheisen herausfand, ermöglichte er es einem Arbeiter namens Henry Noll, seine Produktivität von 12,5 Tonnen auf 47 Tonnen Eisen täglich zu erhöhen. Bei Maurerarbeiten konnte mit dieser Technik die Leistung von 1 000 auf 2 700 Ziegeln täglich gesteigert werden.

Taylor glaubte daran, daß man jeden Mitarbeiter zu erstklassigen Leistungen in einem bestimmten Bereich ausbilden könne, und daß es die Verantwortung des Managements sei, diese Möglichkeiten zu sondieren und Verbesserungen zu erreichen.

Schon im College, wo er den Spitznamen „Speedy" trug, war Taylor von der Idee der Effizienzsteigerung besessen. Er veränderte die Baseball-Regeln, indem er nachweisen konnte, daß ein über die Schulter ausgeführter Wurf effektiver ist als ein mit dem Unterarm ausgeführter. Weniger Erfolg hatte er allerdings, als er die Tennisverbände davon überzeugen wollte, daß ein Racket in Form eines Löffels effizienter sein müsse als ein ovales.

Sein revolutionäres Buch, *Principles of Scientific Management,* schrieb er über Forschungsarbeiten, die im Frühling 1911 im *American Magazine* publiziert wurden. Das folgende Buch wurde 1947 als *Scientific Management* neu herausgegeben.

Wissenschaftliche Betriebsführung kam besonders im faschistischen Italien, in der Sowjetunion und in Nazi-Deutschland in Mode, wo die zugehörigen Methoden möglicherweise sogar in den Konzentrationslagern angewandt wurden. Glaubt man einer neueren Taylor-Biographie, so soll ein deutscher Historiker Adolf Eichmann als „einen perfekten Tayloristen" bezeichnet haben.

In den USA wurden Taylors Arbeiten vom Ehepaar und beruflichen Team Frank und Lillian Gilbreth und einigen anderen Industriepsychologen als Zeit- und Bewegungsstudien fortgeführt und weiterentwickelt. Japanische Fachleute zählten bereits seit 1913 zu den Bewunderern Taylors und übernahmen viele seiner Prinzipien bei der Entwicklung revolutionärer Produktionstechniken in den siebziger und achtziger Jahren: Taiichi Ohno von Toyota, der Vater des Just-in-Time-Managements, gibt an, er habe der wissenschaftlichen Betriebsführung viel zu verdanken.

Taylors Einfluß läßt sich im Business Process Reengineering, der Mitte der neunziger Jahre vorherrschenden Managementmode, deutlich erkennen, und es ist interessant festzustellen, daß Taylor zu seiner Zeit ebenso wie das anfänglich für die Entmenschlichung der Arbeitsprozesse kritisierte Reengineering attackiert wurde, weil er die Arbeit so wichtiger Faktoren wie der menschlichen Tüchtigkeit und des eigenen Urteilsvermögens beraube und Arbeiter wie Teile einer Maschine behandle. „Wenn (Henry) Ford und Taylor sie erst einmal in die Mangel genommen hatten", schreibt Taylors Biograph, Robert Kanigel, „brauchte man für die Jobs weniger von allem − weniger Hirn, weniger Muskeln, weniger Unabhängigkeit."

Aus der Sicht des Managements stand der Taylorismus in seiner Blütezeit für Effizienz und die Vermeidung von Verschwendung. Er war ein wichtiger Antriebsfaktor für die amerikanische Produktionstechnik während des Zweiten Weltkrieges, und seine Prinzipien sehen wir auch heute noch in Industriezweigen, die auf standardisierter Produktion und Qualität beruhen, wie etwa in der Fast-Food-Industrie.

Im Jahr 1977 setzte eine Gruppe von US-Historikern und Managern Taylor unter all jenen, die zur amerikanischen Betriebs- und Managmenttheorie beigetragen haben, an erster Stelle − Ford hingegen mußte sich mit Platz sieben begnügen. Und der berühmte Peter Drucker erklärte 1994, seiner Meinung nach seien Taylor, Darwin und Freud die Begründer der modernen Welt.

Trotz all seiner Fehler bleibt der Taylorismus eine starke, wenn auch nicht immer geschätzte Kraft in den unaufhörlichen, durch die Rezession zu Beginn der neunziger Jahre sich verschärfenden Bestrebungen des Managements, mehr mit weniger tun zu können. Frederick W. Taylor glaubte vor allem an eine Maxime:

„Das vorrangige Ziel des Managements ist es, maximalen Wohlstand für den Arbeitgeber gepaart mit maximalem Wohlstand für jeden einzelnen Arbeitnehmer zu erreichen."

Frederick W. Taylor

In diesem Sinne predigte er, daß Management und Arbeiterschaft voneinander abhängig und aufeinander angewiesen seien, wenn sie das gemeinsame Ziel vermehrten Wohlstandes erreichen wollten. Taylor führte zu Beginn seiner Tätigkeit ein Experiment als Berater eines Kugellagerproduzenten durch, wie nach dem modernen Prinzip der Eigenverantwortlichkeit der Arbeitnehmer die Produktqualität angehoben werden könnte.

Andere Ideen Taylors, etwa die Leistungsmessung – wenn auch um 1900 noch in primitiver Form – bewährten sich dauerhaft. Doch die Arroganz, die bei der Kontrolle der arbeitenden Menschen spürbar wurde, führte ein halbes Jahrhundert später zu einer anhaltenden Konterrevolution, als man plötzlich betonte, daß Leistung in direktem Zusammenhang mit Motivation, Partizipation und Befriedigung des Selbstwertgefühls der Arbeiter stehe. Taylor geriet in einen heftigen Konflikt mit den Gewerkschaften, als er Spitzen-Produktivitätszuwächse (wie die 47 Tonnen seines Musterarbeiters Noll) zur Norm erhob, während Minderleistungen bestraft wurden.

In seinen Schriften zeigt sich bisweilen eine gewisse überhebliche Selbstzufriedenheit. „Bei wissenschaftlicher Betriebsführung", schrieb Taylor, „erreicht man die Initiative der Arbeitenden – also harte Arbeit, guten Willen, Kreativität – praktisch in allen Fällen, während man mit den besten Methoden des herkömmlichen Managements Initiative nur vereinzelt und unregelmäßig zuwege brachte ... Der weitaus größte Gewinn entsteht bei wissenschaftlicher Betriebsführung durch die neuen, großen und außerordentlichen Belastungen und Pflichten, die das Management hier freiwillig übernimmt."

Principles of Scientific Management nennt vier „wesentliche zugrundeliegende Managementprinzipien", nämlich:

1. Entwicklung eines Systems, einer Wissenschaft für jedes einzelne Arbeitselement, die an die Stelle der alten Faustregel-Methode tritt. Wer das Ziel erfüllte, bekam höheren Lohn, wer nicht, bekam niedrigen Lohn.

2. Wissenschaftlich gestützte Auswahl und Entwicklung der Arbeiter. Jeder sollte so geschult werden, in einem Bereich erstklassig zu werden.

3. Zusammenbringen von 1. und 2., um beste Resultate zu erzielen.

4. Arbeit und Verantwortung sind gleichmäßig auf Management und Arbeiter verteilt, wobei beide eng zusammenarbeiten.

Nach Taylors Denkweise ist jeder Arbeitsschritt, ob von Arbeitern oder Managern, isoliert und spezialisiert zu sehen. In Anwendung seiner Theorie auf das Management beschrieb er dieses als „funktionales Management". Für die Arbeiter sah er Vorteile durch die um rund 30 bis 100 Prozent erhöhten Gewinne.

Es waren Taylor und Ford, die den Boden für Massenproduktion und Fließband bereiteten. Dies obwohl Ford den Einfluß der wissenschaftlichen Betriebsführung auf seine Fabriken stets leugnete und andere Autohersteller Taylors Methoden schon Jahre vor Inbetriebnahme des ersten Fließbandes bei Ford 1913 anwandten und über beträchtliche Kosten- und Arbeitseinsparungen berichteten.

Obwohl Taylors Theorien heute weitgehend in Mißkredit geraten sind, überleben sie doch mit bemerkenswerter Zähigkeit. Robert Waterman – Mitautor von *In Search of Excellence* und Autor zweier vielbeachteter Bücher, in denen er untersucht, wie sich Unternehmen erneuern und ihre Leistung durch Mitarbeitermanagement steigern – glaubt, daß viele Manager der ausgehenden neunziger Jahre im Herzen nach wie vor Tayloristen sind.

> „In der Vergangenheit stand der Mensch an erster Stelle, in Zukunft wird das System an erster Stelle stehen."
>
> *Frederick W. Taylor*

Und, wie Peter Drucker in seinem Monumentalwerk *Management: Tasks, Responsibilities, Practices* (1974) angibt, war Taylor „der erste Mensch in der Geschichte, der Arbeit nicht einfach als gegeben hinnahm, sondern sie genau betrachtete und studierte."

Wichtige Publikationen

Taylor, F. W. (1911), *The Principles of Scientific Management*, New York: Harper and Row; dt.: *Die Grundsätze wissenschaftlicher Betriebsführung* (Reprint der autoris. Ausgabe München 1913) Weinheim 1995

Taylor, F. W. (1947), *Scientific Management*, New York: Harper and Row

Empfohlene Literatur zum Thema: *The One best Way: Frederick Winslow Taylor and the Enigma of Efficiency*, von Robert Kanigel (Viking, New York, und John Wiley, London, 1997)

Max Weber

1864–1920

Reaktionen des Individuums auf Autorität und Bürokratie

Max Weber, deutscher Soziologe und Sozialökonom, war von Beruf eigentlich Anwalt. Er lehrte an der Universität Berlin und wurde später Professor an den Universitäten Freiburg, Heidelberg, München und Wien. Ab 1918 war er Mitglied der Kommission für den Entwurf der Weimarer Verfassung. Sein meistgelesenes Buch ist *Die protestantische Ethik und der Geist des Kapitalismus*, ein kurzes, interessantes Werk, in dem er die moralischen Imperative des puritanischen Protestantismus, vor allem des Calvinismus, mit der Hauptquelle des unternehmerischen Kapitalismus, dem Gewinnstreben und letztlich mit dem „eisernen Käfig" des modernen Materialismus in Beziehung brachte. Was Weber für Studenten der Management- und Organisationstheorie besonders interessant macht – obwohl sein Einfluß heute vergleichsweise gering ist –, sind die in dem vier Jahre nach seinem Tod 1924 erstmals publizierten Werk *Wirtschaft und Gesellschaft* geäußerten Gedanken.

Max Weber analysierte und untersuchte als erster Managementtheoretiker die Rolle von Führungspersönlichkeiten in Organisationen. Ihn interessierte, wie und warum Menschen auf verschiedene Formen von Autorität oder „Herrschaft" reagieren. Wahrscheinlich verwendete Weber als erster den von den Griechen geprägten Begriff „Charisma" in seinem modernen Sinn als die persönliche Fähigkeit eines Menschen, andere scheinbar mühelos zu Nachahmung und Nachfolge zu veranlassen.

Weber unterschied drei Formen legitimer Herrschaft oder Autorität im Gegensatz zur Macht, die Menschen zum Gehorsam zwingt: die legale, die traditionale und die charismatische Herrschaft. Die rationale oder legale Herrschaft, für Weber die in modernen Institutionen dominierende Herrschaftsform, stützt sich auf ein System rational durchdachter Ziele und Funktionen zur Leistungsmaximierung in einer Organisation, das mit Hilfe spezifischer Regeln und Verfahren umgesetzt werden soll. Autorität wird dabei eher dem Amt des einzelnen als dem Menschen zuerkannt. Es handelt sich um ein von der Person abgehobenes System, das Weber – ohne jeden kritischen Hintergedanken – als Bürokratie bezeichnet. Für Weber stellt Bürokratie die effizienteste Form der Verwaltung dar, weil sie auf einer allgemein akzeptierten, durch persönliche Launen nicht beeinträchtigten Hierarchie beruht, die sich auf die rechtlich abgesicherte Anstellung von Experten stützen kann.

Als „traditionale Form der Herrschaft" in Organisationen betrachtete Weber jene Autorität, die der Person und nicht dem Amt zukommt. Typischerweise handelt es sich hierbei um ein Erbsystem, in dem die Einsetzung der Führungsperson durch den Vorgänger verfügt wird, beispielsweise in einem Familienbetrieb. Die Wurzeln traditionaler Herrschaft liegen in den Feudalrechten und -pflichten, doch diese Herrschaftsform ist auch im modernen Betrieb durchaus noch anzutreffen, in dem die Erbfolge durch ein Patronagesystem der Ämterbesetzung ersetzt wird. So erkennen wir dieses Webersche Konzept etwa in einer Unternehmenskultur, in der die trotzige Haltung „wir haben es schon immer so gemacht" als Selbstrechtfertigung jeder kritischen Analyse widersteht.

Für die charismatische Herrschaft gibt es, weil sie von den besonderen Qualitäten des einzelnen abhängt, normalerweise keinen Nachfolger. Organisationen mit charismatischen Gründern wie Henry Ford oder Thomas J. Watson von IBM entwickeln sich daher zumeist mit mehr oder weniger Erfolg in Richtung des traditionellen Ansatzes oder in Richtung eines Modells, bei dem die Nachfolge von nicht persönlich bestimmten Faktoren abhängt – also zu rationalen, bürokratischen Modellen.

Weber zweifelte nie daran, daß dieses letztgenannte traditionale System Eckpfeiler jeder effizienten Verwaltung in allen denkbaren Institutionen sein müsse. „Präzision, Schnelligkeit, Klarheit, Aktenkenntnis, Kontinuität, Diskretion, Einheit, strikte Unterordnung, geringere Reibungsverluste sowie niedrige Material- und Personalkosten – alle diese Eigenschaften werden in der strikt bürokratischen Verwaltung optimal gefördert", schrieb er.

Die maschinenähnliche Überlegenheit dieses Systems über andere Formen von Autorität beruht auf seiner hierarchischen Struktur, bei der jedes Amt einem anderen unterstellt ist, die Rolle jedes Beamten durch schriftliche Regeln genau festgelegt wird, wo ein genau geregeltes Berufungsrecht und die Möglichkeit besteht, Beschwerden nach oben weiterzuleiten, bei der eine vollständige Trennung zwischen Verwaltung und Eigentum an den Produktions- oder Verwaltungsmitteln gegeben ist und keinerlei Recht des Inhabers auf das Amt möglich ist.

Die reinste Form bürokratischer Verwaltung finden wir nach Weber dort, wo Beamte ihre Geschäfte nach folgenden zehn Kriterien ausführen:*

1. Sie gehorchen nur sachlichen Amtspflichten.

2. Sie unterstehen einer festen Amtshierarchie.

3. Sie haben feste, klar abgegrenzte Amtskompetenzen.

4. Sie sind kraft Vertrag (Kontrakt), also prinzipiell auf Grund freier Auslese angestellt, und zwar

5. auf Grund fachlicher Qualifikation – im „rationalsten Fall: durch Prüfung ermittelter, durch Diplom beglaubigter Fachqualifikation" – sie (die Beamten) werden also nicht gewählt.

6. Sie werden mit festen Gehältern in Geld entgolten, meist mit Pensionsberechtigung „unter Umständen allerdings (besonders in Privatbetrieben) kündbar auch von seiten des Herrn, stets aber kündbar von seiten des Beamten; dies Gehalt ist abgestuft primär nach dem hierarchischen Rang, daneben nach der Verantwortlichkeit der Stellung, im übrigen nach dem Prinzip der Standesgemäßheit".

7. Sie üben ihr Amt als einzigen oder im Hauptberuf aus.

8. Sie sehen eine Laufbahn vor sich: „Aufrücken je nach Amtsalter oder Leistungen oder beiden, abhängig vom Urteil der Vorgesetzten.

9. Sie sind von den Verwaltungsmitteln getrennt und arbeiten ohne „Appropriation" der Amtsstelle – das Amt dient also nicht als „Pfründe".

10. Sie unterliegen einer strengen, einheitlichen Amtsdisziplin und Kontrolle".

Webers zehn Kriterien werden durch die gegenwärtigen Managementtheorien, etwa durch die Arbeiten von Charles Handy und Rosabeth Moss Kanter, widerlegt, wenn diese einen grundlegenden Wandel sowohl der hierarchischen Natur der Organisationen als auch des Konzeptes der lebenslangen bürokratischen Karriere prognostizieren. Doch vor hundert Jahren erschien es Max Weber absolut klar, daß die von ihm skizzierte Form des Arbeitseinsatzes des Individuums im Unternehmen ein überlegenes System darstellen müsse, und noch in den neunziger Jahren unseres Jahrhunderts legen zahlreiche Organisationen Zeugnis von der Zähigkeit der Weberschen Theorien ab:

„Die Erfahrung scheint allgemein zu zeigen, daß die rein bürokratische Organisation der Verwaltung – also die monokratische Spielart der Bürokratie – unter einem rein technischen Gesichtspunkt den höchsten Grad an Effizienz gewährleistet und in diesem Sinn formal das rationalste bekannte Mittel zur Ausübung einer imperativen Kontrolle über den Menschen darstellt. Sie ist jeder anderen Organisationsform in Genauigkeit, Stabilität, Stringenz ihrer Disziplin und Verläßlichkeit überlegen. Daher ermöglicht sie ein besonders hohes Maß an Berechenbarkeit der Ergebnisse für die Leiter der Organisation und für jene, die in Beziehung zu ihr tätig sind. Sie ist schließlich sowohl hinsichtlich ihrer intensiven Effizienz als auch nach dem Umfang ihrer Operationen überlegen, und sie kann formal auf alle Arten administrativer Aufgaben angewandt werden."[**]

Wichtige Publikationen

Weber, M. (1965, 1920), *Die protestantische Ethik und der Geist des Kapitalismus*, München
Weber, M. (1972, 1922), *Wirtschaft und Gesellschaft*, Tübingen

---

[*]   Aus: Weber, Max (1922), *Wirtschaft und Gesellschaft*, S. 126 f., neu erschienen Tübingen 1972.
[**] Ebenda.

Glossar zu den wichtigsten Managementkonzepten

Dieses Glossar erläutert jeweils in wenigen Sätzen die wichtigsten Managementkonzepte. Am Ende jeden Eintrags finden Sie einen Verweis auf jene Gurus, bei denen Sie vertiefter nachlesen können.

Action Learning

Darunter wird ein auf Revans zurückgehendes System zur ständigen Fortbildung von Managern verstanden, bei dem eine Gruppe von Managern durch Diskussion der jeweiligen Arbeitsprobleme voneinander und miteinander lernt. ➡ *Reg Revans*

Adhocratie

Das Konzept der Adhocratie wurde erstmals von Bennis und dann später von Toffler, Mintzberg und Waterman geprägt. Bei der Adhocratie werden kleine, flexible Projektteams oder Gruppen über die Abteilungsgrenzen hinaus in einer Organisation tätig. Sie wird oft als Pol der eher starren Bürokratie gegenübergestellt. ➡ *Warren Bennis* ➡ *Henry Mintzberg* ➡ *Tom Peters/Robert H. Waterman Jr.*

Balanced Scorecard

Die Idee der Balanced Scorecard wurde von Harvard-Professor Kaplan und Berater Norton entwickelt. Sie ist ein Meßsystem zur Ermittlung der Leistungen einer Organisation, bei der quantitative und qualitative Aspekte – etwa Kundenzufriedenheit, Verkürzung der Durchlaufzeiten und Lernfähigkeit – umfassend berücksichtigt werden. Die Quadrantenausführung der Scorecard ermöglicht es Unternehmen aller Art, die Scorecard flexibel den eigenen Bedürfnisse anzupassen. ➡ *Robert S. Kaplan / David Norton*

Bedürfnispyramide

Unter der Bedürfnispyramide versteht die Managementlehre seit Maslow ein von ihm entwickeltes Motivationsmodell zur Darstellung der menschlichen Bedürfnisse am Arbeitsplatz. Grundlegend ist dabei die pyramidenförmige Darstellung, ausgehend von den Grundbedürfnissen nach Wärme, Nahrung und Sicherheit bis hin zu Liebe, Respekt und persönlicher Erfüllung. ➡ *Abraham Maslow*

Champions

Unter Champions werden seit Peters und Watermans *In Search of Excellence* jene einflußreichen Einzelpersonen verstanden, die sicherstellen, daß ein Projekt oder eine Erfindung die Chance bekommt, sich zu beweisen. Sie sind häufig in forschungs- und entwicklungsintensiven Unternehmen anzutreffen. Peters und Waterman stellten fest, daß Unternehmen, in denen Champions gehegt und gepflegt werden, eher Spitzenleistungen erbringen. ⇒ *Tom Peters / Robert H. Waterman Jr.*

Dezentralisierung

Das Prinzip der Dezentralisierung fordert vor allem für große und diversifizierte Konzerne, daß möglichst viel an Managementbefugnissen und -verantwortung weg von der Zentrale hin in halbautonome Geschäftseinheiten delegiert wird. Als Vater des theoretischen Konzepts gilt Chandler, als Vater seiner praktischen Umsetzung Sloan. Nach Veröffentlichung von Sloans Buch 1963 wurde Dezentralisierung zur Modeerscheinung in beinahe allen großen Industriekonzernen. ⇒ *Alfred D. Chandler* ⇒ *Alfred P. Sloan*

Empowerment

Das Konzept des Empowerment kann als Managementschlagwort der frühen neunziger Jahre gelten. Es zielt auf die vermehrte aktive, eigenverantwortliche Beteiligung der Mitarbeiter, die so zu Mit-Unternehmern werden sollen. Empowerment hat spezielle Implikationen für Frauen, weil es die unsichtbaren Barrieren abbaut, die sie in den niedrigeren Unternehmenspositionen halten sollen. ⇒ *Rosabeth Moss Kanter*

Job Enrichment

Job Enrichment ist ein Konzept zur Stimulierung der Motivation der Mitarbeiter. Die ersten Ansätze dazu stammen von Herzberg. Es stellt die von ihm sogenannten Motivationsfaktoren ins Zentrum, zu verstehen als Anreize, die weniger die monetären als die für die Motivation wichtigeren nichtmonetären Bedürfnisse der Mitarbeiter befriedigen. ⇒ *Frederick Herzberg*

Just-in-time (JIT)

JIT ist ein in Japan entstandenes revolutionäres System niedriger Lagerbestände zur Beschleunigung der Produktion, das sich flexibel an die Anforderungen der Kunden anpaßt und zu Kosteneinsparungen führt. Die Lieferanten liefern Material nur dann an, wenn es benötigt wird, wodurch rascher auf die Marktnachfrage reagiert werden kann. ⇒ *Richard J. Schonberger*

Kernkompetenzen

Unter Kernkompetenzen eines Unternehmens wird das Portefeuille an Fertigkeiten, Technologien und Fähigkeiten verstanden, mit dem es Kunden anziehen und einen Wettbewerbsvorteil gegenüber den Marktkonkurrenten erzielen kann. Der Begriff geht zurück auf Hamel und Prahalad, deren Buch *Competing for the Future* aus 1994 betont, wie notwendig es für Manager ist, sich um den Aufbau von Kernkompetenzen für zukünftige Märkte zu kümmern. ⟹ *Gary Hamel*

Laterales Denken

Das Konzept des Lateralen Denkens kann als Versuch verstanden werden, ein Problem mit unorthodoxen oder scheinbar unlogischen Methoden zu lösen. Sein Erfinder, de Bono, stellt es dem kausalen, vertikalen Denken gegenüber, das er für die Ideenfindung als zu starr ansieht. ⟹ *Edward de Bono*

Lernende Organisation (Organisationales Lernen)

Das mit der Idee des ⟹ Wissensmanagements verbundene Konzept der „Lernenden Organisation" wird teils dem früheren Shell-Planungsdirektor de Geus, teils dem britischen Berater Garratt, vor allem aber Senge vom Massachusetts Institute of Technology (MIT) zugeschrieben. Sein Grundgedanke besagt, daß eine Organisation es den Mitarbeitern ermöglichen sollte, ihr Potential und ihre Kreativität optimal zu entwickeln und vollständig auszuschöpfen, denn nur so kann die Leistungsfähigkeit der Organisation insgesamt optimal gesteigert werden. Lernen erfolgt dabei intern und extern – über das Unternehmen, seine Konkurrenten, Kunden und die sonstige externe Umgebung. ⟹ *Peter Senge*

Management by Objectives (MbO)

Das Konzept des MbO hatte seine Blütezeit während der siebziger Jahre. Es sieht eine Unterteilung der Ziele eines Unternehmens in einzelne, Managern übertragene Aufgaben vor, die dann an den erzielten Leistungen gemessen werden. Urvater ist Drucker, doch auch der britische Berater Humble leistete beim Ausbau in eine praktische Methode wertvolle Beiträge. ⟹ *Peter Drucker* ⟹ *John Humble*

Managementhierarchien

Das System der Managementhierarchien umfaßt die Analyse der bürokratischen Verwaltung, in der jedes Amt dem nächsthöheren unterstellt und in der die Rolle jedes Beamten durch sein Amt bestimmt ist. Es wurde erstmals von Weber vorgestellt. Chandler führte das Konzept in seinen Studien der Funktion der Führungskräfte in großen US-Unternehmen weiter und argumentierte, die Art und Weise, wie eine Unternehmshierarchie funktioniert, hänge von den strategischen Zielen ab. Viele der heutigen Gurus, angeführt von Kanter, Handy und Drucker prognostizieren, daß die

Managementstrukturen der Zukunft flacher und nicht hierarchisch sein werden und daß die Führungskraft weniger wichtig sein wird als das Empowerment einer breiten Palette an Talenten. ➠ *Max Weber* ➠ *Alfred D. Chandler* ➠ *Peter Drucker* ➠ *Charles Handy* ➠ *Rosabeth Moss Kanter*

Motivationstheorie

Die Managementtheorie durchlief in den dreißiger Jahren einen deutlichen Wandel. Dabei wich die sogenannte wissenschaftliche Betriebsführung, die sich auf die Messung von Aufgaben und Leistungen konzentriert hatte, einem sozialpsychologischen Human-Relations-Ansatz, bei dem die Rolle und Motivation des einzelnen betont wurden. Mayo war mit seiner bahnbrechenden Arbeit im Hawthorne-Werk der General Electric in Chicago Ende der zwanziger und zu Beginn der dreißiger Jahre der erste, der psychologische Faktoren als Auslöser für Produktivitätssteigerungen anerkannte. Spätere Theorien führten zur Entwicklung der ➠ Bedürfnispyramide und des ➠ psychologischen Vertrages, doch wie auch Mayo betonten alle die Wichtigkeit der Peer-Groups für Jobzufriedenheit und Selbstwertgefühl. ➠ *Elton Mayo* ➠ *Frederick Herzberg* ➠ *Abraham Maslow*

Portfolio-Arbeit

Das Szenario der Portfolio-Arbeit geht zurück auf Handy. Es beschreibt die Zukunft vieler Wissensarbeiter, die, weil langfristige Karrieren in derselben Organisation seltener werden, ihre Zeit nach eigenem Ermessen auf zwei, drei oder noch mehr Tätigkeiten aufteilen. Dazu können durchaus auch ehrenamtliche Funktionen oder andere unbezahlte Arbeiten gehören, doch alle zusammen haben das Potential, die Lebensqualität und persönliche Entwicklung des einzelnen zu fördern. ➠ *Charles Handy*.

Psychologischer Vertrag

Der psychologische Vertrag ist ein von Schein geprägter Begriff. Er bezieht sich darauf, was ein Mitarbeiter von seinem Arbeitgeber erwarten kann – weniger als materielle Entlohnung als in Form von Möglichkeiten, sein Potential zu nutzen. Der Begriff gilt ebenso für die Erwartungen, die der Arbeitgeber seinen Arbeitnehmern gegenüber hegt. ➠ *Edgar H. Schein*

Qualitätsmanagement

Bei diesem Konzept geht es darum, wie Produktionsmängel durch laufende Verbesserungen in jedem Planungsprozeß, in allen Produktions- und Dienstleistungsvorgängen behoben werden können. Urvater Deming zeigte, daß alle Prozesse durch zahlreiche Abweichungen von der Norm anfällig für Qualitätsverluste werden, daß diese Abweichungen jedoch in den Griff zu bekommen sind und damit die Qualität verbessert werden kann. Sowohl für Deming wie auch für seinen Kollegen Juran ist dabei grundlegend, daß Qualitätskontrolle immer ganz oben beginnt. ➠ *W. Edwards Deming* ➠ *Joseph M. Juran*

Reengineering / Business-Process-Reengineering (BPR)

Das vor allem in der ersten Hälfte der neunziger Jahre populäre Konzept des Reengeneering geht auf Hammer zurück, einen Informatiker des Massachusetts Institute of Technology. Als „Umkehrung der Industriellen Revolution" ist Reengineering eine Mischung aus Techniken vom ➠ Just-in-Time-Management bis zu den alten Zeit- und Bewegungsstudien eines Taylor. Ziel ist es, die Arbeitsprozesse überall in den Abteilungen zu straffen, Kosten zu senken und die Produktivität zu heben. In der Praxis wurde es allerdings in vielen Unternehmen dazu benutzt, ein „Downsizing" zu verschleiern, wobei häufig auch an unentbehrlichen Funktionen gespart wurde, so daß die Unternehmen nach dem Ende einer Rezession nicht mehr wachsen konnten. Ablehnende Reaktionen gegen seine mechanistische Philosophie zwangen die Verfechter des Reengineering dazu, auch die menschliche Dimension in ihr Denken mit einzubeziehen – mit der Folge, daß heute Menschen und nicht mehr Prozesse als Schlüssel zum erfolgreichen Wandel betrachtet werden. ➠ *Michael Hammer*

Sieben-S-Modell

Das Sieben-S-Modell wurde von einem McKinsey-Team – bestehend unter anderem aus Pascale, Peters und Waterman – entwickelt. Es ist ein Modell zur Messung der Leistungsqualität eines Unternehmens. Die sieben „S"-Faktoren zerfallen in drei „harte" Faktoren, – Struktur, Strategie, Systeme – und in vier „weiche" – Stil, Spezialkenntnisse (Unternehmensstärken), Stammpersonal und Selbstverständnis. Pascale wendete das Modell in *The Art of Japanese Management* in Fallstudien an, in denen er amerikanische mit japanischen Unternehmen verglich, Peters und Waterman benutzten es in *In Search of Excellence*. ➠ *Richard T. Pascale* ➠ *Tom Peters und Robert H. Waterman Jr.*

Theorie X und Theorie Y

Die Konzepte Theorie X und Theorie Y stammen von McGregor, wobei dieser selbst auf Plato und Aristotoles zurückgreift. Sie bezeichnen zwei gegensätzliche Managementstile. Theorie X geht davon aus, daß die meisten Menschen faul sind, Arbeit und Verantwortung scheuen und streng geführt werden müssen. Theorie Y hingegen besagt, daß sie von sich aus arbeiten wollen, daß sie etwas leisten und Verantwortung tragen möchten und daß man ihnen dazu mehr Freiräume lassen sollte. Vor seinem Tod 1964 arbeitete McGregor an der Entwicklung einer verfeinerten „Theorie Z", doch diesen Begriff übernahm und adaptierte später William Ouchi in seinem gleichnamigen Buch. ➠ *Douglas McGregor*

Vertikale Integration

Das Konzept der vertikalen Integration beschreibt ein System, das in vielen großen Konzernen gepflegt wird. Dabei wird eine große Anzahl an Unternehmen bis hinunter zur Lieferantenebene in den Konzern integriert und in die hauseigene Produktionskette eingebunden. Früher war die vertikale Integration eine etablierte und erfolgreiche Strategie der US-Autoindustrie, deren Schwächen heute deutlich werden, weil die Unternehmen erkannt haben, daß sie nicht in vielen unterschiedlichen Bereichen gleichmäßig hohe Leistungen erzielen können. Heute ist ein partnerschaftliches Geschäftsverhältnis zu den Lieferanten, nicht ihre Integration en vogue.

Wettbewerbsvorteil

Das Konzept des Wettbewerbsvorteils geht zurück auf Porter. Wichtiger Bestandteil ist eine komplexe Formel, die hilft zu ermitteln, wie Unternehmen – und ganze Länder – Wettbewerbsvorteile erringen können. Der Wettbewerbsvorteil ist zu verstehen als ein Faktor, der es einem Unternehmen bzw. Land ermöglicht, auf dem Markt einen Vorsprung vor der Konkurrenz zu erreichen, und als das Ergebnis einer Wettbewerbsstrategie anzusehen. ➠ *Michael Porter*

Wissensmanagement

Das Konzept des Wissensmanagements, eng verbunden mit der Idee der ➠ Lernenden Organisation, wurde ursprünglich vom schwedischen Finanzdienstleister Skandia verfolgt, erreichte jedoch Ende der neunziger Jahre auch in den USA und im übrigen Europa große Popularität. Es beschreibt die systematische Erfassung und Nutzung des kumulierten Fachwissens und der gesamten Erfahrung der einzelnen Mitarbeiter einer Organisation. Ziel ist die synergetische Nutzung des Wissens zu Zwecken der Leistungssteigerung, Hilfsmittel ist eine effizient organisierte Informationstechnologie. Viele Unternehmen kennen heute die Position des „Wissens-Chefs" oder „Informations-Chefs" – bisweilen allerdings nur als neue Bezeichnung für den EDV-Chefs. Im Zusammenhang damit steht das „intellektuelle Kapital", die Erkenntnis, daß die wichtigsten Vermögenswerte eines Unternehmens in den Köpfen seiner Mitarbeiter zu finden sind.

Managementwissen:
kompetent, kritisch, kreativ